正道而行　大道至简

——山东水利技师学院校园文化撷英

李　华　李克江　李光贞　孟宪强　著

山东大学出版社
SHANDONG UNIVERSITY PRESS
·济南·

图书在版编目(CIP)数据

正道而行　大道至简：山东水利技师学院校园文化撷英 / 李华等著. -- 济南：山东大学出版社，2024. 8. -- ISBN 978-7-5607-8272-0

Ⅰ. G719.285.23

中国国家版本馆 CIP 数据核字第 20244L0J27 号

责任编辑　李昭辉

封面设计　李华　禾乙

正道而行　大道至简

ZHENGDAO ERXING　DADAO ZHIJIAN

——山东水利技师学院校园文化撷英

出版发行　山东大学出版社

社　　址　山东省济南市山大南路 20 号

邮政编码　250100

发行热线　(0531)88363008

经　　销　新华书店

印　　刷　山东新华印务有限公司

规　　格　787 毫米×1092 毫米　1/16

　　　　　16.25 印张　366 千字

版　　次　2024 年 8 月第 1 版

印　　次　2024 年 8 月第 1 次印刷

定　　价　88.00 元

序

什么是文化?

文化是一个应用非常广泛的概念,要给它下一个严格和精确的定义是一件很困难的事情。很多人类学家、哲学家、社会学家、历史学家和语言学家一直在努力,试图从各自学科的角度来界定文化的定义。可是,迄今为止仍没有获得一个公认的、令人满意的答案。

“文化”二字源于《周易》。《周易・贲(卦二十二)》中说:“刚柔交错,天文也。文明以止,人文也。观乎天文,以察时变;观乎人文,以化成天下。”自然界的“向人而化”与人自身的“向文而化”,都要由人来实现。

《辞海》从广义和狭义上对文化进行了定义:从广义上说,文化指人类社会历史发展过程中所创造的全部物质财富和精神财富的总和;从狭义上说,文化指社会的意识形态,以及与之相适应的制度和组织机构,主要是指人类精神活动创造的成果。所以,文化是人类智慧和创造力的体现。“文化”的实质就是“人化”,主要指人类在改造自然和社会活动的过程中创造的物质产物和精神产物对人类自身的教化作用。

我较为认可的文化定义,是指一个国家或民族的历史、地理、传统习俗、生活方式、风土人情、文学艺术、思维方式、行为规范、价值观念等,是人类进行交流的,普遍认可的,一种能够传承的意识形态。

“由人化文,以文化人”,本意是人在创造文化的同时也能通过文化来感化别人。具体来说,首先,文化的生命力来源于传承。任何一种文化,都是千百年历史日积月累形成的,体现在每一个人身上,在某种程度上,文化就是一种传承。其次,文化的发展力靠交流和借鉴。文化因交流而多彩,文明因互鉴而丰富。文化是丰富的,甚至是完全不同的,文明的发展过程也是各种文化不断相互影响并借鉴融合的过程。最后,文化的创新力来自社会生产力的发展。人类先后经历了农业革命、工业革命、信息革命。每一次产业技术革命,都给人类生产生活和文化带来巨大而深刻的影响。文化本身也是伴随社会发展不断演进变化的,并展现着时代发展的影子。尤其是近现代,随着技术的进步,各个国家的文化都在发生变化,甚至是颠覆性的变化。以互联网为代表的信息技术日新月异,引领了社会生产新变革,创造了人类生活新空间,拓展了国家治理新领域,极大提高了人类认识世界、改造世界的能力,文化空间得到了空前提升。

文化的精髓在于思想。文化之思想的魅力也表现在不同民族和国家的历史中所蕴含着的丰富的思想道德资源，它体现着这个民族和国家最深层的精神追求，代表着这个民族和国家独特的精神标志和特殊的价值观念，是这个民族和国家的精神支柱。文化的价值和意义也在于以其独特的精神标志为民族和国家的生生不息、发展壮大提供丰厚滋养，在潜移默化中给人们以启迪和教益，使之获得精神的“钙质”，点燃思想的光焰，从而不断走向睿智与崇高。

中华优秀传统文化讲仁爱、重民本、守诚信、崇正义、尚和合、求大同等，与新时代中国特色社会主义核心价值观息息相通，是涵养社会主义核心价值观的重要源泉。习近平总书记指出，中华优秀传统文化已经成为中华民族的基因，植根在中国人内心，潜移默化影响着中国人的思想方式和行为方式。今天，我们提倡和弘扬社会主义核心价值观，必须从中汲取丰富营养，否则就不会有生命力和影响力。因此，在培育社会主义核心价值观的过程中，必须将中华优秀传统文化贯穿融入社会教育、学校教育、家庭教育，贯穿融入人民群众生产生活的方方面面，在人们的学习、生活和工作中，不断熏陶、净化人们的心灵，不断培育人们高尚的道德情操，推动人们为家庭谋幸福、为他人送温暖、为社会作贡献。

学校是人类文明的产物，也是文化传承和发展的重要载体，它随着人类历史的发展而发展，始终与时代共鸣，始终体现着不同时代的精神意志。校园文化的建设不能脱离自身的组织属性和政治属性。为谁培养人、培养什么人、怎样培养人、谁来培养人，是每一所学校必须回答的根本问题，是校园文化建设的本质所在，也是学校的价值所在。《中华人民共和国教育法》第五条规定，教育必须为社会主义现代化建设服务、为人民服务，必须与生产劳动和社会实践相结合，培养德智体美劳全面发展的社会主义建设者和接班人；第七条规定，教育应当继承和弘扬中华优秀传统文化、革命文化、社会主义先进文化，吸收人类文明发展的一切优秀成果。

我国校园文化建设兴起于 20 世纪 80 年代中期，进入 21 世纪以来，校园文化建设已成为我国基础教育改革继素质教育、课程改革之后的“第三次浪潮”，“文化”已然成为学校发展的关键词。教育部和共青团中央于 2004 年发布了《关于加强和改进高等学校校园文化建设的意见》，教育部于 2006 年发布了《关于大力加强中小学校园文化建设的通知》，在论及校园文化建设的内容时，强调要突出抓好以下三个方面的工作：一是全面开展校风、教风、学风建设，二是组织开展形式多样的校园文化活动，三是重视校园绿化、美化和人文环境建设。这实际上已经划定了校园文化的内容范畴。

校园文化是以校园为空间，以教职工、学生为参与主体，以精神文化为核心的，物质文化、制度文化、行为文化相统一的，具有时代特征的一种群体文化。它主要由四个维度构成，即精神文化、物质文化、制度文化、行为文化。精神文化作为学校本质、个性、精神面貌和办学历史、办学传统的集中反映，是学校发展的动力之源和活力源泉，是校园文化的灵魂。物质文化也可称为环境文化，是校园文化建设的基础和重要支撑。制度文化是师生必须严格遵守的行动准则以及将行动准则固化为文字的规章制度，是校园文化的内在机制。行为文化是师生主动追求和自觉践行校园文化的特定行为方式，体现了文明的力量、文化建设的成果。“制度—习惯—文化—精神”是治理一个单位的“金钥匙”，单位的规章制度约束、规范、引导职工的行为，时间长了就会内化为职工良好的习惯，就能促成一种良好的作风和氛围，进而演化为一个单位的文化，升华为这个单位的精神。在校园文化建设中，精神文化是目的，制度文化是保障，物质文化是载体，行为文化是动态体现。这四个维度相互依存，相互促进，协调推进，共同发展，构建起学校完整的文化体系。

校园文化建设是一项涉及学校整体发展的系统工程，具有全局性、复杂性、长期性和艰巨性的特点。一个学校的文化建设必须与学校的现实相结合，与学校的历史相承载，与学校的未来相呼应。校园文化建设必须贯穿于工作的各个环节，体现在校园的每个角落，使其成为引领学校发展的灵魂和推进学校发展的动力，潜移默化地影响师生的世界观、人生观、价值观。

学校之美在于文化之美，文化是学校的灵魂。本书重点阐述了山东水利技师学院校园文化建设的推进过程、校园文化的核心理念以及校园文化的建设成效，辑印成册与同行交流，寄望能为校园文化建设贡献微薄之力。

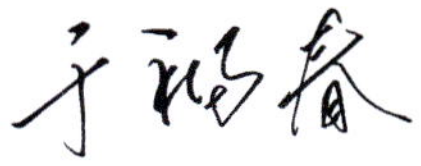

2023年10月

前　言

职业教育是与普通教育具有同等重要地位的教育类型，是培养多样化人才、传承技术技能、促进就业创业的重要途径，是使受教育者具备从事某种职业或者实现职业发展所需要的职业道德、科学文化与专业知识、技术技能等职业综合素质和行动能力而实施的教育。职业院校的校园文化建设必然凸显职业教育的类型特征。

山东水利技师学院[①]创建于1958年，隶属于山东省水利厅，是一所以培养技师、高级技工等高技能人才为主的省属公办职业院校。学院坚持把校园文化作为加强内涵发展、提升核心竞争力、引领学院改革创新发展的“文化力”，逐步探索出了一条适应职业教育发展、契合自身实际的特色校园文化建设之路。2015年，学院被人社部、财政部确定为国家级高技能人才培训基地。2016年，学院被水利部确定为首批全国水利行业高技能人才培养基地，被山东省教育厅、人社厅确定为山东省高等职业教育与技师教育合作培养试点院校。2017年，学院被水利部确定为第8届全国水利文明单位。2020年，学院被山东省人社厅确定为山东省技工教育特色名校。2021年，学院被水利部授予第11届全国水利行业技能人才培育突出贡献奖。此外，学院还多次荣获“山东省技工教育先进集体”称号，连续多年被大众网、《齐鲁晚报》等媒体评选为山东最佳社会声誉技师学院、山东省最具招生影响力技工院校。

山东省内外的职业院校曾多次派人到山东水利技师学院考察学习，对学院校园文化建设均给予高度评价和认可，认为学院的校园文化以学生、教师为参与主体，不唱高调，不搞形式主义，实实在在、真实不虚，走出了一条具有水院特色的校园文化建设道路，推动了学院各方面全方位发展。2017年8月3日，《大众日报》就学院校园文化建设经验成效，专访了学院党委书记于福春同志。2019年12月3日，《中国水利报》以《正道而行　大道至简——山东水利技师学院文化铸魂推动学院改革发展纪实》为题进行了专题报道。2023年5月20日，学院举办黄河水文化研究中心成立暨全国文化艺术界名家校园采风活动，来自全国16个省（区、市）的近百名名家走进学院，书写水院风华。下面，就让我们一起循着水院发展的轨迹，在大量的实例和图片中，感受水院脚踏实地的步履，迈向更加美好的未来。

① 书中山东水利技工学校简称“水校”，山东水利技师学院简称“水院”。

山东水利技师学院

Shandong Technician College of Water Conservancy

1958

山東水利技師學院

Shandong Technician College of Water Conservancy

文化主旨：正道而行 大道至简

【校 训】德能同修 知行合一 【校 风】严谨严格 唯实唯新

【教 风】以爱为源 因材施教 【学 风】快乐学习 多元发展

【治校理念】依法治校 制度管校

【发展理念】内涵与外延并重 以质量求生存 以特色图发展

【办学理念】学校的一切资源归学生所有 学校的一切资源为学生所用

【办学目标】学生信赖、家长满意、社会认可，省内一流、国内知名

【办学特色】“立足水利、面向社会、打造品牌”的专业发展特色

“基本素质+专业技能”的“双轮驱动”人才培养特色

“理实一体化+工学一体化”的“校企双制”教学特色

“准军事化管理+专职辅导员队伍”的学生管理特色

“平安校园+社区化服务”的后勤保障特色

文明校园 数字校园 阳光校园 平安校园 生态校园

学院荣誉

- 国家重点技工学校
- 国家级高技能人才培训基地
- 全国水利行业高技能人才培养基地
- 全国水利行业技能人才培育突出贡献奖单位
- 全国水利职业院校教育示范专业单位
- 全国水利行业职工教育工作先进单位
- 全国职工教育培训示范点
- 全国水利文明单位
- 全国技工院校工学一体化第二阶段建设院校
- 全国技工院校第一批工学一体化课程教学资源开发院校
- 全国跳绳推广委员会会员单位
- 全国抗震救灾突出贡献学校
- 山东省技工教育特色名校项目建设单位
- 山东省技工教育优质专业项目建设单位
- 山东省技工教育先进集体
- 山东省金蓝领培训基地
- 山东省高等学校教学管理先进集体
- 山东省职业技能竞赛表现突出单位
- 山东省技工院校省级示范专业群建设项目单位
- 山东省高等职业教育与技师教育合作培养试点院校
- 山东省水利职工教育先进单位
- 山东省节水标杆单位
- 山东省首批节水型高校
- 山东省水利风景区
- 山东省水情教育基地
- 省级花园式单位
- 山东省高校优秀校园文化景观单位
- 山东最佳社会声誉高校
- 山东省最具影响力教育政务融媒体
- 山东省最具就业竞争力卓越技工院校
- 山东省会计基础工作规范化单位
- 省级武术教育基地
- 淄博市中小学研学旅行基地——水利科技文化教育基地
- 淄博市无人机技术职业启蒙和劳动教育基地
- 淄博市公园式（园林式）单位

2022年、2023年学院在省属事业单位绩效考核中连续两年获得优秀等次

目　录

第一章　水院之路

65年来，一代又一代教职员工和莘莘学子陪伴着水院一路走来，风雨兼程，克难攻坚，砥砺前行。从颠沛流离、百废待兴到如今的芳华正好、硕果累累，水院默默见证了中国职业教育的变迁。如今的水院，立足战略需求，对标一流标准，坚定理想信念，志存高远，脚踏实地，坚定不移走内涵式建设、高质量发展之路，奋斗书写新时代职业教育新篇章。

第一节　愿您一切安好　愿我深情如初①

六十五载沧桑砥砺，弦歌不辍，芳华正好，风采更盛。

让我们打开时光的卷轴，一同回溯那些承载水院跌宕起伏、一路生花的流光岁月……

一、创业(1958～1969年)：筚路蓝缕　自强不息

1958年10月，山东省水利厅在济南创建山东省水利技工学校，开设"机械"和"建筑安装"两个专业，当年招生1570人，以工地为学校，采取"半工半读、边学边做、学做结合"的教学方式，分散办学。

1960年4月，学校定址淄博市周村区，增设了"机械化""电气化"两个专业。没有教室，没有宿舍，没有食堂，师生们分散在老百姓家里，租用他们的房子进行教学。在这样的艰苦条件下，学校发出"大干一百天，建房一百间"的号令，在火热的夏日，全体师生齐上阵，边教学边建校。山东省水利厅提供建校的原材料，将其运送到周村火车站，师生们用独轮车、地排车，从十几公里外的火车站一车车搬运回校；建房的土坯，师生们一个个打制；遇到施工难题，师生们发挥专业所长一件件解决。就这样，从夏到秋"一百天"，"一百间房"在荒郊野外拔地而起，师生们终于有了自己的家。后来，耄耋之年的学院老职工自豪地回忆说："我们建成了淄博市第一座三层教学楼，也是当时最高的楼房！"自此，"艰苦创业、自强不息、敬业爱岗、勇于奉献"的精神，成为水院师生血脉里的基因，一代代流传。

---

①　本节为学院65周年校庆文艺晚会讲述节目《时间都去哪儿了》的整理稿。

建筑工地

机械专业

大干一百天

增设机械化专业

1958 年首届学生在济南合影

二、重生(1980～2006 年):浴火涅槃　薪火相传

1980 年,学校在淄博市张店区得以重建,更名为“山东省淄博水利技工学校”。1993 年经山东省劳动和社会保障厅批准,恢复原名“山东省水利技工学校”,1999 年升格为“山东省水利高级技工学校”,2002 年更名为“山东省水利技术学院”。学校三易其名,开启“逆袭”之旅。

1994 年,学院获评“国家重点技工学校”,成为全国水利系统唯一获此殊荣的技工学校。

值得骄傲的还有,1989～2000 年,山东省政府指定学院承担中德合作山东粮援项目 80%的培训任务,培训 18 个不同岗位的管理与技术人员 3813 人次,被时任德国驻华大使誉为“中德合作最好的范例”。已经退休的学院教务处原处长郭建尊曾说:“学院老师们认真学习德国的教学做法,采取理论和技能教学同时进行的改革模式并推广到所有专业,是当时最早实行一体化教学的技工院校,较其他技工院校提前了近十年。”

山东省淄博水利技工学校(原址)

1994 年获评“国家重点技工学校”

学院老师们认真学习德国的教学做法

中德合作山东粮援项目

三、蓄势(2007～2014年):潜心耕耘　奋楫逐浪

为了扩大办学规模,2007年10月,学校整体搬迁至淄川经济开发区新校区。新校区占地630亩,萌源河横贯学院东西。虽然环境优美、景色宜人,但新校区距离张店有20多公里路程,每位教职工克服上班路途远、交通不便利、难以顾家的种种困难,把一切奉献给新校区,一路铿锵走来。

2009年,学校再次更名。山东省政府批准学校改建为"山东水利技师学院",山东省水利职工大学并入学院合署办学。此后,学院力量更强更足,相继获评山东省首批技工院校示范专业群建设单位、全国职工教育培训示范点等,汽车维修专业被评为山东省技工院校百强专业,并作为山东省技工院校一体化试点专业开设。

七载光阴一抹过,学院事业在厚积薄发中欣欣向荣,特别是"水木"为本、"机电"见长、"工管"互补的专业体系已然形成。

蓄势时期

四、蝶变(2015～2023年):正道而行　大道至简

如今,行走在水院校园里,最亮眼的是一个个被道旗高高举起的红彤彤的师生形象,他们一次次挑战赛场,一次次突破历史,成为立于行业之巅的山东省技术能手、山东省劳动模范乃至全国技术能手。他们是师生心目中引以为傲、对标努力的榜样……

如今,行走在水院校园里,最动听悦耳的声音是一声声"老师好",这是礼敬师长、师生互爱的见证;一列列精神抖擞、行进有序的学生,是学院"准军事化管理＋专职辅导员队伍"管理特色的呈现……

如今,行走在水院校园里,一处处精致而富有文化底蕴的景观,是学院环境育人的真实写照;一场场"讲好水院故事"活动的成功举办,是学院教育教学有温度、有力度、有深度的鲜活呈现……

以"正道而行　大道至简"为主旨的校园文化结出累累硕果:学院2015年被确定为"国家级高技能人才培训基地",2016年被确定为"全国首批水利行业高技能人才培养基地""山东省高等职业教育与技师教育合作培养试点院校",2017年被确定为"全国水利文明单位",2020年被确定为"山东省技工教育特色名校",2021年被确定为"全国水利行业技能人才培育突出贡献单位",2022年、2023年在山东省属技师学院年度考核中获优秀等次第2名,2023年新生入学人数突破3000人。

一步一个脚印,一年一个台阶。这脚步是有力的,这台阶是豪迈的。水院人共同亲历了巨大变革。

学院党委班子会议

学院荣誉大道

学院每年一度"讲好水院故事"技能竞赛表彰大会

学院2022年获评第2名优秀等次

这一切，来自对教育的情怀。教育的本质是爱。水院的教育源于爱，更源于水院有一位有爱心、以校为家、视生如子的好书记——于福春。于福春书记躬身教育九年，三千多个日日夜夜，他已是满头华发，但干事创业的热情却依然澎湃。他带领新一届党委班子，以最强的决策力、执行力和管理力，继续推动全院工作蓬勃发展。

这一切，书写进时光的记忆里。六十五载时光，回首望，弹指一挥间，时间都去哪儿了？

时间，在水院人奋斗的基因里，"艰苦创业、自强不息、敬业爱岗、勇于奉献"的水院精神代代相传；时间，在水院人的坚定信念里，"让阳光洒在每个师生心坎儿里，把自信刻在每个师生骨子里"，天生我材必有用，不拘一格降人才；时间，在水院人的教育情怀里，"以生为本，学生至上"，"以学生为中心"的教育理念已深深镌刻在全体教职工的一言一行中……

这一切的一切，温润成水院特有的魅力与气质。

让我们共同祝福水院：正道而行，大道至简，与时俱进，再创辉煌！

于福春为大学生媒体中心的学生讲授摄影课

于福春在笃行班与学生畅谈

于福春与帮扶村 93 岁老人亲切交谈

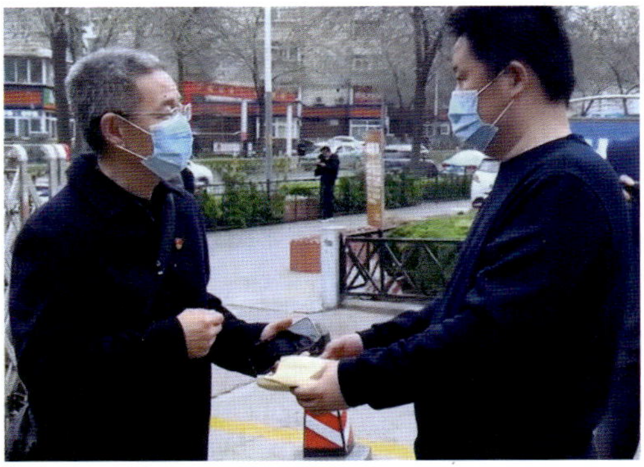

于福春为患病学生刘琮父亲送上师生 10 余万元捐款

第二节 蝶变 追梦 水润

学院三座校园文化景观雕塑，向人们讲述了学院党委坚持党建引领，牢记为党育人、为国育才的初心使命，踔厉奋发勇追梦、勇毅笃行促蝶变的转型跨越之路。

一、蝶变

有梦才精彩，奋斗最美丽。请看第一座雕塑“蝶变”，寓意“敢于有梦，破茧成蝶，人人出彩，转型跨越”。

雕塑“蝶变”

生源规模是学院发展的生命线。长期以来，学院始终处在高职扩招、中职地方保护的挤压之中；相比于其他省属技师学院区位优势，学院又偏居淄川区一乡镇，招生难，招聘急需的专业教师更难。“十三五”以来，学院党委直面困境和挑战，以高质量党建引领高质量发展，突破“夹缝中的夹缝”这个困局，学生规模稳定在万人左右，先后获评国家级高技能人才培训基地、首批全国水利行业高技能人才培养基地、第 8 届全国水利文明单位、第 11 届全国水利行业技能人才培育突出贡献奖、山东省技工教育特色名校等。特别是 2021 年山东省政府启动“十四五”高校设置规划，计划新设立 10 所高职院校，水院从 120 多所申报院校中脱颖而出，现已报教育部备案，踏出了转型发展的关键一步。

学院党委坚持办有情怀、有温度的教育，针对学生多是初中分流生，不爱学习、缺乏自信等特点，倡树“以爱为源、因材施教”教风，助力学生多元成长、人人出彩。“十三五”

以来，获省级以上技能大赛奖项 681 项，其中一等奖 132 项，二等奖 156 项。6 人代表山东“亮剑”全国赛场，首届全国职业技能大赛 1 人获第 10 名，入选世界技能大赛国家集训队；全国行业职业技能大赛 2 人获第 2 名、2 人获第 6 名。时任山东省水利厅党组书记、厅长刘中会两次致信祝贺。

二、追梦

水院人都在努力奔跑，我们都是追梦人。请看第二座雕塑“追梦”，寓意“逐梦前行，成就学子成才梦、转型跨越梦、大国工匠梦”。

雕塑“追梦”

学院党委致力于从顶层设计上解决“培养什么人、怎样培养人、为谁培养人”的问题，打好改革“组合拳”：确定了坚持“紧抓招生”这个关键环节、“质量立校”这个工作核心、“人才强校”这个发展战略、“校企双制”这个基本办学制度、“特色品牌”这个兴校之路、“文明创建”这个重要抓手、“艰苦奋斗”这个优良传统共“七个坚持”的办学治校基本策略。学院打造了“立足水利、面向社会、打造品牌”的专业发展特色，“基本素质＋专业技能”的“双轮驱动”人才培养特色，“理实一体化＋工学一体化”的教学特色，“准军事化管理＋专职辅导员队伍”的学生管理特色、“平安校园＋社区化服务”的后勤保障特色。学院坚持制度建设贯穿始终，制定制度 210 余项，形成了党政管理、教学科研、学生管理、绩效考核等九大框架体系，实现了各项工作有章可循、有规可遵、有据可依、有度可评。

学院党委以品牌建设促进党建与业务深度融合，着力打造 7 个党建品牌。比如践行“以爱为源 · 阳光育人”，学生刘琮身患重病急需手术，全院师生闻讯而动，8 小时捐款 10

万余元；持续“讲好水院故事”，体味成绩背后平凡而感人的故事，展示生动立体的学院风貌；坚持“家访报喜·爱出爱返”，教师冒严寒，辗转千里送春风；家长燃希望，热情扫雪两公里……最终目的，是让阳光洒在每一位师生的心坎儿里，让自信刻在每一位师生的骨子里。

三、水润

厚德至善，水润万物而无形。第三座雕塑“水润”主体造型为汉字“泉”的变形，三条红色彩练为汉字“水”的变形，呈昂扬升腾之势，寓意“立德树人，水润心灵”。

雕塑“水润”

“十三五”以来，学院党委秉承大禹精神，确立了以“正道而行　大道至简”为主旨的校园文化核心理念体系，以文化人，以文润心。

正道而行，就是坚持立德树人，守正笃实，培根铸魂。学院党委坚持以上率下、示范引领，“同心、同德、同志、同向、同力、同行”，做到重点工作在哪里，党委领导力、支部战斗力、干部执行力就聚焦到哪里。

大道至简，就是抓实紧要，说干就干。学院党委深化思政改革，创新育人平台，着力打造“线上线下、课上课下、校内校外”三堂课，涵养党建育人“活力源”；建设新时代雷锋精神文化馆，与淄川区委党校合作开设“红色讲堂”，利用红色资源开展沉浸式思政教育，增强理想信念；与南水北调公司、淄博市水利局等开展党建、联建、共建活动，丰富思政教育形式；加强对学生社团的指导，弘扬优秀传统文化，促进学生德、智、体、美、劳全面发展……

水润无声，水到渠成。“十三五”以来，水院毕业生就业率保持在98%以上，月薪过万者达 10%。比如孙汇鑫同学考取核电级压力容器职业资格证，当年全国仅有 20 人通过。为感恩学院，孙汇鑫同学自愿回校指导学弟学妹一年专业学习后才就业，就业后月薪 3 万元，真正实现了“技能创造美好生活”。

回顾过去几年，水院教师相继获得第五届全国职业院校教师能力大赛一等奖、全国汽车流通行业职业技能大赛一等奖等大奖，被授予“山东省技术能手”等称号，他们成为学院改革发展的亲历者、见证者、受益者，既实现了人生的蝶变，也映照了学院的蝶变。

获奖人员合影

第三节　水院赋　一赋咏颂留声远

赋是我国最具代表性、最能彰显时代精神的文体之一，在悠久的中华文明发展史上具有独特的、不可替代的文学地位。盛世写赋，水院美丽的校园环境、丰富的文化底蕴和高质量发展的成就，使得《水院赋》应运而生。全赋古朴瑰丽、铺陈宏阔，通篇载述水院历史，贯穿水院精神，显示了水院的独特优势和魅力，为高校文化建设留下了永久的篇章，极大地提升了学院的影响力。

一、源起：钟凤凰山之清流，毓萌源河之浩森

《水院赋》的创作源起于一句诗：钟凤凰山之清流，毓萌源河之浩森。2017 年夏日，学院党委书记于福春行走在学院萌源河畔陶然桥上，眼前青苇葱葱，河水汤汤，烟波浩渺；远处清流蜿蜒，凤凰山起伏，光明景和；岸边学生三五成群，款款交谈，书声琅琅，真可谓是钟灵毓秀，黉园胜地。面对此情此景，于福春书记感怀颇多，随口吟诵：“钟凤凰山之清流，毓萌

钟凤凰山之清流——萌源河

源河之浩淼。”他说，这句诗主要是想表达“清流”与“浩淼”两个词。清流是出自凤凰山的清清河流，寓意学院作为教育胜地，秉承天地正气，行人间正道；浩淼是萌源河浩大的清波，寓意学院育人成才，为社会输送更多匠心学子。诗句道出了水院光景与愿景之大美。

梁德永老师闻知这两句诗后大加赞赏，赋诗应和：“清流源出凤凰山，浩淼之于萌源河。人间清流天上来，钟灵毓秀新水院。”

之后，梁德永又以“钟凤凰山之清流，毓萌源河之浩淼”为题，用古诗文体裁书写了一篇文章，展示学院风光与各方面工作。“巍巍凤凰，清风可掬；浩浩萌源，烟雨可餐。稷下学宫，教育之榜，学院纳凤凰山之神气，汲萌源河之灵光，承稷下学宫之文脉，吸风饮露，尊贤尚功，知行合一，德技相长，弘水利之特色，扬匠心之精神，顺时代之潮流，启名校之滥觞。”

后经赵淑贤老师修改，结合学院历史现状进一步丰富拓展，便定名为《水院赋》。其文有云：“水院之业，源远流长；来之不易，务续其昌。吾之所向，一如既往；知行合一，德技相长。韶韵之地，教育之榜，吾辈栖鸾于此，岂论清贫富贵，荣辱艰辛，理应清于尘世，永葆青云之志，长修雨露之仁，绽芳菲于朝暮，植香馥于晨昏。身怀鲲鹏志，谁借入云梯；心系桃李情，风雨共远行。而今学院政通人和，百业俱兴，何不顺势而为，孜孜敏行。树厚德之风，筑工匠之梦；倾心于社会，扬名于明旦。”此赋曾在 2018 年水院元旦晚会上由四名师生吟诵，受到好评。

二、成篇：精心打磨，文赋终成佳篇

此时《水院赋》赋体不鲜明，在形式与结构上更像颂体。作为水院成立六十周年的献礼之作，于福春书记说：“我们要把《水院赋》打造成精品，给后人留下点有价值的精神产品。”

2018 年 3 月，于福春找到爱好文学的青作协副主席李华老师，谈及创作《水院赋》事宜，并将武汉大学的《珞珈赋》交给李华，要求以此为标准创作学院赋文。李华当时深感责任重大，赋文在诗、词、曲、赋四大文体中最难写，且擅长赋文的名家较少。几经周折，她找到当地一古诗文名家撰写，要求如下：“水、木”为本，多科互补，求兼容而并包；打造品牌，跻身“百强”，应时代之所需；教做人，重礼仪，导之以德；勤训练，严管理，齐之以纪；

于福春主持召开《水院赋》文学研讨会

启兴趣，促特长，锻造本领；抓细节，倡大爱，涵养素质。体现文明、和谐、花园式单位；突出“新蓝领”和高技能人才培养基地。然而，最终提交的诗文缺少对学校的深厚情感和置身其间的耳濡目染，外人据此很难全面理解学院六十年的沧桑砥砺和桃李同芳。

在时间紧、任务重的情况下，爱好古诗文的李华结合自己对学院的理解与情感，亲自动手撰写《水院赋》，从齐地齐风入手，展现水利情怀、学院地理和人文环境、学子、学风、师者、远景等，初稿成篇。

为集思广益，凝聚共识，2018 年 5 月 18 日下午，于福春书记主持召开《水院赋》文学研讨会，部分文学爱好者参加。于福春说，要写好《水院赋》，为学院六十周年校庆献礼。要全面展现学院发展历史和办学成果，需要有总结过往、对接现实、启迪未来、流传后世的佳作，这一重要历史责任落在了今天水院建设者的肩上。“铁肩担道义，妙手著文章”，每位水院人要敢于挑战，勇于担当，既当建设者，又当传承人，为水院发展贡献力量，共同谱写好水院发展新篇章。全院师生均可参与到讨论中，争取把《水院赋》打造成吟诵名篇。

李华在听取大家的意见与建议的基础上，继续打磨《水院赋》。整个创作历时三个月，十易其稿，字字斟酌，句句揣摩，珠玑间出，终成佳篇。赋文有汉赋之大气铺排，沟通古今，展现了水利天下的情怀，以及学院六十年砥砺奋进、弦歌不辍的艰辛历程和开拓创新、荣光不息的自强精神。

2018 年 6 月 16 日，学院党委会议研究通过李华创作的《水院赋》。2018 年 7 月 19 日，《水院赋》以鲁水技师党字〔2018〕32 号文件正式印发。发文中写道：《水院赋》以辞赋体的形式，汲取古代和现代文学元素，融思想性、情感性和文学艺术性于一体，记述水院往事，传承水院精神，抒发了全院师生的浓厚情感和对未来的美好向往。请组织广大师生认真学习吟诵。

中共山东水利技师学院委员会文件

鲁水技师党字〔2018〕32 号

关于印发《水院赋》的通知

各支部、各部门：

为加强学院校园文化建设，值此学院甲子到来之际，学院组织部分教职工创作完成《水院赋》。《水院赋》经 6 月 16 日党委会议研究通过，现予印发。

《水院赋》以辞赋体的形式，汲取古代和现代文学元素，融思想性、情感性和文学艺术性于一体，记述水院往事，传承水院精神，抒发了全院师生的浓厚情感和对未来的美好向往，请组织广大师生认真学习吟诵。

附件：水院赋

中共山东水利技师学院委员会

2018 年 7 月 19 日

- 1 -

关于印发《水院赋》的通知

《水院赋》一经推出，立刻赢得了社会各界的赞誉好评，特别是得到了水利系统和教育界同仁的广泛认可，堪称学校赋文的佳作、学院文化的代表作。

2018 年 10 月 18 日，在学院六十周年校庆晚会上，成文霞、路杨两位老师深情朗诵了《水院赋》，音质浑厚，大气豪迈，台下掌声雷动，朗诵深受好评。

成文霞、路杨两位老师配乐诗朗诵《水院赋》

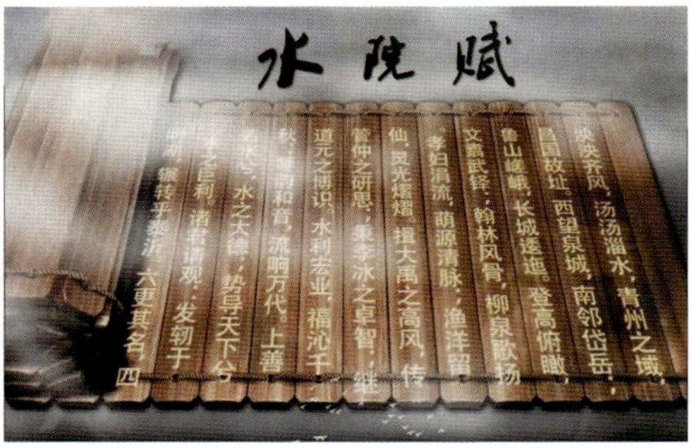

《水院赋》视频截图

三、拓展：制作视频，音画生动再现光影

2018 年 8 月，李华结合六十周年校庆宣传片的制作，创作了视频版《水院赋》，通过音画的形式再现了《水院赋》内容全貌，直观、生动、形象地展示了水文化、齐文化和学院六十年春华秋实。《水院赋》视频版已成为学院校园文化经典之作，是学院来宾参观校园必看的视频，赢得了广泛赞誉。

四、浮雕壁画：一赋咏六秩，满壁水风行

于福春书记指出，作为学院软性文化形象代表，要更好地发挥《水院赋》的教育引导和文化提升作用，确定在大学生活动中心门厅东侧墙制作《水院赋》浮雕壁画。2020 年 8 月，从设计画稿、招标到竣工、开放，历时两个月，《水院赋》浮雕制作完成。

大学生活动中心门厅东墙浮雕

浮雕壁画设计创作立足水利文化内涵，以水文化、历史治水名人、著名水利工程和现代水利工程为核心，凸显“文化、传承、开拓、创新”的水利文化特色；以“静水流深、魅力水院”为出发点，传达水院文化的深厚绵长，极富教化性与观赏性。整体设计稳重、大气、简约，采用九曲黄河的流畅弧线为主要表现形式。天顶白色灯带线条流畅，如行云流水，富有动感和视觉张力。东西两侧上下以流动的曲线推波行进，东侧以水为主要元素，木纹面板喷绘白色真石漆，中间浮雕为古朴淡雅的黄

色真石漆。

浮雕以大禹治水开篇，顶天立地的大禹披蓑戴笠手握耜，指挥治水现场。接着为竹简样式的长竖条板，上面镌刻《水院赋》文字，上部平齐，下部根据字数多少高低错落排开。下方雕刻千顷水波涌动，上方阳光普照，鹤舞鸾翔，山岳海楼高耸，天地合融，气象万千。最后是大气磅礴的三峡水利工程，下方刻有《水经注》中的有关文字，紧邻镇水神兽和巨型宝鼎，护佑一方水泽安宁。

第二部分迎面而现，为学院标识、名称和文化主旨，校训、校风、教风、学风等雕刻文字在浩渺水波中涌现，上为祥云瑞罩，仙鹤翔舞。

第三部分是历史治水名人李冰父子、王景、郭守敬等指挥修建水利工程的高大形象，下方为劳工奋力艰辛劳作场景，水面上帆影穿梭，河清海晏，安宁祥和。

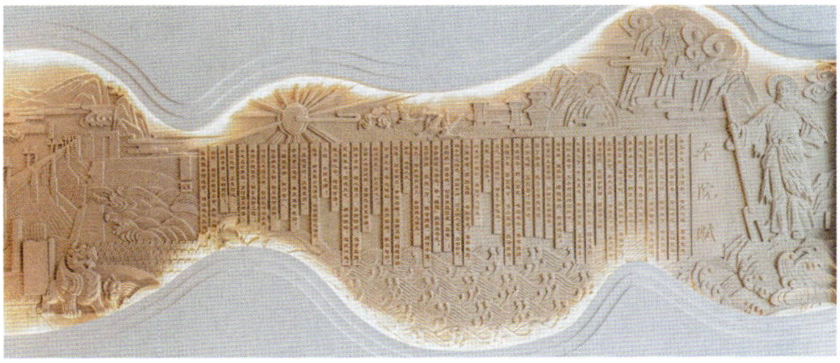

《水院赋》文字浮雕

最后，以“水，利天下、润万物、惠民生”收尾。《水院赋》文图浮雕尽显我国传统水文化和水院文化的无尽魅力。

五、勒石镌刻：景观与文化同辉共永

2021 年，学院进行校园环境升级改造，充分发挥省级水利风景区的环境育人功能，打造宜学、宜居、宜游的景胜佳地。于福春书记提议将《水院赋》勒石成文，让更多师生可见，感受赋文的魅力，以文化人，展现校园文化风采。同年 10 月份，他两次带队到莱芜多个石场挑选景观石，以形态美观秀雅为重。最终选定一块造型独特的景观石，石长 8.68 米，宽 3.3 米，高 1.98 米，重 5 吨。石两面景致各异，正面整体呈山形，峰峦起伏，远中近三景错落，石凹凸处有绿植点缀其间，生机勃勃。石头最高处是一棵五角枫，独立峰巅，灵动有姿，下方有几处种植连翘，枝条蓬勃从石间浮出，春来黄花满枝俏。还有一枝凌霄，夏日里橙色凌霄花垂挂满枝开。石背面平整光滑如墙，正适合《水院赋》刻字成篇。景观石进园时，于福春亲自指挥将景观石安放在南大门与主题雕塑“泉韵”之间的草坪上，西侧为行政楼门前松石景观，东侧是学子林荣誉墙和卧牛石，北面为“泉韵”雕塑及国家级高技能人才培训基地石刻字，四石四面合围形成精致的景观带。石背刻字《水院赋》，墨绿字配红方印，古朴浑然，厚重有势。三方红色印有节奏地散在字间，分别刻着“水利万物”“正道而行　大道至简”“德能同修　知行合一”。如今，《水院赋》石刻已成为校园文化标志性景观，师生常于此驻足，来宾每于此观览，留影多多。

《水院赋》刻石与作者李华

六、回馈:《水院赋》是校园文化的实证

2022 年 8 月 20 日,秋季新生入学,很多家长和学生站在《水院赋》石刻前观看阅读,一位来自德州的家长赞叹道:“早就听说水院校园文化做得好,在我们德州教育界有很高的声望。来到这里一看,确实名不虚传。这篇赋文就展示了学院相当深厚的文化底蕴,是学院文化的实证,了不起。”

至善广场大屏播放《水院赋》视频

当日,至善广场图书楼电子屏上循环播放《水院赋》视频,音声萦绕回响在校园上空,为校园平添了几分书香人文气息。“英俊少年,窈窕淑女,书山跋涉,技海搏击。意气一何绰绰兮,神采几多俊逸。美哉,水院学子!”很多新生及家长驻足观看聆听,一位来自张店的家长在仔细倾听后,感慨道:“没想到咱们学校能创作出这样文采情怀俱佳的赋文,没想到咱们学校有着这么深厚的历史底蕴,没想到咱们学校取得了这么优异的成绩,将孩子交给你们,准没错。”

如今的《水院赋》,无论是石刻、浮雕还是视频、音频、文字,均汇成一首昂扬的赋歌,颂赞着水院六十五年的芳华隽永。它已然成为学院软性文化形象的代表和展现学院时代风采的靓丽名片,发挥着以文载道、以文传声、以文润心、以文化人的教育引导作用和文化传承功能。

附：

水院赋

泱泱齐风，汤汤淄水，青州之域[1]，昌国故址[2]。西望泉城[3]，南邻岱岳[4]；鲁山嵯峨[5]，长城逶迤[6]。登高俯瞰，文翥武铎[7]；翰林风骨[8]，柳泉歌扬[9]。孝妇涓流[10]，萌源清脉[11]；渔洋留仙[12]，灵光熠熠。

揖大禹之高风[13]，传管仲之研思[14]；秉李冰之卓智[15]，继道元之博识[16]。水利宏业，福沁千秋；琴韵和音，流响万代。上善若水兮，水之大德；势导天下兮，水之巨利。

诸君请观：发轫于明湖[17]，辗转乎泰沂[18]。六更其名，四易其址；般阳之地[19]，沐光生彩。凤凰山下[20]，丹凤来仪；翩然而起，巍巍其姿。顾盼生辉兮，乃水利技师学院也。

倚凤阙[21]，望焕山[22]，琼楼林立，英秀蕴集。千亩沃土育黉府[23]，密树繁花荫雄奇。园丁林间，桃李芬芳披霞绮；山水池畔，菡萏碧叶映朝曦。德业德馨，树人高范[24]；唯实唯新[25]，荟萃佳绩。英俊少年，窈窕淑女，书山跋涉，技海搏击。意气一何绰绰兮，神采几多俊逸。美哉，水院学子！

遵先师之雅训[26]，承稷下之学风[27]。六秩峥嵘[28]，筚路蓝缕；杏坛黉苑[29]，春华秋实。扬水利之特色，问渠开河；应蓝图之宏愿，磨砺精技。斩荆棘一路奋进，创高技能国之"基地"；勤耕耘匠心独运，夺"桂冠"业界共誉之。紧锣密鼓，竞技八方；佳音捷报，频传千里。嗟夫！渐扶摇而直上，如鲲鹏之振翼。壮哉，水院之风！

噫嘻！回首昔日，辛怡共睹；勤耕不辍，竭诚辟路。前贤之志，侔之鸿鹄[30]；鼎力搏逐，歆慕苍宇。胸阔而宽仁，知恩而心一。今朝大略鳞次起，宏图远景更可期。骁将名师，凝心聚力；嘉树满园，俊才盈室。慧教乐学，蔚成风气；学海滔滔，逐浪迭起。勠力同心兮，沧溟可济。大哉，水院之师！

呜呼！钟凤凰山之清流，毓萌源河之浩淼。"正道而行，大道至简"，承主旨以坚守，奉天道而自励。"德能同修，知行合一"，惟宗纲之不移，鞠厚德而躬耕。浩然正气通天地，弦诵长吟为永昌。今朝水院学子，明日大国工匠；千花应时绽放，万树俱显神姿。牢记使命，不忘初心；担当重责，砥砺前行！

赞曰：续写水院华章兮，弄潮人向时代立；猛志固存高远兮，腾蛟起凤正当时！

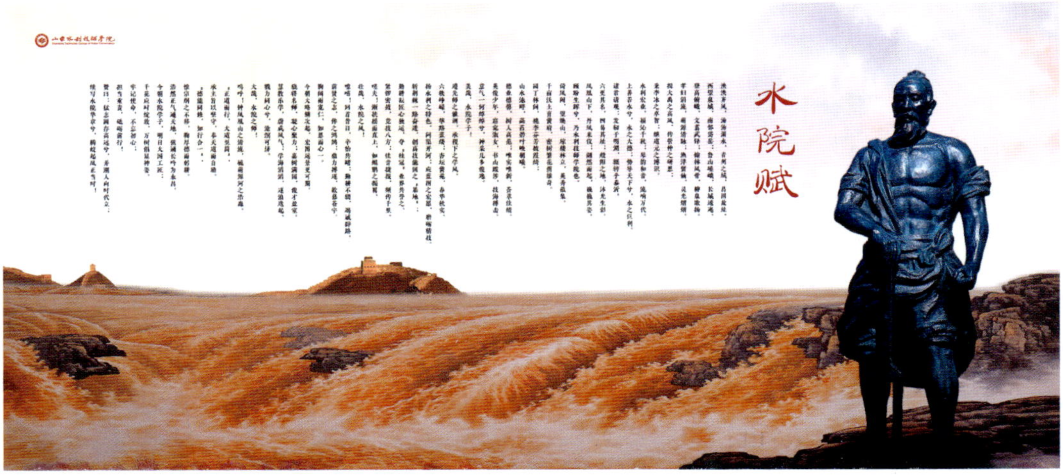

注释：

[1]青州：语出《尚书·禹贡》"海岱惟青州"，海岱指山东渤海至泰山之间的地带，为"九州"之一，古代属齐地。

[2]昌国：古邑名，又名昌城，战国齐地，位于今淄博市东南。

[3]泉城：济南市的别称，因"家家泉水，户户垂杨"而得名。

[4]岱岳：泰山的别称。

[5]鲁山：鲁山国家森林公园，位于淄博市博山区，主峰观云峰海拔 1108.3 米，为鲁中最高峰。

[6]长城：指齐长城，是春秋战国时各国所筑长城中现遗迹保存较多的一处，全长达 600 余公里，被誉为"长城之父"。

[7]翥(音 zhù)：本义为振翼而上，昂扬高飞。"文翥"意为文风飞扬。铎(音 duó)：大铃，古代宣布政教法令所用，亦为古代汉族乐器。"武铎"指武力之声势浩大。

[8]翰林：此处指文翰荟萃之所，翰林也指官名、学士和翰林院。

[9]柳泉：地名，淄博市柳泉和济南市柳泉，小说家蒲松龄别号柳泉居士。

[10]孝妇：孝妇河，发源于淄博市博山区，全长 135.9 公里，横穿淄博各区县，最后注入渤海。

[11]萌源：萌源河，为孝妇河支流，横穿淄博市淄川经济开发区，贯通水院校区东西。

[12]渔洋留仙：此处双关，既指水面之广大，仙人留恋，也代指淄博市两位清代著名文学家。渔洋：王渔洋，原名王士禛，又号渔洋山人，淄博新城(今桓台县)人，清顺治十五年进士，官至刑部尚书，主盟诗坛，诗论创"神韵"说。留仙：指蒲松龄，字留仙，世称聊斋先生，现淄博市淄川区洪山镇蒲家庄人，创作有著名的文言文短篇小说集《聊斋志异》。

[13]大禹：夏后氏首领，相传治黄河水患有功，受舜禅让继帝位，是夏朝第一位君王。

[14]管仲：春秋时期法家代表人物，是中国古代著名的哲学家、政治家、军事家，为齐国宰相，曾撰写中国最早的水利论著《管子·度地》，阐述了水利事业的重要性，被誉为"华夏论水第一人"。

[15]李冰：战国时期秦国著名的水利工程专家，主持修建了都江堰水利工程。

[16]道元：指郦道元，南北朝时期北魏官员、地理学家和散文家，撰《水经注》四十卷，记述了全国 1252 条河流及其流经区域的各种自然与人文概况。

[17]明湖：大明湖，济南三大名胜之一，也代指济南，由众多泉水汇流而成，是济南重要的风景名胜。

[18]泰沂：泰沂山脉，山东省中部重要山脉。

[19]般阳(音 pán yáng)：古县名，因在般水之阳得名，在今淄博市淄川区，水院现所在地。

[20]凤凰山：水院东面所依之山。

[21]凤阙(音 fèng què)：汉代宫阙名，这里指凤凰山。

[22]焕山：也写作奂山、涣山。位于旧淄川县城西，包括今之所谓"奂山"(上有碧霞

祠)、“双山”(今淄博师专内)及烽火台(胶王路以南)等十余座峰峦,即为水院北面而望的山脉。

[23]黉(音 hóng):古代的学校,“黉府”与后面的“黉苑”同义,均指学校。

[24]德业德馨:此处双关,既指水院两座教学楼——德业楼、德馨楼,也是对水院教师风范的表达。树人也是双关,代表教学楼和教育的本质。

[25]唯实唯新:此处双关,既表示水院校风“严格严谨,唯实唯新”的一部分,也是水院两座实验楼的名字,是学生磨砺精技出佳绩之地。

[26]先师:孔孟等大儒先贤们。

[27]稷下(音 jì xià):战国时田齐的学宫,为官办私家主持的学校。

[28]六秩:古代以十年为一秩,六秩即为六十年。

[29]杏坛:相传为孔子聚徒授业讲学之处,泛指学校,也喻教育界。

[30]侔(音 móu):指相等和等齐。鸿鹄(音 hóng hú):天鹅,因其高飞,喻志向远大。

第四节　芳华隽永　校庆时刻的祝福

金秋时光,金果落实,金光普照,这收获时节,迎来了学院校庆月。10 月 18 日,是学院校庆日。每年这一天,学院都会围绕校庆开展系列活动,丰富师生的文化生活。全体师生回溯历史,不忘教育初心,牢记教育使命。

一、六十周年校庆——弦歌长颂　青春永昌

六十载沧桑砥砺,一甲子弦歌不辍。

六十载薪火相传,一甲子深耕广耘。

六十载桃李芬芳,一甲子春华秋实。

2018 年是学院建校六十周年,可谓重要大典。学院提前谋划,以“六个一”工程献礼六十华诞——撰写一篇《水院赋》、制作一本画册、拍摄一部宣传片、举行一台文艺晚会、举办一场书画摄影展、承办一场全国大赛,展现学院弦歌不辍勇追梦、坚毅笃行促蝶变的办学成果和师生风貌。

六十周年校庆最隆重的时刻是第十二届全国水利职业院校“鲁水杯”技能大赛在学院举办,来自全国各地的 32 支参赛队伍的领导、老师和同学,参加了学院校庆各项活动。水利部副部长田学斌、山东省副省长于国安出席闭幕式并讲话,水利部人事司司长侯京民主持闭幕式,山东省政府副秘书长张积军、山东省水利厅厅长刘中会以及山东省人力资源和社会保障厅、淄博市委市政府、淄川区委区政府等有关单位负责同志及全体参赛院校师生参加了闭幕式。

大赛共设置水利工程成图技术、工程测量、混凝土设计与检测、水利工程造价、河道修防工五个竞赛项目。其中,河道修防工为本届大赛新设项目,以国家职业工种命名,紧密对接国家最新公布的职业工种和职业标准。经过紧张激烈的角逐,大赛共产生个人一

等奖 45 人、二等奖 82 人、三等奖 122 人。水院以 12 个一等奖、4 个二等奖的优异成绩荣获本届大赛综合团体第一名。

第十二届全国水利职业院校技能大赛开幕式合影

第十二届全国水利职业院校技能大赛闭幕式现场

于福春书记陪同水利部副部长田学斌、山东省副省长于国安、山东省水利厅厅长刘中会等参观校园

六十周年校庆文艺晚会合影

于福春书记为离退休人员讲解书画摄影展

山东省水利厅副厅长曹金萍参观书画摄影展

水院六十周年校庆还收到一件特殊的礼物——“红釉龙头尊”，是学院教师刘红的家属聂建民先生设计制作的。这件“红釉龙头尊”造型端庄大气、圆润厚重，整体线条自如、色彩红火、铭文秀雅，是既能体现学院“水”的特色，又能凸显六十周年校庆历史节点的纪念礼器。尊是中华民族礼器中重要的器具，自古尊为大、为贵、为敬、为重。“红釉龙头尊”高 46 厘米，腹直径 43 厘米，口阔 28 厘米，宽口鼓腹圆底。尊腹部两侧雕饰龙头呈喷

水状，取龙腾生势、水源不息、学院人才济济之意，通体用红釉寓意学院红红火火、兴旺发达、福运绵长。

这件尊从构思设计到制作完成历时八个多月，是一件融艺术设计、工艺制作、书法艺术和记事传承于一体的，具有神圣感和历史意义的陶瓷精品。

尊烧制成功后，于福春书记非常感动，给予高度重视，并与聂建民进行了深入沟通交流。于福春书记认为，在学院六十周年校庆时刻，这件作品有着非同寻常的意义，建议在红釉龙头尊上刻《水院颂辞》，让后来者借鉴和继承。

红釉龙头尊

二、六十五周年校庆——芳华正好　初心焕彩

六十五载沧桑砥砺弦歌不辍，六十五载春华秋实桃李芬芳。

六十五载栉风沐雨砥砺前行，六十五载薪火相传初心如磐。

六十五载芳华正好风采更盛，六十五载一路拾光未来可期。

2023 年是学院建校六十五周年，学院同样以隆重的形式开展多项庆祝活动，确定要拍摄一张全家福大合影（全院教职工），举办一场摄影展，拍摄一部宣传片，制作一本全国文化艺术界名家采风作品集，制作一本摄影大赛作品集，举办一台文艺晚会。

最隆重的是学院 2023 年与淄博市摄影家协会共同举办的“山东水利技师学院杯”2023 摄影大赛在校庆日颁奖。2023 年 4～6 月，学院与淄博市摄影家协会联合举办了“山东水利技师学院杯”校园摄影大赛，吸引了社会各界众多摄影家和摄影爱好者的参与，他们数次赴学院实地采风、观摩课堂、行走车间，多维度、全覆盖、沉浸式领略了广大师生的风采和独特的校园风光。截至活动结束，大赛组委会共收到摄影作品 800 余幅，本着公开、公正、公平的原则，最终评选出 1 个一等奖、5 个二等奖、10 个三等奖和若干优秀奖、入选奖。

此次摄影展，学院教师的多幅摄影作品同步展出。一幅幅影像佳作，一帧帧精彩瞬间，呈现了水院人凝重的光华和斑斓的姿彩。同时，收录摄影大赛所有获奖作品和学院教师部分作品的画册《光影　迭彩　黉园——“山东水利技师学院杯”2023 摄影大赛作品集》同步首发；收集了来自 16 个省（区、市）的全国文化艺术界名家的 30 余篇文章，汇编成《华章流芳：名家眼中的山东水利技师学院——黄河水文化研究中心成立暨全国各地文化艺术界名家校园文化采风作品集》，献礼学院六十五周年华诞。

“光影　迭彩　黉园”摄影大赛作品展

名家作品集

六十五周年校庆大合影

六十五周年校庆晚会大合影

第五节　校史馆承载水院的时光

校史馆是一所学校文化的精华之地，集合了学校的历史、现在、未来。校史馆是学校的一部编年史，是陈列学校发展历史、展示学校办学过程和不同时代学校面貌的场馆；是以一定的平台和形式将学校的优良传统与校园文化精粹充分展示的场所；是学校的博物馆，把学校的文博全景陈列；是学校教育教学成果的荣誉展览室；是学生德育教育和人文教育的基地。

学院党委多次商讨建校史馆事宜，2016 年在行政楼 201 室建设了学院荣誉展室，可谓微型的校史陈列馆，学院历年来获得的荣誉奖杯奖牌陈列其间。室内空间分割为几个区域，分别是时光掠影、历任领导、名师风采、办学特色、教学设施、校园文化、历届优秀毕业生、校园风光等，以图文和实物的方式展示学院变迁与特色。

2018 年校庆期间，学院党委拟建设校史馆，多方收集校史相关资料和实物，后因时间紧、项目多，校史馆建设工作暂时搁浅。2021 年年底至 2022 年年初，学院建设新时代雷锋精神文化馆时，决定在馆内同时建设校史馆，两馆合一，作为学院思政大课堂、师生共同的学习场地，也便于校外人士在感化于雷锋精神的同时加深对学院的了解，使水院文化深入人心、深入时代。

校史馆将学院历史和文化进行梳理整合展示，共分为七个单元。第一单元是学院概况——砥砺奋进，弦歌不辍。该单元以学院历史为主，分为学院简介、教泽流芳、校史历程、历任及现任领导、组织机构等。第二单元是党建引领——初心永驻，使命担当。该单元由政治统领、思想武装、党性教育、思想教育、抗美援朝老兵和在党 50 年老党员五部分组成。第三单元是服务社会——担当作为，奉献四方。该单元以外派干部助力社会发展、实现社会效应为主要内容。第四单元是技能竞赛——匠心筑梦，技行天下。该单元以学院全国技术能手、山东省技术能手和竞赛标兵为主要内容，展示学院竞赛成绩。第五单元是文化活动——魅力校园，精彩纷呈。该单元以党群共建、群团阵地为主。第六单元是为师生办实事——德泽育人，爱心惠福。第七单元是学院荣誉——载驰载誉，向光前行。

校史馆和雷锋馆两馆合一，已经成为学院思政教育的大课堂，也是学院全环境育人的重要基地。在校史馆里感受水院的过去，体会雷锋精神的永存、水院精神的长在。正如习近平总书记所言，不忘来时路，走好脚下路，坚定未来路。

第一单元 学院概况

第二单元 党建引领
初心永驻 使命在肩

第三单元 服务社会

第五单元 文化活动
魅力校园 精彩纷呈
党群共建

致敬抗美援朝老兵 传承英雄红色精神
中华人民共和国成立70周年纪念章获得者
学院关心离退休教职工

为师生办实事
教学管理制度落实年
校园环境升级改造
爱心帮助传递温暖

校史馆部分展区

第二章　水香精神

学校精神是指导学校在长期的教育事业发展实践中，根据历史沉淀、专业发展特点和自然环境所创造、积淀、整合、提炼出来的校园人文精神，其精神实质反映了学校广大师生共同的理想目标、精神信念、文化传统、学术风范和行为准则，是学校固有的价值观念体系。

在确立“艰苦创业、自强不息、敬业爱岗、勇于奉献”的学校精神后，学院围绕学校精神，做了大量卓有成效的工作，从各个方面高标准、严要求，无论是校容校貌、建筑特色，还是校徽、校服、工装设计，处处体现水香精神，让学子在水院茁壮成长，浸润水院精神，放飞人生梦想。一批又一批水院毕业生，以人生选择回答时代之问：向下扎根，向上生长。他们把人生的细流汇入中华民族伟大复兴的洪流中，在基层的沃土上成就个体生命的大江大河。

第一节　校园文化核心理念引领前行

文化主旨：正道而行　大道至简。

校训：德能同修、知行合一。

校风：严谨严格、唯实唯新。

教风：以爱为源、因材施教。

学风：快乐学习、多元发展。

治校理念：依法治校、制度管校。

发展理念：内涵与外延并重，以质量求生存、以特色图发展。

办学理念：学校的一切资源归学生所有，学校的一切资源为学生所用。

办学目标：学生信赖、家长满意、社会认可，省内一流、国内知名。

办学特色：“立足水利、面向社会、打造品牌”的专业发展特色，“基本素质＋专业技能”的“双轮驱动”人才培养特色，“理实一体化＋工学一体化”的“校企双制”教学特色，“准军事化管理＋专职辅导员队伍”的学生管理特色，“平安校园＋社区化服务”的后勤保障特色。

“特色校园”建设内容包括：文明校园、数字校园、阳光校园、平安校园、生态校园。

国学大师钱穆先生说过："一切问题都从文化问题产生，也都该从文化问题来求解决。"校园文化，可以说是推动学院高质量发展的"根"和"魂"。"十三五"以来，学院党委从校园文化建设着手，坚持把校园文化作为加强内涵发展、引领改革创新的"文化力"，探索出了一条适应职业教育发展、契合自身实际的特色校园文化建设之路。学院办学质量及社会影响力和美誉度不断提升，成为名副其实的"文化校园"。

一、校园文化演进之路

校园文化是学院党委多年来探索、提炼、演化的文化精髓，其脉络清晰，目标明确——以文化人，以文润心，以文育人。2015 年，学院以开展"三严三实"专题教育为契机，组织开展全院教职工"立足平凡岗位，展示工作风采"岗位工作漫谈活动。151 名教职工积极交流工作经验做法，多角度、多侧面、全方位对学院工作提出意见和建议，充分发挥主人翁的作用。学院党委加强顶层设计，明确提出"依法治校、制度管校"的治校理念、"内涵与外延并重"的发展思路，以国家级高技能人才培训基地平台建设为基础，提出了建设"省内一流、国内知名技师学院"的发展目标。

学院南大门

2016 年，学院继续深化改革，突出办学特色，打造办学品牌，颁布了《关于校训、校风等理念性校园文化内涵释义》，确立了校园文化建设的基础架构，在原有的校训、校风、治校理念、办学目标基础上，进一步丰富凝练了"以爱为源，因材施教"的教风、"快乐学习，多元发展"的学风、"内涵与外延并重，以质量求生存、以特色图发展"的发展理念、"五大校园文化品牌"的办学特色、"周纪实、月小结、学期考核"的运行机制，并结合职业教育发展和学院实际，进行了理念释义，逐步形成了一整套比较成熟的理念性校园文化。这一年，学院开始启动实施"数字校园、平安校园、文明校园、阳光校园、生态校园"五大校园文化工程建设，全面整体优化提升校园文化形象。

2017 年 1 月 19 日，在学院第一次党员大会上，党委书记于福春作了题为《全面从严治党，全面深化改革，全面依法治校，为建设成为国家级重点技师学院而奋斗》的工作报告，大会审议确定了建设"学生信赖、家长满意、社会认可，省内一流、国内知名"的国家级重点技师学院的奋斗目标。2017 年 7 月 4 日，在庆"七一"党员表彰大会上，党委书记于福春作了题为《思想建设与制度建设》的主题讲话，提出要“以制度建设为抓手，以思想建设为根基，在校园培养形成一种良好的作风和氛围，进而演化为一个单位的文化，进而升华为这个单位的精神，最终形成‘制度—习惯—文化—精神’校园文化建设发展模式”。2017年7月24日，党委理论学习中心组集中学习研讨会上，党委书记于福春作了题为《正道而行　大道至简》的讲话，正式提出“正道而行　大道至简”的校园文化主旨。2018年，学院深入学习党的十九大精神和全国教育大会精神，总结建校60年办学成果，结合技工教育改革发展的新形势，研究制定了《山东水利技师学院办学治校基本策略》。这一年，学院党委组织教师撰写韵文作品《水院赋》。一篇汉赋雄文，展示了水院人在党的领导下踔厉奋发、勇毅前行的奋斗发展史，进一步丰富了校园文化底蕴。

学院至善广场

2019年以来，学院秉持“学生至上”理念，践行“学校的一切资源归学生所有，学校的一切资源为学生所用”的办学理念，大力推进校园环境形象提升工程。截至2023年，累计投资7788万元，实施学子林“美化”、篮球场“绿化”、主干道“黑化”、校园夜景“亮化”等环境提升项目，更换了学生宿舍和教室的窗户、门扇及照明灯具，更新了学生宿舍的床铺和暖气片，重新装修了学生餐厅、学生宿舍，学生在校的生活、学习条件得到了优化，实现了“风景区里读书，车间里学技术，宾馆里入住，酒店里品美食”的校园生活。

2022年8月15日，学院党委书记于福春、院长孙桐传共同出席美育教研室第一次美育教学工作研讨会。这是学院有史以来第一次由党政主要负责人一并出席的系部教学工作研讨会，体现了一种态度——学院党委对美育教学工作的高度重视，折射出一种导向——美育和思想政治教育都是事关人才培养质量的重要教育方面，传递了一种信号——构建“以美育人、以美化人、以美培元”的“大美育”格局。

学院党委始终坚持以人为本，注重教师成长。在2023年庆祝第39个教师节大会上，于福春书记在讲话开篇强调：“在我们水院，有一种称谓最尊贵——大先生；有一种声音最动听——老师好；有一条道路最宽阔——正道而行，大道至简；有一种理念最入心——以学生为中心；有一种情感最温暖——爱出爱返；有一部故事最厚重——讲好水院故事；有一种褒奖最珍贵——阳光自信由内而外彰显水院特质；有一串数字最亮眼——竞赛成绩连创新高……这一个个‘最’的缔造者，就是我们可亲、可爱、可敬、可佩的老师们。”他倡导全体水院教职工在今后的工作中要厚植“家国情怀、教育情怀、水利情怀”三大情怀，践行立德树人根本任务，积极投身“躬耕教坛，强国有我”的实践，立志成为塑造学生品格、品行、品位的大先生。

2021年“讲好水院故事”暨教学表彰大会合影

如今，行走在校园里，一个个阳光自信、被道旗高高举起的师生形象，是学院尊师重教最生动的例证；一声声无处不在、拨动灵魂的“老师好”，是萦绕在校园里最悦耳、最入心的天籁之音；一次次屡创新高的招生数量，是学院对“学生规模是学院的生存线”的忠实坚守；一串串突破历史的竞赛成绩，一位位引领行业风尚的全国技术能手、山东省技术能手，是每位师生最引以为豪的骄傲和对标努力的榜样。

学院党委书记于福春多次在不同场合的讲话中强调，学院党委不遗余力地抓校园文化建设，是要让大家明白，硬件设施和招生规模只是衡量学校的外在表象，内涵竞争力和文化软实力才是学校永续发展的根本所在。所谓“教书育人、管理育人、服务育人、环境育人”，说到底就是文化育人。围绕“培养什么人、怎样培养人、为谁培养人”这一根本问题，学院校园文化建设进入快速完善和不断深化时期，独具学院特色的校园文化逐渐成熟，“制度—习惯—文化—精神”的素质养成脉络初步形成，成为提升学院治理能力的“金钥匙”。

2020年学院与南水北调山东公司联合举办党建联建国庆文艺汇演活动

自此，每年新生入学教育和新教师入职教育时，学院都会重点解读校园文化理念，使之尽快熟知校园文化内涵，在此基础上激励求知奋进精神，以做“德能同修”的水院人为荣为傲。

文化传承是一代一代人共同完成的文化事业，在学校就是一届一届师生共同完成的文化信念的传达。所有的文化最终都要落实到人身上，落实到师生（更多的是学生）身上，是学生成长成才的鉴定。教师通过言传身教，将品行与技能传达传授给学生。

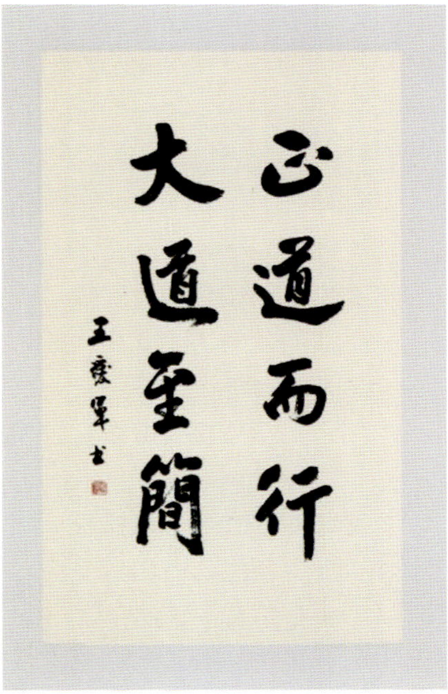

书法家王爱军题写的学院文化主旨

二、校园文化理念释义

校园文化是一所学校特有的价值取向和环境教育力量。校园文化建设是学院全体师生共同参与、认可并秉承发展的过程，既要传承历史，也要映照现实，还要远观未来。

为让全院师生准确把握学院校园文化的内涵，学院党委于 2016 年 6 月颁布了《关于校训、校风等理念性校园文化内涵释义》（鲁水技师党字〔2016〕27 号）。2018 年，借建校 60 周年之际，对校园文化核心理念作了进一步的诠释，印发《山东水利技师学院校园文化核心理念及释义》（鲁水技师党字〔2018〕28 号），以切实增强广大师生对校园文化核心理念的理解、认同、传播和践行，促使其将校园文化核心理念内化于心、外化于行。

（一）校园文化主旨：正道而行，大道至简

“大学之道，在明明德，在亲民，在止于至善。”

正道而行，就是全面贯彻党的教育方针，弘扬社会主义核心价值观，传授中国特色社会主义之道；就是不走邪道，不驰于空想，撸起袖子加油干，靠出力流汗长实力。大道至简，就是落实立德树人的根本任务，坚持“办学以教师为本，教学以学生为本”的教育观，提升教师职业能力和人才培养质量，因材施教、精准施教；就是紧抓制度建设和文化建设，两者同向发力、同时发力，用制度养成习惯，用习惯培育文化，用文化凝聚精神；就是抓住关键少数，抓紧要之处，发挥示范表率作用，形成头雁效应。

校园文化主旨刻字

正道而行，使命使然；大道至简，悟在天成。“正道而行，大道至简”，蕴含着学院校训、校风的丰富内涵，是学院校园文化的核心要旨，是学院办学治校的基本原则，是实现学院发展目标的基本路径，是全体师生最基本的行动准则。

（二）校训、校风、教风、学风

1.校训：德能同修、知行合一

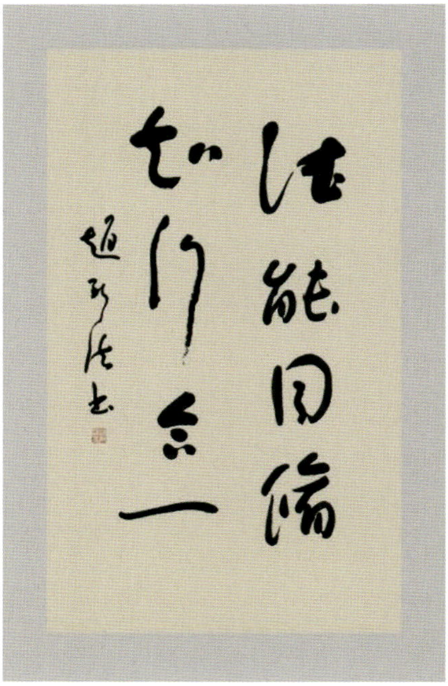

书法家赵新法题写的学院校训

（1）德能同修。“德”即德行、操守，是师生共同生活的行为准则和规范。“能”即“知识、能力”，是职业教育“能力本位”鲜明特点的体现。“德能同修”意喻水院师生思想品德、知识素养、实践能力同修并进，全面发展。

（2）知行合一。“知”即知识、智慧，反映师生的认知能力和理解能力；“行”即行动、行为，体现师生实践能力和应用能力。“知行合一”作为一种教育理念，与中国现代教育家陶行知先生提出的“教学做合一”教育思想一脉相承，是现代职业教育最鲜明的特征。

“德能同修、知行合一”的校训，是学院历史和文化的积淀，集中体现了学院的办学传统、教育理念和学院精神，对师生具有强烈的激励和劝勉作用。

2.校风：严谨严格，唯实唯新

（1）严谨严格。“严谨”是指对待工作要严肃谨慎、细致周全、追求完美。“严格”是指遵守或执行规定、规则时要认真、不放松、不偏离。“严谨严格”要求学院广大教师展现出严密细致、精益求精、诲人不倦的良好品格，广大学生展现出刻苦努力、锲而不舍、追求卓越的精神风貌。

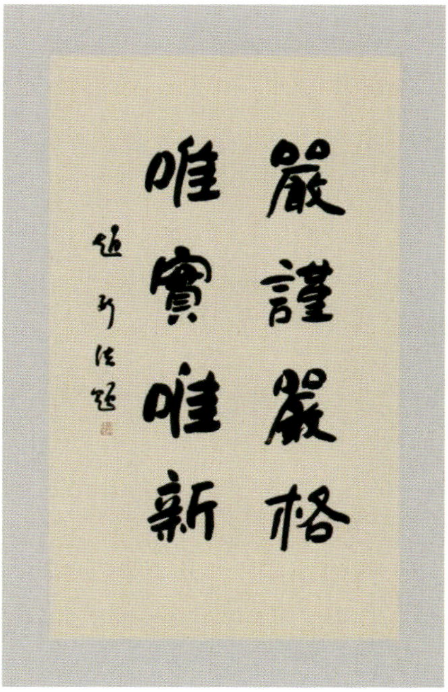

书法家赵新法题写的学院校风

（2）唯实唯新。“唯实”是一种脚踏实地、求真务实的行为特征，体现着一切从实际出发、实事求是的思想理念。“唯新”是追求创新之义，体现着与时俱进的时代精神，是学院活力之所在，是学院出人才、出成果的重要保证。“唯实唯新”意喻学院坚持实事求是、与时俱进、崇尚创新，为社会培养具有真才实学和创新创业能力的优秀人才。

“严谨严格、唯实唯新”的校风，集中反映了学院的治校、治教、治学态度，对师生有巨大的同化、促进和约束作用。

3.教风：以爱为源，因材施教

以爱为源，是教师对教育事业和教书育人的基本态度，是教师最高的职业道德境界，体现了以人为本、立德树人的现代教育理念。教师是知识的使者，更是爱的化身。这种爱是教师对职业忠诚的爱，是教师对学生无私的爱，是教师对学校眷恋的爱。

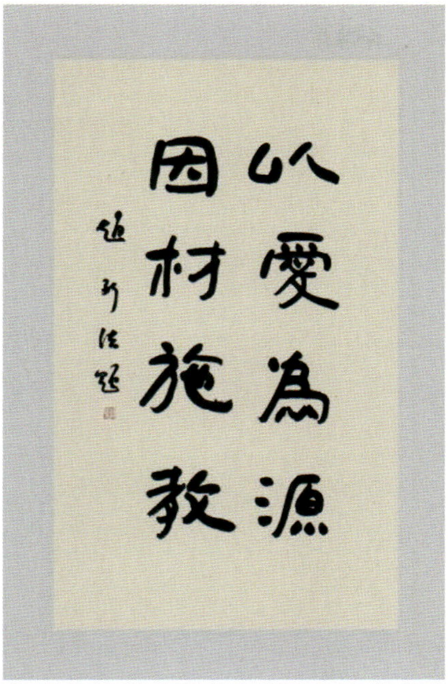

书法家赵新法题写的学院教风

因材施教，是指教师在教育教学中根据不同学生的认知水平、学习能力以及自身素质，选择适合每个学生特点的学习方法，实施针对性教学。它能发挥学生的长处，弥补学生的不足，激发学生学习的兴趣，树立学生学习的信心，从而促进学生全面发展；是现代职业教育形势下，学院教师面对学生个体素质的差异化、发展方向的多元化、职业选择的多样化等特点开展教学活动、实现教学目的的必然选择。

以爱为源、因材施教，是学院教师教书育人的基本规范，是广大教师道德、才学、作风、素养、治教的集中反映。

4.学风：快乐学习，多元发展

快乐学习，是一种学习状态，是学习的最高境界。快乐学习就是倡导学生乐于学习，以勤奋为乐；乐于服务，以助人为乐；乐于锻炼，以健体为乐；乐于交往，以合作为乐；乐于实践，以参与为乐；乐于开拓，以创新为乐。意喻学院积极营造和谐的学习氛围和宽松的学习环境，赋学以乐，激发学生学习的兴趣，培养学生自主学习能力，使学生在愉悦的学习氛围中感受新知，并内化为学习动机，实现由“学会”到“会学”的转变，让学生充分享受学习的快乐。

多元发展，是个体追求全面进步和自由选择幸福的衡量标志。“多元发展”的学风是学院贯彻国家“以立德树人为根本，以服务发展为宗旨，以促进就业为导向”的职业教育思想，立足学生个性化需求和未来发展需要，充分尊重学生的主体地位，并通过改变对学生的评价导向，激发学生内在潜力，引导学生正确确立发展方向和发展目标，追求收获知识、健康成长、持续发展的和谐统一，满足学生求知、求技、求新和职业生涯需要，促进学生全面发展和成长成才的体现。

快乐学习，多元发展，体现了“适合学生的教育才是最好的教育”的境界，是学院人才培养的根本追求和广大学生为学必真、自主理性发展的基本遵循。

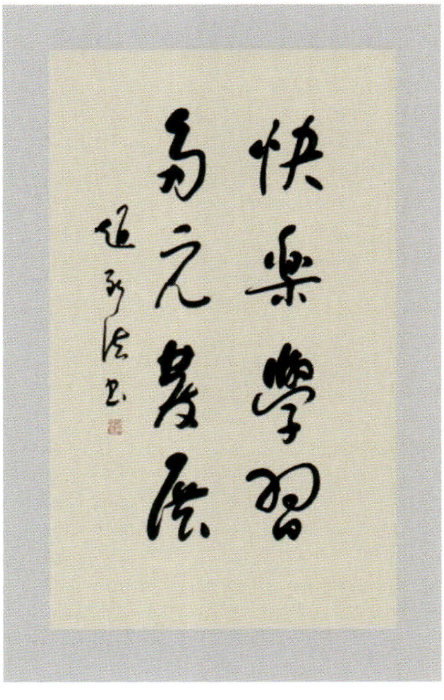

书法家赵新法题写的学院学风

第二节 校徽和校牌 万千之中的独爱

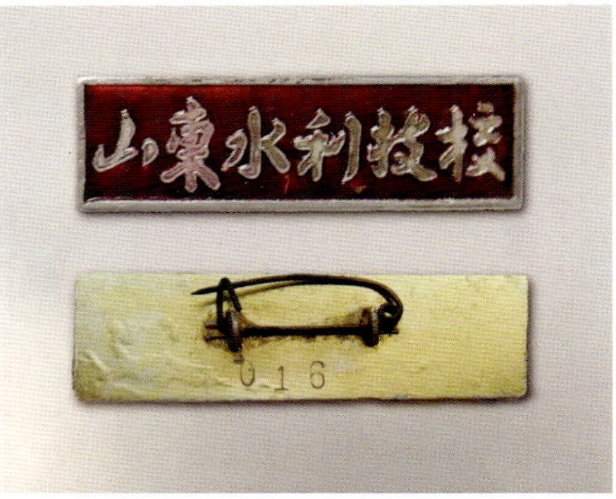

学院第 016 号校牌

校徽和校牌是一所学校视觉识别系统中的重要组成部分，是学校的标志，代表学院形象，也是师生身份认同感与归属感的符号。拥有同一校徽和校牌符号的人，都是曾在同一个空间里生活学习的人。无论走到哪里，无论时间如何流转，这种身份从不会丢失，看一眼就知道，彼此有着相知相熟的情感情怀，这就是一所学校的价值：同窗同学同校之谊，这也是学院 65 年来为社会输送 6 万多名学子所共同的身份。

学院第一枚校牌是 1960 年设计制作的，当时学院刚搬迁至淄博市周村区，第一次制作校牌，名称为“山东省水利技工学校”，简称“山东水利技校”。校牌为金边红底金字，厚重的行书字体。左上图所示为校牌实物，第 016 号是学院高再屏老师当年的校牌号，高老师将这枚校牌捐给学校，作为校史馆馆藏物品。一枚小小的校牌，见证了学院 65 年历史变迁，也承载了水院人奋斗不息的自强精神，延续出今天另一块校牌的模样。

2020 年学院设计制作了新校牌。教师校牌为金边红底金字，大气厚重金贵；学生校牌为银边蓝底银字，干净清爽明快。学院每有重大活动时，全体师生均佩戴校牌，显得庄重、正式、和谐。

山東水利技師學院
Shandong Technician College of Water Conservancy

学院标志

学院最有标识力的是校徽，它是 2007 年通过广泛征集设计而定。校徽整体设计为圆形，象征着“圆润”“饱满”“中和”，这也是“以和为贵”的国人所崇尚的“大道至简”的哲学理念。作为水利院校，校徽的组成元素必不可少的是水。校徽主体由汉字“水”演变而成，水润万物，体现学院“水利”办学特色。三条水线也寓意着学院“三位一体”的办学格局。水线运用三色，橙色为暖色之极，象征教育春风化雨，阳光健康的育人主旨；红色热烈激昂，映射水院人激情澎湃的工作热情和忘我付出的生命写照；蓝色沉静理智，寓意水院精益求精的匠心独运和宽广涵融的境界格局。

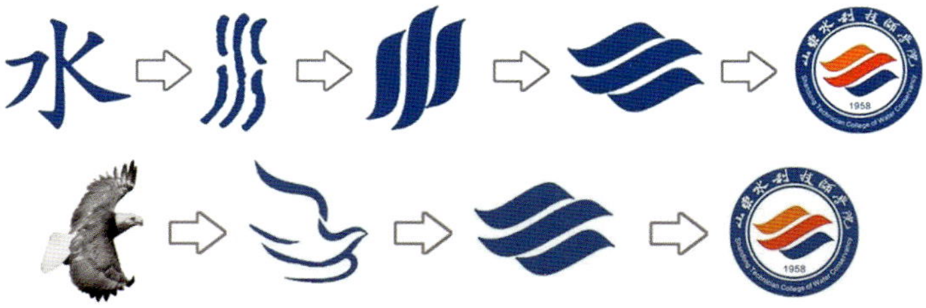

校徽的设计过程

校徽的主体形象造型也来源于展翅高飞的鹰，象征着“飞翔”，寓意学院通过综合而准确的办学定位，使毕业的学子们展翅翱翔于社会各行各业，实现自己的人生梦想和社会价值，也是学院对高质量发展和学子们未来可期的美好愿景。

同时，学院确立了校名字体和颜色，校名字体采用郑板桥体，也就是行隶变体，古意十足又别有韵味。

每年新学期开学、学生成人礼，都是学院为新生佩戴校徽的隆重时刻，学院党委成员、中层干部、教师、辅导员均到现场为新生佩戴校徽和校牌。从此学生有了水院的身份，在水院大家庭里成长成才。

学院校徽校牌

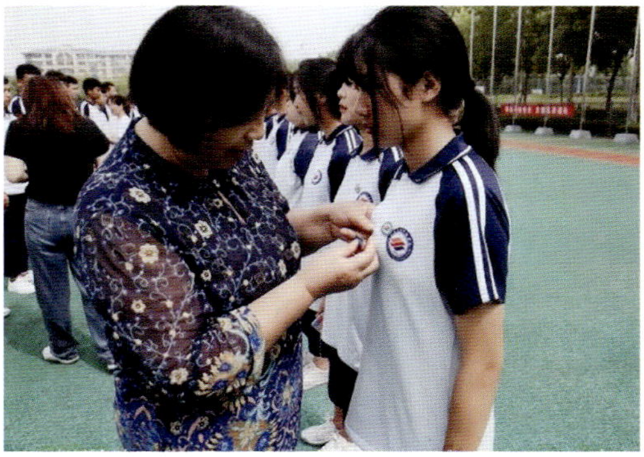

为新生佩戴校徽

戴好校徽的学生、教师

第三节　校旗和 VI[①] 形象　标识里的身份认同

学院校徽校牌的色调，是学院 VI 识别系统的主要色调。作为水利院校，学院突出水特色，主色调为水蓝色，同时主建筑以红色相兼白色为主，红色调被确定为另一主色调，红蓝冷暖双色调根据不同的场合选择使用。

2015 年，学院确立了整体 VI 识别系统，以红蓝两个主色调进行识别、系统全面整理和认定。由专业设计团队结合学院艺术设计专业教师的意见进行设计构思，主要设计元素为水，从校徽中间的三条水波纹提取，加以连接，形成多条波浪式水波纹，作为学院水元素，配合校徽校名，组合成学院设计三大元素，运用于识别系统。结合“土木结合，工学一体”工科院校属性，提取了工业元素如螺丝、齿轮、扳手等作为设计主元素，以线描的方式，组合构成学院专业特色支撑元素。

学院整体识别系统是系统化工程，包括学院方方面面的设计运用。基本要素、应用要素，从教学用品、宣传及公共用品、旗帜、环境文化设计、服装，到建筑、指示牌、路标、道旗等，再到院旗、幻灯片模板、校徽、便笺纸、笔等都被纳入识别系统工程，增强了学院整体形象与色调的认同感和识别力，也为办公和对外交流提供了便捷的认知力。同时，学院形象的符号化也体现了全体师生的人心所向、人情所共。

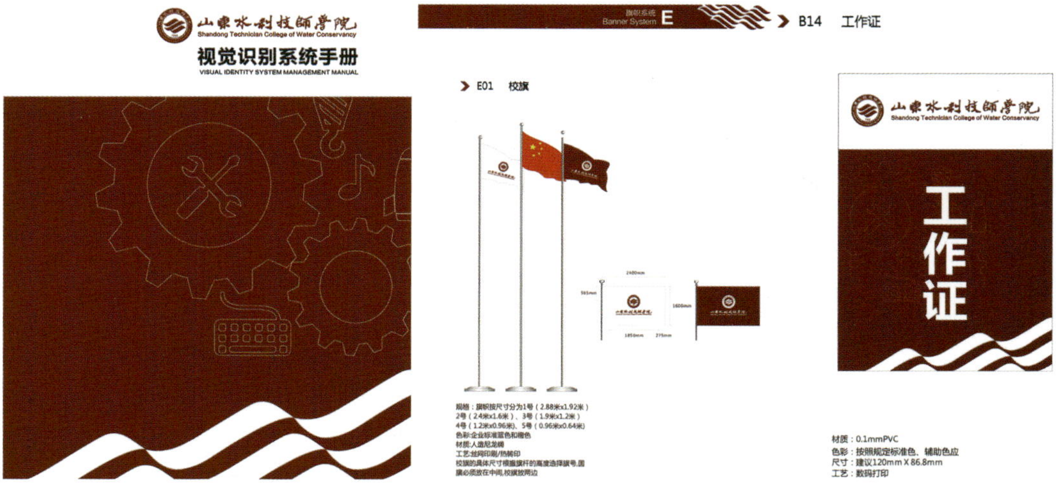

学院整体识别系统手册、校旗、工作证

---

① VI 全称为 visual identity，即“视觉识别”。

第四节　校服　青春最美的衣装

有一身衣装，青春时天天穿着，却满心羡慕别人衣饰的花样繁多，当走出校园才发现校服才是最美的衣着，承载着青春美好时光，明亮、清纯、阳光——白衣红裳蓝装，就是水院最美的流动身影。

一、校服，最清纯的样子

65 年来，学院的校服变化很大，不同时期呈现不同的样式和色调，但有一个共同的基调——蓝白相间，这是天水相融的水利人专用色。学院校服多是以白色为底的运动夹克，蓝色分割块面，有深蓝、浅蓝、水蓝之分。

2015 年，于福春书记初到学校，看到学生们穿着白色深蓝块面的宽大校服，青春的神采几乎掩却。于是，他从校服入手，改变学生的面貌。在着手选定校服时，厂家拿来样品图片，于书记找来十多名男女学生，让他们亲自选取喜欢的校服。根据学生意见，最终确定了新校服，就是今天看到的学生校服，一共有四套，端庄大方，文雅活泼。

庄重正式的藏蓝色西装，胸前印着学校校徽，配有条纹领带。女生西装上衣配墨绿色格子裙，有着别样的雅致，在正式场合穿着，显得文雅又大方。内搭是淡蓝色半袖衬衫，胸前印有校徽，女生是白色的娃娃领，配上格子短裙，显得甜美可爱。

校服

运动休闲的红灰色棒球服，与匡威同款，红色的活力热烈与灰色的沉稳安静组合成了新的样貌。女生是红衣灰袖，男生是灰衣红袖，领口袖口和底边是红白灰松紧边。夏季，是凉爽舒适的白衣深蓝领短袖T恤，配上深蓝色短裤短裙，清爽轻快舒适。学生们初到学校军训时就穿着这身衣装，仿佛一片白云游走在红绿相间的运动场，明晃晃，清亮亮，耀人眼，这是青春最亮的白。

这四套衣服满足了全天候在水院的穿搭需求。学生们神采俊朗，精神倍增。无论是在课堂上、活动中，还是在校园里行走，学生们都散发出文雅热情的青春活力，在照片里同样姿健神爽。他们青春饱满，活力四射，英姿挺拔，神气十足，令人欣喜。

二、一件特殊的红夹克——第46届世界技能大赛参赛服

在学校招生大厅里，有一件大红色的上衣特别引人注目：胸前印有醒目的标志，渐变色的“技”字变体，下面印着两行字：中华人民共和国第一届职业技能大赛。这件衣服是学生胡玉立参加全国第一届职业技能大赛建筑建模项目获得优胜奖，进入第46届世界技能大赛建筑建模项目国家集训队的参赛服。

2020年12月24日，在学院“2020年讲好水院故事暨技能竞赛表彰大会”上，学院党委书记于福春穿着这件红色参赛服讲话。一上台，他就说：“这次大会是我们水院2020年的最后一件大事，为了迎合这种喜庆的气氛，我特意穿上了一件鲜红的运动衫。”他介绍说，这件上衣就是水院学子胡玉立参加世界技能大赛的比赛服，代表着艰辛的奋斗与成绩的荣光。他建议把这件参赛服捐给校史馆，他相信新征程上奋斗与荣光会与每位师生同向同行。于书记激励同学们勤奋学习，苦练技能，争做像胡玉立那样的水院学子。

一件红色衣服承载着技能报国的厚望，也承载着水院人的大国工匠梦。

于福春身着比赛服讲话

参加第46届世界技能大赛的胡玉立同学

三、一身正气戎装——国旗护卫队军服

学院国旗护卫队在重大活动中担任礼兵重任。年轻帅气的青年学子，穿着军绿色和白色军装，铿锵有力，正气凛然，气壮山河。在洪亮的指令下，迈着协调一致的步伐，挥动

整齐的手臂。每一个动作都是典范，彰显着军人的特质。任何时候，他们的出场都是庄严、肃穆、隆重的。他们手扶红旗四角，在国歌声中，将国旗护送到升旗台，再将国旗缓缓升起，仰望中，国旗迎风升起，对祖国的深爱与敬重也在天空飘扬。

国旗护卫队军服

学院国旗护卫队是一个令人瞩目的团队，2021 年 9 月，他们参加了由共青团淄博市委、淄博市教育局、淄博市学生联合会主办的“不忘初心跟党走，牢记使命护国旗”淄博市青年学生国旗护卫队技能大赛，与来自全市各高校和各区县的 14 支参赛代表队进行比拼，学院国旗护卫队荣获一等奖。

四、“铁军”教导队的迷彩服

迷彩服曾是很多人的梦想衣装，也是学院教导队的服装。军绿的梦幻色彩，迷醉在各种绿色线条里，这绿色是生机活力的表现。学院有一支号称“铁军”的队伍，他们是学生教官，是军事化管理的一支生力军，是一支“召之即来、来之能战、战之必胜”的模范队。他们每日穿着迷彩服训练，也穿着迷彩服行走在校园各处，守护校园秩序和安全。

“铁军”教导队的迷彩服

五、工装在身，匠心筑梦

在学院的每一个实训室里，都能看到身着工装的学子。无论是令人羡慕的精致优雅的高铁乘务服、白色宽大的实验室工作服，还是车间里的蓝灰色工作服，学子们训练有素、专注学习和工作的样子，最是打动人心。高尔基说过：“劳动是世界上一切欢乐和一切美好事情的源泉。”劳动创造一切，一个人专注做事的样子最是美丽。

学院每个系部，甚至每个专业都有自己的工作服。不同的工装代表不同的专业，每一件工装都能助力学生坚定“立技能报国志，做德能同修人”的决心。每一份工作都是神圣而美好的，因为劳动创造价值。工装是劳动之装，也就是创造之衣。机械类的工装上经常沾满油渍，这些洗不掉的油渍就是实践所为，更代表匠心执着。

高铁乘务工装

行政管理工装

环境检测工装

机电一体化工装

智能制造系工装

交通工程系工装

六、健硕跃动的衣装——运动装

运动装宽松舒适，是奔跑、起跳、转动时的衣装，也是各个社团的服装。学院足球赛、篮球赛、乒乓球赛……各类活动中，这是令目光追随的衣装。青春的活力、张力、魅力，都在这身衣装上。

运动装

七、举手投足间的风韵——传统服饰

传统文化社团的服装最是吸引眼球。宽袂的长袍，令人有穿越千年之感，仿佛在汉唐的熏风里，陶醉在一颦一笑中。每一步里都是将翔将舞，摇曳生姿。中国人的国服就是这样宽阔与舒朗，与风同行，与月同怀，万物在衣袖间，每一场舞都熠熠生辉。

传统服饰

八、爱心"红马甲"——志愿者服装

学院作为全国水利文明单位，全员注册志愿者，定期开展校内外志愿服务，每年近百场。校外服务主要是深入各大社区，为民提供各种服务项目，爱心如蒲公英的种子散播到大地上。志愿者们在校内同样做着各种服务活动，为师生服务，暖心又暖意。"红马甲"就像小太阳，将温暖洒在每一处需要的地方。记得"红马甲"，处处有芬芳。

志愿者服装

九、超级“暖大白”——疫情下的“勇”装

在疫情来袭期间,亲切而充满力量的“暖大白”们挺身而出,勇敢担当起学院的疫情防控工作,替我们负重前行,保障我们在校园的安全。他们肩上的担子厚重而坚实,走到哪里都是温暖,都是明亮。感恩这些“暖大白”,他们的衣装最是温情,见者有泪花闪现。

疫情下的“勇”装

十、精彩纷呈——活动演出服

学院每年都会组织各类大型演出活动,校庆月庆典、“讲好水院故事”暨教学表彰大会、相关单位的党建联建活动……在这些汇演中,精彩的演出服令人眼前一亮。水鼓、舞龙、醒狮三大社团经常联合出演,作为开场展示,大红与金黄色把氛围渲染得格外热烈。

学院黄河水文化演出社团承担着全院演出任务,经典的传统文化节目《拐磨子》《水院赋》,水文化节目《黄河颂》《黄河我的母亲河》《黄河从我家门前过》《弱水三千》等,展现学子风貌的《少年中国说》《强国有我》《我怎么这么好看》等,体现教师风采的《夸夸咱们的辅导员》《旗袍秀》等节目届届传、级级演,无论现代与古典,水院的舞台上永远是最美的展现。精彩的装束里承载着也彰显着深厚的书院文化品位和学府荣光。美里有大爱,爱里是大美。

活动演出服

第三章　园丁风采

多年来，学院坚持以“努力办人民满意的教育”为主线，不断加强干部、教师队伍和组织建设，产生了一大批优秀教师。“亲其师，信其道”，教师走进学生的心灵深处教书育人，以真挚诚恳的热情服务学生，形成了和谐融洽的师生关系。

第一节　名师高徒　匠心传承共筑梦

一、拔尖的双“力”人

学院双“力”人，一个宝剑锋从磨砺出，是稳立水利测绘、研究和设计行业三十余年的业内名家，是当之无愧的传奇匠师；一个青春如玉，是用少年担当诠释工匠精神的可畏后生，现已成为学院最年轻的教师。青，取之于蓝而胜于蓝，他们就是青蓝同心、续写师道传承佳话的学院教师朱庆利和胡玉立，水院实力满满的双“力”人。

朱庆利、胡玉立师徒

他们的结识，缘于 2020 年暑假学院举办的由朱庆利主讲的 BIM（建筑信息模型）培训班。彼时，朱教授虽刚刚入职学院不久，却对有着积极的上进心和极强的学习能力、学习毅力，已在水利工程 CAD（计算机辅助设计）项目、成图技术项目和工程测量项目上连续三年摘金夺银的胡玉立毫不陌生，并深深引以为豪。

“初识胡玉立是在一张竞赛现场的宣传图片上。他手拿绘图工具趴在图板上，目光中是满满的专注与自信。2020 年暑假，在 BIM 培训班上，我再次看到了那一双眼睛。作为指导教师，我因为有这样的学生而对比赛充满信心。”正是通过此次为期 14 天的 BIM 培训班，胡玉立确立了新的奋斗目标，剑指将于两个月后举行的第 46 届世界技能大赛暨第一届全国技能大赛山东省选拔赛 BIM 项目竞赛。

徒弟成长快，还靠良师“传帮带”。接下来的训练中，胡玉立每天总是最早一个来到机房,最晚一个离开。在以朱庆利教授为首的老师们的悉心指导下,胡玉立在计算机前不厌其烦、不知疲倦地进行操练,最终在山东省选拔赛建筑信息建模项目竞赛中获得第一名,并入围首届以共和国名义举办的大赛,朱庆利教授也被指定为此次大赛的裁判。师徒二人一时被师生们传为佳话。

冲击国赛,既是一次圆梦机会,又是一次巨大挑战。省选拔赛结束后,在学院的支持下,朱庆利教授动用一切可利用的资源,在悉心给予胡玉立指导的同时,利用担任第一届全国技能大赛种子选手校际热身赛裁判的机会,带胡玉立去西安参赛,在实战中历练,于挫折中成长。其间,胡玉立还自费报名参加了 BIM 技术应用提升网课进行学习。

艰难方显勇毅,磨砺始得玉成。就这样,两个多月的时间里,在朱庆利教授的指导下,胡玉立以超乎常人的意志力、忍耐力,一次次突破自我,一次次攻破难点,以实际行动践行了自己所秉持的"有了坚持,不一定成功;但没有坚持,就注定失败"的座右铭。

2020 年 12 月 10 日至 12 日,第一届全国技能大赛如期举办。胡玉立回忆道:"12 月 8 日晚,大赛公布赛题。因为题目复杂,朱教授、朱培根老师和我商讨题目到凌晨 3 点多,9 号晚上我们又研究到深夜 12 点多。第一天比赛结束后,在回酒店的路上感觉快要累晕过去了,但内心却反复告诫自己:学院、老师和你,都已付出了这么多的努力,绝不能白费! 于是,我又提起百倍精神继续迎接挑战,直到比赛结束。"

师徒比赛留影

就这样,经过 3 天共 18 小时的激烈鏖战,胡玉立不负众望,不仅让自己的名字和山东水利技师学院的名字闪耀在大赛的荣誉榜上,而且入选第 46 届世界技能大赛国家集训队。

"成绩的取得,固然离不开自己的努力,但更离不开学院的全力支持和老师的悉心教导。每一个人都是不平凡的,我就是要用自身的奋斗,告诉学弟学妹们要懂得感恩,拥有自信,用拼搏绽放自己!"每每忆起恩师悉心授教的一幕幕,总有一股清泉在胡玉立心中涌动。

一份真挚师徒情,一段出彩人生路。如今,胡玉立也走上教师岗位,成为朱庆利教授的得力助手,承师德、授真知,将自己的备赛经验、实战心得和所悟所学,毫无保留地传授给学弟学妹们,续写着青蓝相继、薪火相传的水院故事。

二、铿锵三人行　师徒美名扬

王国军和孙启赫、张衍鸿师徒

2020 年 11 月 29 日，在全国行业职业技能竞赛全国人工智能应用技术技能大赛颁奖大会上，学院智能制造系迎来了高光时刻：学生孙启赫、张衍鸿获得智能传感器技术应用项目学生组全国一等奖（第 2 名），指导教师王国军获得“全国优秀教练”荣誉称号，成就了一段“师徒同砥砺，赛场扬美名”的佳话。

王国军，硕士研究生毕业于上海理工大学机械电子工程专业，系学院智能制造系智能制造教研室主任、王国军竞训工作室主持人。“机遇对每个人都是公平的。只有通过主动作为和不懈努力，它才会变得格外辉煌。”这既是王国军人生砥砺奋进的座右铭，亦是他因材施教助力学生成长成才的“清醒剂”。

2017 年，孙启赫进入学院卓越工业控制班（实验班），自此与王国军结下深厚的师徒情缘。“启赫这孩子有点内向，但肯钻研、能吃苦，有股子拼劲儿和狠劲儿。写起程序来，趴在那儿一动不动，一趴就是七八个小时。”说起爱徒，文质彬彬的王国军毫不掩饰心中的那份喜爱和欣赏。

有一次，在进行设备组装时出现了问题，班里的同学都束手无策，孙启赫却不等不靠，跑前跑后查阅资料，又一次次地进行调试，最终找到了问题的原因。事后，王国军问他为什么这样做。他说：“就是喜欢，喜欢编程和组装时的那种感觉。”

2019 年，王国军开始带领孙启赫参赛，并相继在首届上海合作组织国家职业技能大赛和第 46 届世界技能大赛山东省选拔赛中取得了三等奖的优异成绩。“我们能获奖没什么诀窍，唯手熟耳。就是劲头足，就是靠自觉，就是对自己下得了狠心。”王国军如是坦言。

2020 年暑假，张衍鸿成为卓越工业控制班的一员。彼时，他已分别获得了第 46 届世界技能大赛山东省选拔赛和山东省“技能兴鲁”技能大赛的三等奖。故而王国军安排他与孙启赫强强联合组成“铿锵二人组”。“张衍鸿动手能力非常强，而且参加过数控比赛并获奖，经验丰富，心理素质过硬，属于兴奋型选手，在安装接线方面稳、准、狠，随时都能创造奇迹。”王国军评价说。

2020 年 4 月，王国军得知全国人工智能应用技术技能大赛要如常举办的消息后，随即带领孙启赫、张衍鸿投入紧张的备赛中。由于学院当时尚不具备条件进行技能训练，王国军就指导他们先学习智能传感器相关的理论知识，对照每一个能训练的题目，进行数十遍乃至上百遍的练习。暑期，王国军制订出详细的训练计划，与学生无畏酷热，留校集训 20 多天。

9 月，王国军带领学生赴江苏汇博公司进行了 5 天终生难忘的实训：每天早上 6 点，他们总是第一组到达实训场地，直到晚上 9 点多才最后一组离开。中午除了吃饭，从未休息过。由于每天的训练强度大，晚上都是拖着极度疲惫的身躯回去。5 天下来，他们竟然都没顾上冲个澡！培训结束回校后，由于缺少实训平台，王国军想法联系有条件的职业学院，利用周末和国庆假期带学生到该校进行工业机器人的操作和编程模块的练习。

10 月 17 日，全国人工智能应用技术技能大赛山东省选拔赛智能传感器技术应用项目如期开赛，王国军与学生们分别参加了职工组和学生组比赛，经过一番激烈比拼，孙启赫、张衍鸿获得第 2 名，进入全国总决赛，王国军则获得职工组第 4 名。

获得国赛入场券，师徒三人信心倍增。但国赛平台的更换，又成为横亘在他们面前亟待解决的难题。王国军一方面上网查阅多个竞赛平台使用的智能传感器的技术参数，另一方面积极争取学院的支持，购买了价格相对便宜的部分传感器。之后，他联系沟通设备技术支持方，带领学生参加了该公司举办的 4 天线上培训。

随后，师徒三人又马不停蹄地奔赴青岛市技师学院进行了为期 3 天的集训。“3 天的训练，都是争分夺秒。除了白天，经我们多方斡旋，校方也同意晚上我们到实训室里继续训练。通宵达旦委实辛苦，但在那时对我们而言却是那么奢侈、那么珍贵、那么美妙。”王国军感慨地说。

训练过程中，一次由于操作失误，他们不小心把连接 3D 相机的一根数据线扯坏了，导致价值近 10 万元的 3D 相机无法工作。为了让学生安心练习，王国军跟孙启赫、张衍鸿说：“如果真的不能使用了，跟你们没关系，由我来赔偿！你们只管静下心来练习就行。”正是王国军的这种责任担当，确保孙启赫、张衍鸿目标坚定、心无旁骛、排除万难，全身心投入到训练中，最终一举获得了全国一等奖的优异成绩。

师徒三人展牌

浩渺行无极，扬帆但信风。如今，王国军在充分发挥好竞训工作室的平台作用，推动竞赛成果向教学成果转化，积极投身学院培养名师、打造优秀团队的实践中的同时，也带领着学生们在青春的赛道上奋力奔跑，续写着青蓝同心、匠心逐梦的新的师徒传奇……

三、师者慧眼识才 学子奋发出彩

2016 年 9 月，中专退学在酒店干了一年半服务员的李伟强，来到了学院就读于计算机网络应用专业。刚进入校园的他，虽无比渴望通过知识来改变自己的命运，但终因离开校园时间太长，第一次期末考试在班级仅排第 37 名。

孙建伟、李伟强师徒

为促进教学改革，提升竞赛成绩，信息技术系在 2017 年年初，根据第一学期的成绩，结合辅导员和任课老师的推荐，从 2016 级计算机网络应用专业班级中，遴选出 35 名同学组成了实验班，配备了高性能计算机，供同学们充分利用课余时间锻炼技能、学习知识，进行自主学习。因未能进入实验班，李伟强异常失落，甚至怀疑自己是否适合学习这个专业。但来校前的打工经历，最终让他幡然醒悟：没有知识、没有技能，只能是廉价的劳动力。只要肯下功夫，自己绝不比实验班的同学差！

2017 年第二学期，孙建伟承担了 2016 级计算机网络应用专业非实验班的 ASP.Net 程序设计课程的教学任务。在授课过程中，他发现了比实验班同学还要刻苦努力的李伟强——课上认真听讲，课下反复练习，案例做了一遍又一遍，直到真正把老师讲授的内容融会贯通。就这样，一个学期下来，在孙建伟的指导下，李伟强顺利完成了学生成绩管理系统的设计与开发。也正是在这个学期，孙建伟看到了李伟强的韧劲和执着，相信他将来必有所成，遂决定让他加入备赛小组。

2018 年 11 月，第 45 届世界技能大赛新增了“云计算”赛项。由于是新增赛项，备赛时间短，考虑到李伟强刚加入团队不久，比赛经验欠缺，孙建伟决定本次比赛由其他同学参赛。但令他没有想到的是，李伟强居然也每天早早地起床跟着备赛的同学一起参加集训练习。“我知道自己基础比较薄弱，也没有比赛经验，虽然这一次没有机会参赛，但我想体验一下这种紧张的备赛过程，想跟着其他同学一起练习、学习，看看自己的差距到底在哪里，也好取长补短，为以后的比赛做好准备。”李伟强如是坦言，令孙建伟非常感动。比赛结束后，他就着手组建新的团队，备战下一届选拔赛，李伟强自然成为团队中的一员。

2019 年 9 月，第 46 届世界技能大赛山东省选拔赛“云计算”赛项发布了技术规程，要求使用 AWS 公有云平台进行比赛。由于备赛过程中一直采用的是上一届比赛用的 OpenStack 私有云平台，孙建伟只能带领李伟强和其他队员按照新的技术规程，先申请了 AWS 中国区的账号，然后一起从网上找视频资源，一边学习一边做测试。因为时间比较紧，他们从未午休过，经常为了解决一个问题直到深夜才回宿舍，有时甚至就在实验室里打地铺。李伟强尤其努力，每天训练结束后，都及时总结当天训练内容，就相关的知识、技能操作做好笔记。

师徒二人展牌

功夫不负有心人。因为每个赛项一所学校只能报一名选手，李伟强最终凭借沉稳执着、好学上进的优异表现打动了孙建伟，孙建伟决定由他代表学院参加“云计算”比赛。令人欣慰的是，他不负众望，在山东省选拔赛中取得了全省第三名、综合成绩全省第六名（二等奖）的成绩，进入省集训队。此后，师徒二人每天一块在网上讨论问题，通过各种方式联系高手请教问题，还参加了云创组织的线上大练兵，以及 AWS 中国公司组织的线上比赛。最终，李伟强在集训考核中取得了全省第三名的好成绩。

“训练无疑是辛苦的，但比赛更是残酷的。二者都教会我很多，既拓宽了视野、增强了自信、磨炼了意志，也让我明白了做事细心、稳重的重要性——在比赛中，哪怕小小的失误，也会让你所有的努力功亏一篑，留下的也许是没有机会再去弥补的遗憾。”赛后，李伟强如是向孙建伟诉说自己的参赛心得。

师者仁心，香远益清。“李伟强完成学业后，在联想（中国）总部研究院负责云计算运维工作，由衷为他高兴。希望他能带着自己的那份初心，坚持不怕苦不怕累、好学上进的精神，在自己的工作岗位上，成就更加精彩的人生。”孙建伟的真切祝福，李伟强未必能听到，但他们师徒在奋斗路上日日夜夜里培养的那份无间真诚的情感，必定会随着时间的推移愈加醇厚，成为彼此生命中最美好的一段珍藏。

四、师徒共精彩　同闯国赛路

2 个全国一等奖，2 个山东省一等奖，若干个全国二等奖……各类技能竞赛赛场上，他一骑绝尘一路狂飙；第二届全国工业设计职业技能大赛金牌、金砖国家技能大赛暨全国机械行业职业院校技能大赛二等奖、首届上海合作组织国家技能大赛 CAD 机械设计赛项全国二等奖……指导学生参赛，他屡屡开创学院技能竞赛获奖历史。下面，就让我们一起走近学院杨兴民竞训工作室主持人、智能制造系教师杨兴民和他的学子们。

（一）锚定设计绘蓝图，国一赛事开先河

杨兴民初识吴沛儒，是在 2017 年寒假前夕。经过了解，杨兴民发现吴沛儒特别喜欢电脑操作，在空间感和结构方面很有天赋，一点就透，是个好苗子。于是，杨兴民就引导吴沛儒加入了自己的 CAD 机械设计竞赛团队。

在 2017 年寒假集训的一个多月时间里，杨兴民每天都给吴沛儒布置任务来督促他进行练习，吴沛儒的进步也非常明显。一次，当杨兴民问吴沛儒以后有什么目标的时候，他语惊四座，豪言要参加下届的国赛！真有种初生牛犊不怕虎的锐气。

成绩的取得不可能一蹴而就。此后四年的时间里，吴沛儒的作息表中既没有一天训练 8 小时的概念，也没有周末的说法，寒暑假甚至比平时训练更为紧张。

赛场就是磨刀石、练兵场，通过比赛发现不足，磨炼竞赛心理和技巧，在竞赛中持续成长。杨兴民带吴沛儒参加的第一次比赛，是山东省“技能兴鲁”CAD 机械设计赛项目比赛，最终吴沛儒以二等奖的成绩完成了自己的赛场首秀。

杨兴民、吴沛儒师徒

每一项伟业都由信心开始。取得一次小的成功，就会向更大的目标发起挑战。比赛回来后，师徒二人即确定了下一个目标：冲击世赛！经过他们的通力配合和精心准备，2019 年，吴沛儒在第 46 届世赛山东省选拔赛中取得第四名的优异成绩，成功入选该赛项省集训队。此后又经过半年的备赛，在 2020 年 7 月省集训队选拔赛中又一次突破自我，获得第二名的好成绩，成功晋级中华人民共和国第一届全国技能大赛，代表山东省参加该赛项的角逐。

2020 年 12 月，第一届全国技能大赛 CAD 机械设计比赛如期开幕。能和来自全国各地的高手同台竞技，师徒二人内心充满期待。经历四个模块的激烈比拼，吴沛儒从全国 30 支代表队中突出重围，名列第十，获得优胜奖。三年时间专注做一件事，可以说他用行动和成绩，不仅兑现了自己三年前的承诺，更收获了征战赛场拿大奖的信心。

世赛周期结束了，前进的步伐却不会停下。数字化设计包含两个方向，挑战完机械设计，师徒二人又向工业设计的方向发起冲锋。比赛分为产品设计与成型和功能验证两个阶段，共计 11 个小时。备赛期间，他们俩经常因为练习一坐就是一整天，常常到天黑了肚子“咕咕”叫时，才想起来今天只吃了早饭。功夫不负有心人，最终，在 2021 年 10 月举办的第一届全国工业设计职业技能大赛山东省选拔赛中，吴沛儒以山东省第二名的成绩获得了无损检测员赛项的国赛资格。

2021 年 12 月 13 日，第一届全国工业设计技术职业技能大赛决赛在深圳市开赛。本次比赛由人力资源和社会保障部、中国轻工业联合会共同主办，为国家一类赛事，共有 43 支代表队参赛。吴沛儒一路过关斩将，最终名列第八，获得全国二等奖。由此，他也开创了学院的历史——成为第一个参加两个不同国一类赛项并获奖的选手。

（二）灯具设计光明行，国一赛事勇夺金

“第二届全国工业设计职业技能大赛灯具设计师赛项金牌！”2023 年 2 月 28 日，当韩子正获奖的消息传回学院，全院上下一片欢腾。全国工业设计职业技能大赛是我国工业设计领域唯一的国家级一类大赛，韩子正获得此奖，再次开创学院技能竞赛历史，成为师生参加技能竞赛以来所获得的最高奖项。

韩子正（中）在颁奖现场

2023 年，是韩子正到校求学的第六年。幼时的他，便展现出了对设计的强烈兴趣。在他手上，乐高积木绝不会是图纸上的样子，而是他天马行空创作的结果。而系统化地学习设计，则是来到学院后在杨兴民的指导下开始的。

刚到校时，韩子正选择的是数控加工专业，并付出了很大的努力。在杨兴民的鼓励下，韩子正积极参加各种竞赛磨炼提升自己，积累比赛经验。特别是 2022 年他一举夺得第二届全国工业设计职业技能大赛山东省选拔赛第一名，更是坚定了自己在国赛中再下一城摘金夺银的信心。

"'以爱为源，因材施教'是学院的教风。我觉得杨老师是贯彻得比较彻底的。他在教我技能的同时，还教会我很多做人的道理。"韩子正由衷而言。

"先说技能，包括研究赛项、培养技能应用，杨老师是花了很多时间的。也得益于学院设立的竞训工作室平台，杨老师能拿出尽可能多的时间教授我们，基本每晚都要到 11 点、12 点。特别是备赛过程中，教职工宿舍便成为他经常留宿的地方。再说做人，杨老师经常以自己的亲身经历来教导我们，经常和我们谈话交心，于潜移默化中引导我们积极向学。这些教诲，对我有着很大的影响。"

回顾勇夺金牌的经历，韩子正坦言，与来自全国各院校的 51 名选手同场竞技，赛前觉得获得一等奖是不可能的，能获得金牌纯是意外之喜。这既是一种沉甸甸的荣誉，更是一份莫大的鞭策。"通过参赛，让我认识到了自己在产品造型、创意等方面存在的不足。我的下一个目标，是世界技能大赛。今年将再次从省赛开始，一步一个脚印，力争实现个人和学院技能竞赛的新突破。"面向未来，韩子正自信且笃定。

"我今年 47 岁了，最快乐的时光，就是和充满朝气活力的学生们在一起，做一些实实在在的事。于我是一种责任与挑战，于学生是快速成长成才的路径，我觉得挺充实、挺自豪的。因此，即使经常加班加点，经常不能回家，我也依然乐此不疲。"杨兴民如是坦言。数年的相互守望，数年的并肩奋斗，数年的砥砺成长，于杨兴民和爱徒们而言，相伴是最长情的告白。

吴沛儒、韩子正展牌

第二节　伉俪比翼　一生水院情，一世教书梦

在山东水利技师学院，有数对令人艳羡的教师伉俪。

他们在生活中是恩爱典范，在工作中是亲密战友。

他们德技并修，参赛摘金夺银，育才倾心尽力。

他们无愧于水院的名片和骄傲！在学院每年举办的“讲好水院故事”暨教学表彰大会上，都会有一对教师伉俪站在舞台上，深情讲述，振奋告白，他们与水院共成长共辉煌。

一、比翼校园成佳话，奋楫赛场迎高光

他们，均是在2009年来校任教。时至今日，十五载须臾一瞬，十五载风雨兼程，十五载春华秋实。

同在国赛省赛斩金夺银，夫妻携手攻无不克，频迎高光时刻；同为“山东省技术能手”，伉俪同心德技并修，堪称师生楷模。

他们就是被山东省水利厅文明办评选为“山东省水利厅最美家庭”，来自学院交通工程系的荣帅和李莹教师伉俪。

荣帅、李莹教师伉俪

2010年10月，荣帅和李莹走到了一起。自此以后，夫妻二人相濡以沫、克难同行，无论是教育教学，还是持家育子，都以令人称道的作为，成为家人眼中最温暖的依靠和师生心里对表对标的榜样。

时光行至2019年。这一年之于荣帅李莹夫妻，既是负荷重压的一年，又是硕果盈枝的一年，更是蜕变成长的一年。

年初，荣帅父亲被确诊为尿毒症，需要靠血液透析来维持生命。既要陪父亲透析治疗，又要照顾两个年幼的孩子，作为独子，荣帅感受到了前所未有的压力。但世上没有过不去的坎儿。此时，六十多岁的母亲成为全家的“顶梁柱”，每周三次雷打不动地开车陪护父亲透析治疗，间隙开车从桓台来张店照顾孙子，比年轻时还能干。还有岳父岳母也给予全力帮助，让荣帅和李莹的生活和工作能正常进行。

2021 年淄博市电视台采访学院荣帅、李莹伉俪

正是在家人的全力护持下，荣帅和李莹才调整好心态，努力工作积极备赛。回忆起整个备赛过程，是充满压力、艰辛和困难的。尤其是他们夫妻第一次搭档参赛，面临的压力可想而知。其间，荣帅也失眠过、心慌过。李莹劝他说，你可以放弃一个。可他分析一圈，哪个都不忍心舍弃。“机会不等人啊，有机会就要去拼一下，这样才不留遗憾。于书记也经常因为咱们水院的发展而失眠，相比较而言我这点事算不得什么。”荣帅回顾说。

自 2019 年 10 月 10 日至 11 月 8 日，近一个月的时间里，以淄博为起点，荣帅李莹夫妻二人辗转于重庆、德州、济南三个城市，参加了四项国赛和省赛。其间，一个赛项结束，他们来不及歇口气，就得准备下一个赛项；其间，没有周末，没有白天和晚上；其间，他们错过了母亲和姥爷的生日。值得欣慰的是，他们二人以 5 个一等奖和 1 个二等奖的优异成绩回馈了亲人们的支持，回报了学院的栽培，实现了自己的既定目标，并以此为起点，开启了出彩的人生。

2020 年，针对汽车技术正在向智能网联方向发展的现状，荣帅和李莹决定参加 2020 年智能网联汽车应用技术方面的技能竞赛，这也是交通工程系第一次接触智能网联汽车方面的竞赛。

由于没有相关的设备和经验，学习备赛都很困难。在系领导的支持协调下，他们得到前往东营某校学习的机会，但只能安排在晚上 10 点到凌晨 5 点，且机会只有两次。

为此，两天里，他们下午下班后先回家安顿好两个孩子，紧接着通过网约车带着两个学生一同前往东营。完整练习一遍比赛项目再恢复场地，大约需要 3 个小时，所以教师组和学生组各做一遍正好 6 个小时。早上 5 点天还没亮，校园还没人的时候，他们打车回校。

“正因为机会来之不易，所以我们返校后不断地模拟比赛场景，争取把只见过几次的设备和操作流程都烂熟于心。”就是在这样的学习备赛条件下，他们夫妻二人组队，硬是凭着一股子拼劲、钻劲和拗劲，一举夺得 2020 年第一届全国技能大赛新能源汽车智能化技术山东选拔赛职工组二等奖。随即乘势而上，在 2020 年山东省“技能兴鲁”新能源汽车营销技能竞赛中获得职工组第一名，并同时被授予“山东省技术能手”称号。

荣帅（左一）和李莹（左二）获得汽车营销赛项一等奖

此后，荣帅、李莹夫妻二人一直保持上佳的竞技状态，分别获得全国汽车流通行业职业技能竞赛职工组一等奖、山东省水利系统党务干部技能比武决赛一等奖和山东省“技能兴鲁”汽车维修工职业技能竞赛职工组一等奖的好成绩。尤其是荣帅，还成为学院成立的5个竞训工作室的主持人之一。

“成绩只能代表过去，奋斗永无止境。像全国技能大赛、世界技能大赛等更高层次的赛事，还需要我们去争取、去拼搏、去奋斗。因此，我们会披荆斩棘一往无前。”期待荣帅、李莹夫妻未来有更优异的表现，期待他们的水院故事越写越厚重、越讲越精彩。

荣帅、李莹夫妻二人展牌

二、杏坛同耕二十载，花开并蒂传佳话

在学院，有这样一对志同道合的夫妻，他们毕业于同一所大学，就业于同一所学校，20年来坚定立足三尺讲坛，教学互为榜样，砥砺奋进，赢得师生赞誉；生活中执子之手，相濡以沫，成就连理美名。他们，就是来自智能制造系和水利工程系的杨兴民和尹鸿雁教师伉俪。

杨兴民、尹鸿雁2002年共同毕业于西北农林科技大学水利工程学院。他们相识于大学校园，结缘于大学运动场，同为运动健将的他们，在运动场上埋下了爱的种子。大学四年的学习生活结束后，他们从同学变成了同事，2005年在同事和学生的祝福中组成了幸福的小家。

杨兴民讲述“我们与水院共成长”的故事

大赛获奖，于福春书记到机场接机献花

（左一为尹鸿雁）

杨兴民在德国德累斯顿工业大学参加培训

时间来到 2010 年，作为水利工程系元老的尹鸿雁首次挂帅，指导学生参加第四届全国高职院校水工制图 CAD 项目。但此时，她完全没有底气。杨兴民鼓励她说：“你只要把制图识图那部分做好，软件部分我可以帮你。”就这样，尹鸿雁开始了一边选学生组团队、一边培训学习的工作节奏，最终指导学生获得了 1 个全国二等奖、2 个全国三等奖，也确立起了自信心。自那时起，她没有再休过一个暑假，也数不清跟学生一起吃了多少泡面，熬了多少大夜，从第四届到第十四届，整整 11 年，从未缺席，终于实现了从“我是来学习的新人”到能带着其他学校的老师负责一个赛项的命题与阅卷工作的跨越，学院竞赛成绩呈螺旋式上升，仅 2018～2020 年即获得 6 个全国一等奖、团体总分均为全国第二名的优异成绩，持续保持在全国第一梯队。尹鸿雁以实干的拼劲和夺目的成绩，既让各省的高职院校知道了“山东还有所水利技师学院”，也为她赢得了“全国水利系统职教新星”“全国水利职业院校大赛优秀指导教师”“山东省技术能手”等殊荣。

杨兴民大学学习的是水利工程专业。2003 年学院设立数控技术专业，刚参加工作的他被抽调到该专业任教。面对完全陌生的专业，他以初生牛犊不怕虎的勇气走进实训车间，一边学习理论，一边进行实践操作，硬是在四年的时间里自学搞懂了一个新专业，并于 2007 年在领导的支持下，开启了数控专业教学工厂的实践教学，一干又是四年。其间，为了完成企业生产订单，加班成为常态，但也练就了他扎实的动手能力，真正意义上实现了理论与实践的结合。

杨兴民工作后，虽然参加过 10 余次专业技术培训，去过清华大学，也曾远赴德国，丰富了知识储备，提升了技能水平，开阔了眼界格局，但相比于媳妇多年的坚守和进步，他在技能竞赛方面却迟迟未见成绩。时间来到 2017 年，一次偶然的机会，在食堂排队打饭的过程中，学院党委书记于福春半开玩笑地对他说：“杨兴民，看看你媳妇，都取得了这么好的竞赛成绩。”杨老师不假思索地接了一句：“她的 CAD 还是我教的呢！”于书记抓住时机将了他一军：“那你也拿个成绩让我看看！”看似一次随意的对话，却开启了杨兴民在技能竞赛赛场上频迎高光

杨兴民、尹鸿雁夫妻二人展牌

时刻的精彩历程：相继指导学生获得金砖国家技能大赛暨全国机械行业职业院校技能大赛二等奖、首届上海合作组织国家技能大赛CAD机械设计赛项全国二等奖、中华人民共和国第一届全国职业技能大赛CAD机械设计全国第十名（优胜奖）、第一届全国工业设计职业技能大赛第八名等。他自己也获得了2个全国一等奖、2个山东省一等奖、若干全国二等奖的优异成绩，并奠定了学院CAD机械设计世赛项目在山东省的领先水平。

2022年，杨兴民拥有了以自己名字命名的竞训工作室，充足的时间保证，让他得以在技能竞赛的道路上继续高歌前进，CAD机械设计、工业设计技术两个国一类赛项齐头并进：两年内获得省级、国家级大赛一等奖共9项，特别是第二届全国工业设计职业技能大赛中，他指导的学生韩子正在全国决赛中获得金牌，创造了学院技能竞赛的历史，学生个人获得省、市和学校奖励共计6万多元，成为书记和院长亲自家访、送喜报的唯一学生。

“22年风风雨雨，我们有幸见证，并陪伴学院从一隅之地到依山傍水，以高质量党建引领高质量发展，一步步发展壮大，享誉四方。虽然我们已青春不再，但欣慰的是，青春与激情正在学生们身上延续，他们既是我们的骄傲，也是我们的精神财富。”从2002年到2023年，对于杨兴民、尹鸿雁伉俪而言，荏苒的时光让他们立德树人的初心使命更坚、校荣我荣的情怀更深，让他们始终以饱满的激情和奋发的干劲，在平凡岗位上锤炼真我风采、书写别样人生。

三、因爱坚持，为梦坚守

“在这个世界上，每个人都有一块必由他自己去耕种的土地。”一晃十五年，每一次迈上三尺讲台，他们总能听到自己内心的声音，这块“必由他自己去耕种的土地”，便是深深扎根在他们心里的“教育梦”。他们就是来自学院智能制造系和信息技术系的张汉城和冯雪丽教师伉俪。

2007年，张汉城硕士毕业于桂林电子科技大学。2008年，冯雪丽硕士毕业于中国石油大学。他们相识于水院，结缘于水院。2009年，他们带着师生们的祝福，幸福地结为伉俪。

讲述两人与水院的故事

张汉城和冯雪丽接受淄博市电视台采访

时光往复，美好如初。陪伴是最长情的告白。他们在同向同行的路上，一起领略美景，相携比拼赶超，共同品尝美食。他们给人生的设定，即唯有爱与美食不可辜负。及至有了一对可爱的儿女，更是将共同营造的温馨与温暖，延续到工作生活的每个瞬间。

张汉城第一次带领学生参加全国高职无人机技术创新大赛时，因对参赛设备不熟悉，参赛经验不丰富，最终折戟沉沙，黯然回校。在系领导的勉励和冯雪丽的安慰下，他重燃斗志，很快调整好心态，带领学生继续备赛山东省“技能兴鲁”首届无人机技术与应用竞赛。

其间，张汉城经常住在学校，尤其是比赛前连续两个多星期都没有回家，冯雪丽便独揽了照顾孩子的责任，尽量不让他分心。那时，挂在他和学生们嘴边的一句话就是“不就是这一个月吗？只要练不死，就往死里练！只要付出了，就一定会取得回报”。就这样，他们在训练中达成了一个眼神过去就秒懂的默契，最终如期参赛并载誉而归——一举斩获两个一等奖和两个三等奖。可当张汉城回到家时，迎接他的却不是孩子亲亲的拥抱，而是女儿看陌生人似的眼神，以及怯怯的一声“爸爸”。

爱出爱返。夫妻之爱的真谛，从某种意义上说，就在于互勉互励、互谅互解、互相成就。2020 年之于张汉城和冯雪丽伉俪，是共迎高光时刻的一年：二人分别在省赛中获得第一名，同时被授予“山东省技术能手”称号，成就了又一段精彩的水院佳话，为他们的真情挚爱作出了生动的注脚。

2020 年 11 月，冯雪丽参加山东省“技能兴鲁”职业院校技能大赛“云＋数”技能大赛，张汉城就成了他们小区的“超级奶爸”。为了能够让妻子有充足的训练时间，张汉城天天带孩子、做饭、做家务。当冯雪丽在学校训练到深夜的时候，张汉城便陪伴着她，默默支持她、鼓励她，为她最终获得云计算赛项第一名提供了坚实保障。

张汉城、冯雪丽夫妻二人展牌

妻子参赛夺金，丈夫铿锵再战。12 月，张汉城备赛山东省“技能兴鲁”第二届无人机技术与应用竞赛。其间，他和学生多次冒着严寒在雪地中训练。有一天晚上下着大雪，他和学生们在学校操场上忘我训练到 12 点。冯雪丽十分心疼，就买了很多“暖宝宝”，分给张汉城和学生们，并在此后多次给他们师徒及时送温暖、鼓士气，助张汉城一举夺得无人机大赛第一名。

桃李不言，下自成蹊。张汉城和冯雪丽伉俪在各级竞赛中屡创佳绩的同时，还坚持上好每一堂课，热爱每一个学生，甘当人梯，甘当铺路石，以人格魅力引导学生心灵，以技能造诣开启学生的成才之门。2021 年，张汉城和冯雪丽分别带领学生获得山东省“技能兴鲁”第三届无人机技术与应用竞赛一等奖和智能物联比赛网络系统管理赛项一等奖。

于奋斗中互勉，于默契中共进，于坚守中奉献；把责任履行到极致，把工作执行到极致，把真爱倾注到极致，向着自己喜欢的样子努力蜕变。张汉城和冯雪丽对学生的爱与责，是一场不图回报的“单恋”，任“学生虐我千万遍”，“我待学生如初恋”。夫妻二人全力守护和践行着教师这份职业的纯粹与荣光，让那块“由他自己去耕种的土地”深嵌水院的沃壤，愈发春华秋实、苍翠馥郁……

第三节　以生为本　呵护学生的校园时光

一、水院“穆桂英”，担当“铁娘子”

2022 年 3 月 1 日，在学院“讲好水院故事”暨 2021 年教学表彰大会上，由学生处辅导员集体创作的配乐讲述《这学校有那么个人》一经展演便好评如潮。师生们纷纷表示，节目恰如其分地展现了大家心目中的“穆桂英”“铁娘子”——学生工作处处长穆云丽的人格魅力与使命担当。下面，就让我们通过三段言为心声的讲述，共同探寻辅导员们“我想成为她那样的人”的目标缘起，一起领略这位巾帼不让须眉的“水院铁军”领头人的绰约风姿。

穆云丽

（一）蕙质兰心敢担当①

案几桌面纤尘不染，办公文具井然有序，盆栽花草四季常绿，往来师生欢声笑语，是我们办公室日常氛围的真实写照。这一切，得益于穆处的悉心营造。

作为穆处的搭档，在我眼里，她不仅有着一颗善于营造温馨氛围的蕙质兰心，更重要的是具有良好的综合素养，不论教导学生还是抓党建、带团队皆很内行，不论写作还是演讲都很擅长，不论谋创新还是抓落实都是强项。然而她知道，个人再高强，也不如集体有力量，所以狠抓团队能力培养，“人人敢于担当，团队敢打硬仗”，一直是她努力的方向。

在讲好水院故事暨 2020 年技能竞赛表彰大会上，学生们在音乐快板《夸夸咱们的辅导员》中唱道：“风雨无阻赴晨会，部署执行落实对。”说的就是穆处带领我们不论严寒酷暑，几年如一日地坚持。小小的晨会，大大的能量，它是业务知识的补给站、查缺补漏的监测站、激励士气的加油站，让我们每天以饱满的精神状态迎接新一天的开始。如今，晨会已不仅仅是一种形式，更是我们学工团队的精神维系。

① 本部分讲述人：徐加山（学生工作处副处长）。

穆处还特别重视并积极发挥第二课堂——学生社团的作用，配齐指导教师，挖掘每一个学生的兴趣所在，让学生在兴趣实践活动中被认可、被关注、被肯定。在当下的校园，你会看到身着军装的学生教导队在进行军事训练，你能听到讲解团的同学为你热情介绍新时代雷锋精神，也能参与到舞龙舞狮的学生摇摆跳跃中和"红十字"社团的救护技能培训中……学生社团在学院的各项活动中俨然扮演起了"主力军"的角色，真正做到了"让阳光洒在心坎里，让自信刻在骨子里"。

（二）时间深处的秘密①

非常幸运，我入职后得以与穆处同在一间办公室工作，零距离接受她多方面躬亲示范、谆谆教导。日积月聚，我以为我学会了熬她熬的夜、起她起的辰。直到一个周六的深夜，我才发现藏在时间深处的秘密。那晚我与同学相谈甚欢，聊着聊着就忘了时间。直到 QQ 提示穆处发来了帮我修改后的文件，定睛一看，已然凌晨两点多。彼时，内心激涌的全是无以复加的敬佩之情。

因工作得到各级领导和师生的认可，我被选为学院团委副书记。最初，毫无管理经验的我，时常被工作搞得焦头烂额，尽管使尽浑身解数，工作依旧在原地打转。我着急上火天天吞药片的状态，被穆处看在眼里。一天，她递给我一盒润喉糖，开导说："你应该学着成功者的做法去尝试，通过实践走出思维陷阱。"我听了她的话后细心观察，虚心求教，勇敢尝试，学管能力不断提升，慢慢地也能像她一样较好地完成一些复杂性工作。

学生处活动合影

一次，穆处交给我一项汇总统计工作，在大伙的配合下，工作开展得还比较顺利。第二天的晨会上，她特意对我进行了表扬，一下子让我特别有成就感。后来我了解到她的这个做法叫作正面反馈。此后，我模仿着她的方法去表扬学生，都收效明显。

即使如此，我越发感觉到自己与穆处的巨大差距，越发在前行路上笃行不怠奋进不息，力争加速成长，早日成为像她那样的人，为大美水院的高质量发展贡献青春力量。

（三）只要努力，就一定能出彩②

与穆处第一次见面是在 2019 年入职培训会上，她的温婉贤淑给我一种邻家姐姐的

① 本部分讲述人：李奉锦（团委副书记）。

② 本部分讲述人：翟文菲（信息学学工组组长）。

亲切感。她睿智干练的谈吐，又让我感觉她定是一位雷厉风行的女中豪杰。

2020 年 6 月，正值疫情攻坚克难阶段，为谨慎起见，连续几周我一天未休。穆处看我忧思郁结，抚着我的肩膀劝慰道："文菲，是想孩子吧？其实，我们不仅是一个孩子的母亲，我们更是这么多学生的母亲啊！"是啊，同样作为母亲，同样冲锋在疫情防控一线，她怎会不体贴我们女老师的心情呢？而且我们都知道，她彼时的心理压力更大——女儿正处在三年高中的关键阶段，纷繁复杂的工作几乎占据了她的全部精力，无法给予孩子更多陪伴。也正是这些，印证了她那极度可贵的自律和慎独。

2021 年 8 月，穆处找我谈话，让我接过于瑛老师学工组组长的接力棒。我知道学工组组长是学生处的四梁八柱，自觉能力有限，深感压力巨大。她告诉我说："总有人讲学生工作头绪多，又存在那么多隐患，要做好几乎没有可能。我当初也有过犹豫，但我更愿意相信，只要努力，就一定能出彩！"榜样就在身边，穆处既已做了最好的践行，我就不能辜负了这份难得的信任，从而油然生出干事创业的动力与豪气——离成为她那样的人又近了一步。

二、一生学管不了情，一部书册彰卓越

"于瑛老师善于从优秀传统文化中汲取营养，从教书育人使命中激发力量，从职业教育发展中挖掘资源，从家长、学生期盼中寻求答案，从立德树人实践中谋求作为。从于瑛老师身上，我们感受到了以爱为源、阳光育人的精神所在。"2019 年，一部以学院辅导员于瑛名字命名、由学院主要负责人作序的《于瑛阳光育人法》印发到了每个辅导员的手中。以一个人名为一部书册冠名，为一项工作定位，在学院尚属首次，可见学院党委对于瑛卓越工作的高度认可，更是在所有辅导员心中立起了一座对标对表的精神丰碑。

于瑛与学生

“水院的清晨，随着一声号角吹响，学生们迅速在公寓楼下集合，排着整齐的队伍，浩浩荡荡即将开始每日晨跑。有个身影像丰碑一样，不惧严寒，不畏酷暑，准时等候在操场，温暖的笑容照亮了学生们的心灵，也开启了水院美好的一天。”一段记叙文字，既是一次温暖记忆，也是一段长情告白，鲜活生动地将一位秉持“每一个在我身边的学生都是我的孩子”，近四十载如一日，从如云青丝到满头华发，从健步如飞到步履渐缓，将青春韶华无私奉献给水院、奉献给学管一线的辅导员的感人形象予以刻画。

于瑛与学生赵森谈心

以于瑛与学生谈心为原型创作的雕塑《师生情》

2021 年，一座以于瑛为原型、取名《师生情》的雕塑在学院七彩广场落成，成为学院一道温情的风景线。教师于此驻足反思励志，师生于此谈心交流，俨然成为一处沉浸式思政教育的好去处。

（一）一声“于妈妈”，开启一道爱之风景

在学院，于瑛虽然只是一名普普通通的辅导员，但学生们发自内心的一声声饱含深情的“于妈妈”，却又让她闪耀出足以炫目的人性光辉。之所以赢得“于妈妈”这一温暖的称谓，还得从十年前她带过的一名女学生方元（化名）说起。

方元因家庭问题缺少关爱，到校后性格孤僻、不合群，学习积极性也不高。于瑛注意到后，有意识地通过各种方式关心她的生活学习，关注她的思想状态。

有一天非常冷，方元却只穿了一件很单薄的衣服，且咳嗽得厉害。于瑛把她叫到办公室，关切地询问她天气这么冷，为什么不穿厚一点，并开导她，甭管家庭是个什么样的状况，在校首先要照顾好自己，好好听老师的话，好好学习，遇到困难解决不了时可随时与她沟通。随后，带着她去卫生室拿药。

正是这一次和风细雨的促膝聊天，让方元感受到了久违的温暖，从而打开心门，不仅将心理问题对于瑛和盘托出，更是感动得流着眼泪说：“以后我喊你‘于妈妈’好吗？”“好啊，我也想有一个你这样可爱的女儿。”

就是从那时开始，“于妈妈”的称呼一传十、十传百，只要是她带过的学生，“于妈妈”便成为最能表达他们敬意的暖心称谓，从而成就了学院一道温馨的爱之风景线。就连那些已经毕业走上工作岗位的学生，每当工作中甚至是找对象遇到难题时，也会首先想到“于妈妈”，依然习惯打电话、发微信找她寻求帮助。

“做学生工作，就要从爱的角度给予他们更多的关照。无论什么样的学生，只要是对他有爱心，当然这个爱心不是挂在嘴边上，而是体现在行动上，比如说他吃不下饭，你去给他做点饭吃，可能往往是一顿饭，就能拉近师生的距离。”于瑛言为心声。

（二）一种热望，工作不竭奋斗不息

有一年，于瑛所带班级来了一名不愿和任何人交流，且对他人很不友好的学生梁声（化名）。军训第一天，即与教官发生了冲突。于瑛把他带到办公室后，试着和他交流，但遭到了抗拒。

当天晚上，梁声突然胃痉挛，于瑛和学生干部马上送他到附近医院诊治。点滴打到一半，胃痛减轻了很多的梁声说饿了，于瑛就亲自给他做了一大碗热气腾腾的鸡蛋面。两天后，梁声痊愈返校，于瑛再和他沟通，他的态度有了很大的改观。

学生为于瑛献花

经与梁声交流，于瑛知悉了他性格形成的原因在于上高一时由于成绩不好就自暴自弃，经常顶撞老师且时常与同学发生肢体冲突，父母的话也听不进去。

症结找到了，于瑛就为梁声精心制定了详细的成长转化方案，特别是根据他的兴趣爱好，时常给他布置一些力所能及的任务，帮助他获得成就感，增强自信心。就这样，在良好的班级氛围、友善的同学助力以及教师的关心引导下，梁声毕业离校时，心态已回归正常，能够与他人正常交流了。

而且，为使梁声能平稳步入社会，心理问题不再反复，于瑛与他家长共同为他联系了离家近的单位上班。现在，梁声在当地已经是小有名气的摄影师，经常为腾讯提供影像录制与摄影服务，还与他人合办了一家效益不错的婚纱影楼，事业红红火火。

还有一次，于瑛负了工伤，脚骨骨裂。医生让休养三个月，但她在医院仅待了 20 多天就回到了工作岗位，回到了学生身边。“我们都劝于妈妈回去住院，但她说放心不下我们，拄着拐、瘸着腿就来上班了，这一‘拐’就是半年多。她就是这样用一颗热忱的心来对待我们。”学生们的话语中充满了感动之情。

以真心对待学生，用真情打动学生，让学生在学校享受到家的温暖，让所有孩子成人成才，于瑛是这样想的，更是这样做的。近四十载的教学生涯，她已记不清有多少学生经她的转化与点拨破茧成蝶。“我现在已经退休了，但是我还在从事这个工作，因为我觉得这是能够改变许多学生思想和人生的工作，我还想把这个工作继续做下去。”这，就是一位水院学管一线教师的国之大者！

三、勇当学管先锋，无愧军人本色

在学院这个大家庭里，有一群可爱可敬的退役军人。他们退役不退志，退伍不褪色，在学院“准军事化管理”和转型跨越中勇立潮头、勇开新局、勇当先锋。学生处副处长徐加山，就是他们中的杰出代表。2015 年，学院招聘 11 名军政素质过硬的自主择业军官、士官来校担任辅导员，徐加山即是其中的一员。仅仅一年，他便凭借过硬的管理能力、实干的工作态度、良好的师生口碑，被破格任命为学院主抓准军事化管理的学生处副处长，不负众望带出了一支响当当的学生教导队队伍。

徐加山在运动会上讲话

（一）军训，一以贯之的总指挥

军歌嘹亮处，校园秋点兵。学院每年举办的新生开学典礼暨军训总结表彰大会，既是一堂鲜活生动的思政大课，亦是准军事化管理成效的一次集中展示。

自实行“准军事化管理＋专职辅导员队伍”制度以来，学院每年的新生军训任务，均由徐加山带领军人辅导员和学生教导队共同承担。他们每次均能出色完成任务，社会反响良好，从而吸引着南水北调东线山东干线公司等单位，将员工军训工作交由学院承办，成为展现学院良好精神风貌的一扇窗口。“军训虽不能改变你们的颜值，但可以改变你们的气质，磨炼你们的意志，砥砺你们的品格。”徐加山作为总指挥的主要任务，就是督查训练的落实情况。其间，纵然骄阳似火、热浪升腾，他还是同其他教导队队员一样，从早到晚坚守在训练场上，随时纠正同学们的不规范动作，及时给同学们鼓劲打气。

当然，军训并不意味着只是在炎炎夏日中站军姿、练队伍等看似严苛枯燥的训练，考虑到新生们实际年龄偏小，且体能体质普遍需要提升，徐加山和教导队队员们组织引导新生们开展了才艺表演、拉歌大赛等多姿多彩的文娱活动，让新生切身感受到军训机遇的难得、军营生活的火热和集体荣誉的可贵。其间，他参与最多的就是和同学们同唱嘹亮军歌。他那专注投入、澎湃激情的表达，映射出一位老兵对军营深沉的爱，对学生真挚的爱，对学院忠诚的爱。

2022 年 9 月 2 日，学院 2022 级新生开学典礼暨军训总结表彰大会如期举办。在雄壮的《中国人民解放军军歌》军乐声中，陪同党委书记于福春检阅受阅方队的，正是徐加山。“对学生来说，军训生活的结束，意味着学习生活的新起点。我将继续和同事们一道，发扬不怕苦、不怕累的精神，引导水院学子在未来的日子里披荆斩棘、乘风破浪！”

（二）担当，未雨绸缪的践行者

想问题比学生快半拍，抓工作比别人早一步，注重工作的前瞻性与主动性，是徐加山多年来养成的工作习惯。正是这种好习惯，让他在工作中少了些被动，多了些游刃有余。

2018 年，恰逢学院建校 60 周年，学院成功承办了第 12 届全国水利职业院校技能大赛。水利工程系师生出色地完成了志愿服务、综合保障、晚会表演等多项重大任务，并在大赛中取得了骄人佳绩。

在自豪与喜悦的同时，“如何在学生中更好发挥大赛的价值与积极影响”已开始在徐加山的脑海中徘徊。与学生交流中，一个想法闪入他脑海：何不以大赛为契机，开展如何正确对待荣誉系列教育活动呢？想法先行，实干为要。在他的精心组织下，学生处开展了一系列活动，且反响不错，“荣誉是过去的，成绩是大家的，奋斗才是无止境的”成为很多学生的共识。此举也引起学院领导的高度重视，并以此为契机，在全院掀起“学先进，争先进，当先进”热潮，有力促进了学风建设。

徐加山在国防教育动员大会上讲话

“凡事预则立，不预则废。”学院的学生大都未成年，“三观”尚未完全确立，正处青春期，面临社会多样化诱惑，极易引发思想波动，甚至出现意想不到的问题。这对辅导员做好学生思想政治工作提出了更高要求。

“做思想教育工作必须有‘往前赶’的意识，无论多忙，头绪如何繁杂，也应沉下心来，认真分析，准确把握学生思想变化情况，真正找准思想工作的短板、弱项。在此基础上，通过扎实细致的工作和切实可行的措施，对存在的问题积极主动解决，对潜在的问题及时有效化解，对可能出现的问题加大防范力度，做到思想滑坡产生前踩一脚‘急刹车’，情绪浮躁波动前下一场‘及时雨’，事故苗头出现前打一针‘清醒剂’，在未雨绸缪中争取主动权。”徐加山坦言。

（三）情怀，知识渊博的“摆渡人”

于三尺讲台上深入浅出，于火热军训场上严苛指令，于日常生活中春风化雨，把在部队中养成的严明纪律、优良作风和敬业精神，全都转化成对教育的爱、对学校的爱、对学生的爱，这让徐加山拥有众多“拥趸”与“粉丝”。

“我们之所以喜欢徐老师，愿意跟他交流说心里话，一方面是因为他对我们无私关爱，让我们自然地信赖他，另一方面则是因为他知识渊博，每次交流，从天文地理到传统文化，从国际形势到身边小事，他总能引经据典、旁征博引，令我们深受教益。”一名学生如是说。

徐加山则坦言：“打铁还需自身硬。我们是在抓管理，但是，我们更多时候是要通过思想工作把道理讲给学生，把做人、做学问这个理让学生认同接受，然后他才会有行动的配合，这就需要我们不断充实自己的知识储备。因此，每次回到宿舍，我最喜欢的放松方式，就是观看各种名家讲坛和文化讲座。”

徐加山陪同于福春书记检阅新生军训

2022 年上半年，为了确保疫情防控下的学生工作万无一失，家住潍坊的徐加山整整一个学期 100 多天没有回家。虽然没有陪伴家人和孩子，但是他却带领辅导员队伍，担当起学院疫情防控一线无畏艰险的“急先锋”，赢得了院领导的肯定，收获了学生们的尊重，为学校疫情防控和校园安全作出了突出贡献。

“以徐加山为代表的军人辅导员队伍退伍不褪色，发扬特别能吃苦、特别能战斗、特别能奉献的精神，会同其他学工同仁，成为学院‘准军事化管理＋专职辅导员队伍’学生管理特色的忠实践行者，也是‘以爱为源，阳光育人’党建品牌的砥砺创建者，持续为学院的转型跨越奉献着磅礴的军人力量。”学院党委对徐加山的评价中肯而准确。

“军人，保家卫国、抵御外侵、流血牺牲、义不容辞，是‘最可爱的人’。老师，教书育人、传道授业、甘为人梯、无怨无悔，是‘灵魂工程师’。我有幸经历铁马秋风、战地黄花、楼船夜雪和边关冷月的锻炼，如今得尝诲人不倦、桃李天下的崇高，必定永葆初心，矢志奋斗，尽己所能地报效国家，奉献社会，服务人民。”初心不改，铿锵前行，加山之风，学子福音。

第四节　最美水利人　美自灵魂深处发出

2021 年，山东省水利厅精神文明建设指导委员会印发《关于山东省水利厅“最美水利人”选树情况的通报》，10 人获山东省水利厅“最美水利人”荣誉称号，时任学院宣传部副部长的李华名列其中。这也是她继同年被山东省人力资源和社会保障厅授予“山东省技术能手”称号后获得的又一殊荣。

拍摄学院宣传片

荣誉荣光，责任担当。为庆祝建党 100 周年，山东省水利厅文明委根据水利部文明委有关工作部署，在全厅组织开展“最美水利人”选树活动。“对党忠诚、信念坚定的政治品质，热爱水利、无私奉献的敬业精神，求真务实、敢于担当的工作作风”成为 10 名“最美水利人”共享的荣耀标签，也是对“最美”标准的权威诠释。

榜样就在身边，先锋从未缺席。就让我们循着李华的奋斗历程，走进她的“最美”世界。

一、教学之美：教研赛事　并辔而行

李华和学生们

2006 年 7 月，李华从山东师范大学研究生毕业，来到学院从事多媒体技术教学工作。多年来，无论是在一线教学岗位，还是走上宣传部行政管理岗位，她皆兢兢业业，勤勉自励，认真钻研教学业务，教学质量突出，培养出大批优秀学生。而且，她多年担任班主任，班风班纪清正，师生感情深厚，深受学生喜爱，被学生亲切地称为“华妈”“干妈”。

其间，她指导学生参加全国大学生计算机技能应用大赛、全国职业院校融媒体技术应用技能大赛、第 45 届世界技能大赛山东赛区选拔赛、山东省“技能兴鲁”职业技能大赛，获一等奖 7 次，本人被评为优秀指导教师 10 余次；她积极参加教学专业技能大赛和各类社会赛事，成绩突出，在山东省“技能兴鲁”职业技能大赛电子竞技短视频剪辑、新媒体设计、图像处理项目上获一等奖 5 次。她设计的课件和教案多次获山东省技工教育优秀教学研究成果一、二等奖；发表论文 16 篇，参编教材 9 部；获各类省级艺术奖项 10 余项，获评山东省技术能手、山东省数字图像处理名师、山东省十佳摄影师等荣誉称号。

二、宣传之美：立体矩阵　多元推介

2021 年“我爱祖国　同唱国歌”活动合影

倾力打造立体宣传矩阵，开设抖音、快手等各种新媒体账号，与院报、官网、官微、手机网站同步发力，多面开花，每年在学院自媒体发布作品 600 余部；汇编书册存史流传，主编《萌源清韵——学院官微运营五周年拾萃》，献礼建党百年；主创《水院赋》，献礼建院六十华诞；主编《2018～2023 年度工作实录画册》，展现师生良好风貌和工作状态……

这一切成绩的背后，是李华善绸缪、精策划、勇开拓、敢创新的文化自信的彰显。自调至宣传部工作后，她充分运用多媒体技术专业优势，在不断提升院报、官微办刊质量的同时，先后改版学院官网，配合学院招生开发了手机网站，开设抖音、快手等各种新媒体账号，升级改造了校园广播系统，创建了大学生媒体中心等，致力于打造完善学院立体化宣传矩阵。

学院外媒呈现

而且，李华从未停下手中灵动的笔和捕捉美、定格美的镜头，并以此为媒介，积极与国家、省、市各级权威媒体沟通联系，力争使学院宣传报道工作影响更广泛、受众更广大。于是，从构建“大思政”格局到校园文化建设、技能大赛宣传，再到“讲好水院故事”党建品牌建设，直至全环境育人，每一项出彩工作，每一位先进人物，每一个典型案例，她都深入了解，着力推动，大力宣传。自到宣传部工作以来，她已在《人民日报》《光明日报》《中国教育报》《大众日报》、“学习强国”平台等国家级、省级权威媒体和各类期刊，刊发400余篇(条)学院图文报道，发表60余万字文学作品，参与影视作品制作15部。学院连续三年被大众网评为“山东最佳社会声誉高校”“山东最具影响力教育政务融媒体单位”。宣传部连续多年被评为学院优秀部门，并被山东省水利厅评为2023～2024年度模范机关示范集体。

于福春书记为校庆先进李华颁发荣誉证书

大学生媒体中心师生合影

三、文创之美：策划编导　并蒂花开

2021年6月16日，学院与淄博市水利局联合主办的“红心向党水利人”庆祝中国共产党成立100周年文艺汇演成功举办。山东省水利厅，淄博市、淄川区相关部门，南水北调山东干线公司，淄博师专等单位相关领导看过演出后纷纷点赞，并盛情邀请学院组织节目参与各自单位组织的庆祝建党百年文艺演出。

看到会演远超预期的效果，作为总策划和总导演的李华，心里无比欣慰与振奋。而这样的成功，之于她已有多次：2018 年策划举办“墨彩赋诗，光影流韵”校庆书画摄影展；2019 年策划导演“祖国在心中，水院是我家”校庆文艺汇演；2020 年策划举办淄博市第十一届职业（技工）院校技能大赛总结会暨 2020 年职业教育活动周启动仪式；2020 年与南水北调山东干线公司联合策划举办“国盛家圆共水情”国庆文艺汇演；2021 年与淄博水利系统联合组织“红心向党水利人”主题活动；2023 年组织策划“黄河颂　水院情”65 周年校庆文艺晚会和摄影展览等活动；2019～2023 年连续五年组织策划“讲好水院故事”暨技能竞赛（教学）表彰大会，并受邀参加山东省水文系统工作会议，进行“讲好水院故事”党建品牌创建经验宣讲推介。

2021 年与淄博水利系统联合组织党建联建“红心向党水利人”主题活动

受邀参加山东省水文系统工作会议，宣讲推介“讲好水院故事”党建品牌创建经验

不仅如此，近年来，李华还主导编创了学院软文化的代表性作品《水院赋》文字和视频，60 周年、65 周年校庆宣传视频《正道而行　大道至简》。同时，坚持每年创作几个精品视频，使校园文化传承发展声影活动更具魅力：2018 年创作校庆宣传片和《水院赋》视频；2019 年创作拍摄快闪《我和我的祖国》；2020 年创作拍摄的抗疫视频《守望信念》登录“学习强国”，创作拍摄申报省级水利风景区视频《加强环境建设，提升育人功能——山东水利技师学院水利风景区掠影》；2021 年创作拍摄快闪《唱支山歌给党听》；2022 年拍摄快闪《青春》；2023 年拍摄《品水悟道，以文化人——学院水文化育人成果展示》；指导大学生媒体中心学生每年拍摄校园 MV 多个，反映学生学习生活的方方面面；还有每年寒暑假家访送喜报和社会实践活动视频等各类视频作品，大大提升了学院的知名度和美誉度。2023 年学院成立黄河水文化研究中心和黄河水文化演出社团，李华任负责人，致力于水文化研创工作，获得了广泛好评。

四、服务之美：美人之美　美美与共

近年来，李华以专业的审美眼光，协同总务处，对学院校园环境进行多次升级改造：2018 年参与设计安装主体雕塑《泉韵》；2020 年参与设计完成雕塑《浪花》《大禹》《川流》《水院赋》浮雕和石刻；2021 年参与设计完成以于瑛老师为原型的《师生情》雕塑。同时，她还先后参与设计完成了诸如行政楼门前、七彩广场、多处石刻景观、80 个灯箱式道旗和新时代雷锋精神馆的建设升级与改造，大力提升了学院环境育人的功能。学院获批山东省水利风景区、山东省水情教育基地、淄博市中小学研学基地的背后，是她的智慧与辛苦付出。

《水院赋》浮雕

李华积极参加社会工作，作为淄博市巾帼领读人，全国妇联副主席、书记处书记吴海鹰为其颁发了证书。近两年，她参与淄博妇联和大众网联合举办的领读活动，领读《横渠四句》《女性到底有多美》和《习近平走进百姓家》中的“走进西藏”和“走进山西”，刊发于“淄博女性”公众号和大众网并深受好评。

全国妇联副主席、书记处书记吴海鹰（左五）为李华颁发淄博巾帼领读人证书

李华充分利用自身在中国女摄影家协会、山东省摄影家协会、山东散文学会、齐鲁书画家协会等各个社会团体中的影响力，积极引进各个社会团体服务学院校园文化建设，借“山东水利技师学院萌源河水利风景区”揭牌之机，同步在学院设立齐鲁书画家协会创作基地、淄博市作家协会创作基地、淄博市摄影家协会创作基地、国家级非物质文化遗产聊斋俚曲山东水利技师学院研创中心、淄博市诗词协会山东水利技师学院研创中心等，依托学院优美秀丽的自然风光和良好人文环境，开展与举办各类文创活动和文化赛事。2023 年与淄博市摄影家协会联合组织“山东水利技师学院杯”2023 摄影大赛；与淄博市文联、淄博市作协联合举办了全国各地文化艺术界名家校园文化采风暨黄河水文化研究中心揭牌仪式，来自全国 16 个省份的百余位名家汇聚学院研讨校园文化，官微开辟了“名家眼中的水院”专栏，并将作家们的作品编辑成册。李华凭借自己的能力，加强了学院与文化艺术界的互动联系，进一步提升了学院的知名度和美誉度。

主持黄河水文化研究中心成立揭牌仪式

全国各地文化艺术界名家校园文化采风

组织策划“山东水利技师学院杯”摄影大赛和作品展览

汇编作品集

俄国哲学家、文学批评家别林斯基曾说过：“美都是从灵魂深处发出的。”李华正因深知自己与“最美”还有着一定的距离，所以一刻未停向往美、追求美、践行美、创造美、奉献美的步伐——一切只为学院是嵌入她生命里的家园，一切只因拼搏奉献是生长在她骨血中的基因。

第四章　学子风貌

青春逢盛世，奋斗正当时。优秀学生和杰出校友博学笃志、择善敦行，他们以实践探索真知，用思维创造价值，凭理想砥砺前行。唯有热爱，可抵岁月漫长。无论是在学院期间还是走上工作岗位，学子们都以良好的思想品质、优异的学习成绩、全面发展的综合素质为学校和家长增光添彩。今朝秣马坚如铁，他日功成朝天阙。愿水院莘莘学子不负韶华，实现梦想，扬帆再起航，人生更精彩。

第一节　在青春的赛道上奋力奔跑

求学，他锚定目标，勇毅笃行，从初入校时迷茫落寞的少年，一路逆袭为社团的“领头羊”、赛场的“大明星”、业界的“小专家”和师生对标的“好榜样”，实现了人生的华丽蝶变。

国赛，他首战告捷，高歌猛进，直至在中华人民共和国第一届职业技能大赛（简称“第一届全国技能大赛”）中获得优胜奖，入选第 46 届世界技能大赛国家集训队，成为学院唯一获得“山东省技术能手”称号的学生。

胡玉立专注学习

当实习教师，他心存感恩，厚植情怀，“没有学院的全力支持和老师的悉心教导，便没有我的今天”，他将自己的备赛经验、实战心得和所悟所学毫无保留地传授给学弟学妹们。

他，就是胡玉立，学院水利工程系 2015 级学生，当之无愧的水院“宝藏男孩”。

一、国赛亮剑，不负众望挺进世赛

2020 年 12 月 10 日至 12 日，作为新中国成立以来首次举办的规格最高、竞赛项目最多、规模最大的综合性国家职业技能大赛——第一届全国技能大赛于广州成功举办。

胡玉立以山东省选拔赛 BIM 项目竞赛第一名的成绩，代表山东省参赛。彼时，或许他没想过自己要开创学院历史，但他清醒地知道，全力以赴，一切皆有可能。

胡玉立展牌

最终，经过 3 天共 18 小时的激烈鏖战，胡玉立不负众望，不仅让自己的名字和山东水利技师学院的名字闪耀在大赛的荣誉榜上，而且入选第 46 届世界技能大赛国家集训队，创造了学院技能竞赛进军世赛的历史。

可让人难以想象的是，胡玉立取得如此骄人的成绩，距他接触学习 BIM 仅有半年的时间。

2020 年暑假，学院举办由中国水利水电勘测设计协会计算机工作委员会委员、山东水利学会信息技术委员会副主任委员朱庆利教授主讲的 BIM 培训班，胡玉立报名参加，目标直指将于两个月后举行的第 46 届世界技能大赛暨第一届全国技能大赛山东省选拔赛 BIM 项目竞赛。

何来的自信？哪来的勇气？自信和勇气来自胡玉立连续三年参加全国水利职业院校技能大赛并获得不同赛项一、二等奖。因此，朱庆利对胡玉立有着绝对的信任。果不其然，经过两个月的刻苦操练，他再度技惊赛场，获得山东省选拔赛 BIM 项目竞赛第一名，顺利入围第一届全国技能大赛。

就这样，两个多月的时间里，胡玉立秉持“有了坚持，不一定成功；但没有坚持，就注定失败”的座右铭，以超乎常人的意志力、忍耐力，一次次突破自我，一次次攻破难点，最终在大赛中取得优异成绩，为学院参加技能竞赛写下了浓墨重彩的一笔。

二、勇于突破，心有所信方能行远

2015 年，初中毕业的胡玉立从济宁邹城的一个小村庄来到学院求学。

初入学院，胡玉立很迷茫，没有方向。但学院众多的社团和兴趣小组，成为激燃他希望与追求的一抹微光。很快，他成为 CAD 社团的一员。

“起初让他进入 CAD 社团，并不是把他当成种子选手培养参赛的，毕竟他的基础太薄弱。但在社团的学习训练中，他虽然是年龄最小的，却是最努力的一个，很快便脱颖而出，并赢得了‘快手胡’的雅号。”谈起胡玉立，社团指导老师尹鸿雁发自心底的喜爱与欣慰之情奔涌而出。

坚韧与执着，好学与努力，终于为胡玉立在 2017 年争取到第一次参赛机会——参加第十二届全国水利职业院校技能大赛成图技术项目竞赛。年仅 17 岁的他，作为全场年龄最小的参赛选手，顶住压力、沉着应战，最终一战成名，斩获全国二等奖。此后，他戒骄戒躁，只争朝夕，于2018年更上一层楼，以全国一等奖的优异成绩，致敬自己的18岁成人礼。此时，他也从老师眼中好学上进的“乖小孩”，蜕变为CAD社团的核心负责人。

正当学院师生们以为胡玉立将沿着CAD赛项之路继续走深、走远时，出人意料的是，出于对技术提升与拓展的渴望，他在2019年毅然决定报名参加学院工程测量项目竞赛集训队。

胡玉立专注画图

更换项目，意味着一切要从头开始。理论知识、操作技能都是全新的，没有求真学问的欲望，没有练真本领的信念，没有自强不息的精神，断不可为。

心有所信，方能行远。虽然进队比较晚，但胡玉立很快就融入团队。每天早晨五点半就起床训练，连吃饭的时候都在看题，不浪费一丝一毫的时间，不懂的地方总是虚心向老队员求教。暑假集训开始后，他每晚最后一个走出机房，回到宿舍后仍然继续刷理论试题直至深夜。

同时，针对自己在训练中存在的听、说、读、写、算短板，他请求老师加大训练强度，每天增加半个小时的抗干扰计算训练。就这样，经过一个多月的强化训练，他终于拿到了第十三届全国水利职业院校技能大赛工程测量项目的参赛资格。决赛中，面对多支在全国高职院校工程测量大赛中获得过一、二等奖的强队，他顶住压力，从容比赛，最终斩获二等奖。

尤为难能可贵的是，针对近年来无人机在水利、测量等行业中的应用越来越广泛的实际，胡玉立报名参加了无人机驾驶员培训考试并一次性通过，为自己的职业规划再添重要筹码。

每一个奋力奔跑的日子，都是一首激荡人心的乐曲。胡玉立的奋斗历程，既是一首展现他出彩人生的乐曲，亦是一首展现学院教学改革显著成效的乐曲。二者有一个共同的主旨，即唯有努力，方能不负韶华。致敬所有奋斗者！

第二节　蝶变由生而师　笃行飞出未来

李富水展牌

一、创新创造：兴趣是最好的老师

时光回到2022年5月。在学院一年一度的职业技能等级认定考核现场，一位自信从容地向学生强调考核流程和注意事项的学生考官，尤其引人注目。他，就是来自智能制造系的学生李富水，负责此次活动无人机测绘操作员工种的认定考核。学生当考官，这份让众多师生都艳羡不已的荣誉之于李富水，已经历不止一次。

学院无人机兴趣小组组建于2016年，旨在推动智能技术人才的培养。2017年，无人机应用技术作为一门独立的专业正式开设，对无人机早已产生浓厚兴趣的李富水，便全身心投入到专业学习中去。

兴趣是最好的老师。“最开始接触无人机的时候，就感觉这个东西挺有意思的，不但可以在天上飞，还可以拍照，甚至可以制作视频，让我们以一种全新的视角看待这个世界。”李富水介绍说。就是这样的初心，为他插上了梦想之翼，打开了更广阔的天地。

2018年，潜心向学、爱好科研的李富水，带给师生们一个惊喜：因生发“不会倒的自行车是什么样的”思考，经不断探索试验，终研发制作成功“不会倒的”平衡小车，在奠定了双轴无人机能够成功飞起的基础的同时，也让他在创新创造之路上一发不可收拾。

一波才动万波随。2021年以来，李富水与无人机兴趣小组的成员在原有固定翼无人机的基础上，又制成了垂直起降固定翼无人机和两轴无人机两种改良后的新机型。这两种机型比起老式机型起降更方便，续航时间更长，机身更轻便，操作更简易。

李富水与指导教师研讨飞行控制

“由于现在市面上成熟的垂直起降固定翼无人机价格普遍都是几十万元，自己去买一架有点不现实，于是便萌生了要自己做一架的想法。”李富水介绍说。

想法很丰满，现实却很骨感。由于没有合适的无人机配件，很多配件都需要自己去设计、加工，这成为横亘在李富水和兴趣小组成员们面前的难题。

纵然万水千山，我自坚定前行。三个月的时间里，从机械装配到电路连接，从飞机整体组装到飞控程序调试，从软件仿真飞行到实际室外飞行……李富水和同学们拆了又改，改了又装，经过无数次的调试，垂直起降固定翼无人机终于飞起来了！

二、华丽蝶变：拼搏是最好的路径

无人机应用技术专业可不仅仅是学习如何操控无人机起落这么简单。它涉及航模制作、组装、测绘等多种理论知识，极大地考验着学生的综合技能水平。

于是，随着对无人机应用学习的深入，“致力于成为一名无人机领域的专家”的念头，在李富水的脑海中越发强烈。2019 年，他把目标瞄准了中国民用航空局颁发的多旋翼无人机教员证。要知道，当时全国仅有 1000 多人执有。敢于与此对标，果敢的勇气和笃行的信念可见一斑。

谈及考证的过程，李富水用了一个字概括，即“晒”。时值六七月，骄阳似火，飞行训练场上没有树荫，每天从早晒到晚，与烈日为伴，与无人机为伍。尽管如此，历时四个月日复一日的训练，他带着击败孤寂与困苦锤炼出的自信，一举考取多旋翼无人机教员证。

李富水（左三）分获首届和第二届山东省无人机装调赛项一等奖

历经酷暑，又迎来寒冬。在学院“以赛促学”的理念指引下，李富水笃定目标，下决心要走出校门，力争在省级以上竞赛中取得优异成绩。2019 年冬天，他进军山东省“技能兴鲁”职业技能大赛首届山东省无人机技术与应用竞赛。因无人机训练只能在室外，他每天早上 6 点即奔赴训练场，直到冻得手没有知觉时才停下来暖暖手。指导老师张汉城看在眼里，疼爱与欣慰一并涌上心头，坚定地做好他的后勤保障——为他买了很多“暖宝宝”，让他贴在身上取暖。最终，李富水在竞赛中一举斩获一等奖。2020 年，在第二届山东省无人机技术与应用竞赛无人机装调项目中，他再次获得一等奖。

时至今日，李富水作为指导教官，多次应邀参与了对浙江台州巡特警队、山东省警察基地、淄博市公安局淄川分局的无人机培训，均以高超的飞行技术和技能水平，赢得了培训单位的一致认可和点赞。2022 年 7 月，他再迎人生转折的高光时刻——通过国家相关政策考核，考取编制并留校任教。

从兴趣到执业，从选手到评委，从爱好者到教练，从学生到老师，李富水用 5 年的时间，一步一个脚印，从容完成了自己人生角色的华丽蝶变。当下他最大的心愿，就是回馈学院的培养与恩师的教诲，和其他同仁一起，致力于为无人机专业培养出更多、更优秀的行业人才，让同学们以更高、更广的视野，飞出美丽新天地。

第三节　双手“驱动”　一路驰骋

2022年暑期，学院有三名在各类国赛、省赛中摘金夺银、屡获佳绩的优秀毕业学子，正式入职学院，实现了从学生到教师的华丽蝶变，一时在业内传为佳话，成为学院学生技能成才的实证。汽车检测与维修专业学生张汝康，即是其中的一位。

在校五年来，张汝康始终刻苦钻研、奋发图强，从中职到高职，从省赛到国赛，不断冲破成长“天花板”，在人生的新赛道上迎来高光时刻，激励着学弟学妹们在技能成才、技能报国之路上笃行不怠、一往无前。

一、笃定目标，潜心向学

2017年，张汝康被学院汽车检测与维修专业录取。此时，他或多或少还处在中考失利的自责中，也对未来的人生前途感到迷茫。偶然的一个机会，他接触到了世赛班，给他带来很大的思想冲击——自己所学的专业和技能竟然有机会参加世赛。他不禁想到新生开学教育时班主任讲的很多优秀学长在各级技能比赛上取得优异成绩的事迹。自那时起，他便悄悄地规划着自己的未来，立志成为学长那样的技能精英。

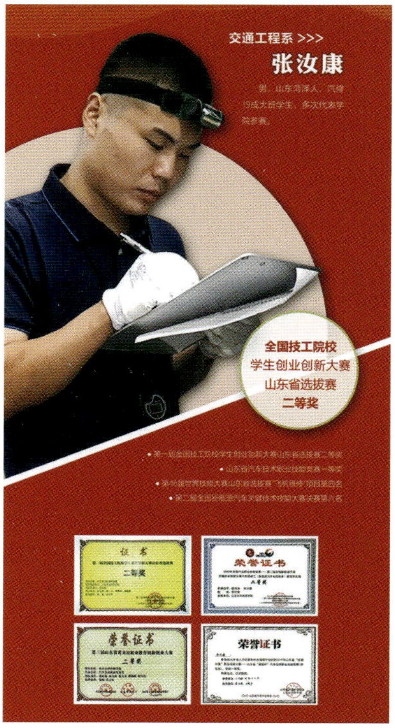

张汝康展牌

机会总是留给有准备的人。2018年，张汝康经选拔如愿成为学院世赛班的一员。为了快速掌握技能，他抓住备战世赛“汽车技术”项目山东省选拔赛的机会，主动申请寒假留校，参加训练辅助团队工作。在做好辅助工作的同时，他认真梳理训练中存在的问题，咨询老师和学长寻找解决方法。说起这段经历，他感到特别庆幸——不仅增长了技能，也锻造了面对挑战坚持再坚持的意志品质。他说，那个时候就下定决心，努力训练，早日成为独当一面的技术能手。功夫不负有心人，2019年，张汝康先后获得了山东省“唐骏杯”汽车技术职业技能竞赛一等奖、第三届黄炎培职业教育创新创业大赛二等奖。面对这些成绩，他没有沾沾自喜，而是不断总结比赛中出现的问题，思考怎样去解决、去突破，从而为他后来参加更高级别的比赛打下了坚实基础。

二、国赛获奖，未来可期

2020 年暑假，张汝康报名参加了全国新能源汽车关键技术技能大赛山东省选拔赛。“我想挑战一下自己，抓住这次机会，学些不同的东西，扩展一下自己。现在国家大力发展新能源汽车，通过大赛训练掌握这项技能，对以后就业也有很大的帮助。”张汝康如是坦言参赛缘起。

新能源汽车技术大赛的特点之一是双人赛，张汝康也是第一次参加。无论流程设置还是赛制安排，都比较陌生，而且需要两个人相互协作配合，竞赛准备难度很大。

张汝康和指导教师参加比赛

既然作出选择，那就勇往直前。彼时，训练上课几乎成为张汝康在校期间的全部内容——周一到周六，上午 8 点到晚上 10 点，大多数时间都在实训室度过。白天操作，晚上记忆，除了吃饭几乎没有休息的时间。以他自己制定的实训安排表计算，三年里他几乎在实训室里度过了一半的时光。“我也很想和朋友们聚会，来到淄博好几年没怎么去过市区，但实训的任务重、时间紧，确实也没给我这样的机会。”枯燥是一定的，但高强度、高标准的训练终于见了成效——他对整个驱动电机的拆装和调试，从最初的 70 分钟缩减到了 40 分钟左右。最终，在第二届全国新能源汽车关键技术技能大赛中，他取得了第六名的好成绩。

“五年时光，转瞬即逝，感恩与水院的相遇。从懵懂地踏进学院大门，到现在坚定地知道自己要去向何方，这几年，我收获满满。我坚信，唯有拥有远大目标，并且不断向上努力的人，方能拥有出彩的人生！”张汝康铿锵而言，坚毅的目光投向深邃的蓝天——那里铺陈着学院转型跨越的美丽蓝图，那里延展着他笃行不怠奔向的诗和远方。

附：

我在水院书写青春

——留校毕业生胡玉立、李富水、张汝康

今日水院学子，明朝大国工匠。人生因水院而华丽蝶变，青春因拼搏而光彩夺目。2022 年，学院三位不同专业毕业的优秀学子——胡玉立、李富水、张汝康正式入职留校任教。只要努力一切皆有可能，唯有奋斗万事方可成功。在学院举办的 2022 年“讲好水院故事”暨教学表彰大会上，三位老师上台，为我们讲述他们的青春故事。

2022 年“讲好水院故事”，三人共同讲述“我在水院书写青春”

一、胡玉立——7 万元竞赛奖金帮我实现购车梦

刚入学时，我的学习兴趣并不浓厚。在老师们的引导下，参加 CAD 兴趣小组，竞赛磨炼，取得了些许成绩。拥有了自信，但我还想让自己在专业上更进一步，经过深思熟虑我参加了工程测量项目集训队，接触到了我们现在学习操作的这些仪器，经过刻苦训练，最后在全国水利职业院校工程测量项目中获得了二等奖；不止这些，我还考取了无人机驾驶员证书。

2020 年，我有幸加入朱庆利教授组建的 BIM 培训班，经过两个月的刻苦操练，最终获得了山东省选拔赛 BIM 项目竞赛第一名，顺利入围第一届全国技能大赛，获第十名，成功入选第 46 届世界技能大赛国家集训队，成为学院唯一获得“山东省技术能手”称号的学生。

胡玉立讲述与水院的情缘

胡玉立用竞赛奖金购买的爱车

其实最初我参加竞赛就是想多拿奖金，可以买自己想买的东西。在学校这五年，我拿了 7 万多元的竞赛奖金，买了电脑和手机，还用奖金考取了汽车驾照和无人机驾照。去年，我还拿出了一部分奖金买了小汽车，现在拥有了属于自己的交通工具。参加技能竞赛，不仅使我在物质上得到了满足，更提升了自己的技术和专业能力，收获了自信和职业。

幸运的是，去年我作为一名教师留在学院任教，开启了我的职业生涯。今后我将会把自己所学所悟传授给同学们，希望同学们能积极参加竞赛，实现自己的人生价值。这些年，每年都会站在“讲好水院故事”的舞台上，我想说的还是那句：感恩水院，给我自信

和精彩，感谢学院领导的支持，老师们的辛勤指导。最后，祝愿同学们努力学习，用拼搏绽放自己！

二、李富水——留校，我成为父母最大的骄傲

在学院支持及系部老师的培养下，我参加了许多无人机的技能竞赛，也取得了一定的成绩。我的指导教师告诉我：你不仅要“读万卷书”，也要“行万里路”。在学院学习的五年里，我走遍了全国 40 多个城市，作为指导教官应邀对山东省警察基地、浙江台州巡特警队、淄博市公安局淄川分局等单位开展无人机培训，用自己所学专业知识和技能，赢得了培训单位及社会的一致认可。

李富水讲述如何学好无人机

程霞副院长带队到李富水家做家访送喜报

现在我有幸成为学院的一名教师，其实，最激动的不是我，而是我的爸妈。记得当时给爸爸打电话说：“爸！我留校了！”电话那头久久没有声音，过了好一会儿，爸爸才说：留校了就好好干！别辜负学校对你的栽培。听着父亲的话，我一下想起了 2019 年的寒假，那是我第一次参加竞赛获奖，学院领导和老师去我家给我送喜报。那天早晨很冷，天空下着雪。我爸妈早早就起来准备了糖果和瓜子，烧好了水，透过窗户时不时地向外张望，看着窗外越下越大的雪，担心路滑，我爸决定去扫雪。他拎起大扫帚就出了院门，从家门口一直向前扫着，足足扫了两里地。路上看着从学院来的领导和老师，父亲激动地打招呼。平日里不善言辞的父亲，在这个时候如此高兴。这是平日里学习成绩倒数、高中辍学的我，第一次让父母的脸上绽放这么开心的笑容，也是第一次，我成为父母的骄傲。

现在我留校任教，深知肩上的担子有多重，提升技能，认真备课、上课、指导学生参加竞赛，纵有辛苦，但也很幸福。前几天我带领学生参加全国无人机竞赛，学生丁圣豪收获了二等奖，替我实现了当初没有实现的理想。学院每年开展“讲好水院故事”暨教学表彰大会来表彰获奖师生，还专门到获奖学生家中送喜报，就是为了鼓励同学们成才，希望同学们在今后的学习中奋发图强、勇攀技能高峰！

三、张汝康——“一块怀表”传承师徒三代水院情

我是去年留校的，2017 年来到水院，开始了学习技术的征程。从 2018 年开始，在老师的带领下，多次参加大赛。我在水院度过了五年，这五年，都尽力让自己在每个学期、每一年都找点事情做，除了专业学习之外，还通过社团、兴趣小组接触到了焊接、喷漆等技术，成长颇多。讲这么多呢，就是希望各位同学珍惜在水院的时间，认真学习，苦练本

领，用技能成就你们的精彩人生。明天我的学生就要去参加比赛了，我借给他一块表，让他带着去比赛。

张汝康与学生表演上课情境

张汝康与指导教师李衍德

这不仅是一块怀表，更是一份传承。这块表是我的恩师李衍德老师去年送给我的，他告诉我，这是他的师父窦在学老师十年前传承给他的，他送给我，是希望我能珍惜时间、专心钻研技能，始终走在时间前面。我非常感谢与水院的相遇，非常感谢学院对我的栽培，和各位老师成为同事，我非常荣幸。我将用自己的所知所学，倾尽全力来为水院培养更多的优秀学子。

讲述现场

第四节　火花生锦绣　“焊”接达远程

作为学生，在他的眼里，焊条与铁板接触的时刻，是最愉悦快乐的时刻。此时迸发出的“滋滋滋”的声音，就是最美的天籁之音。“每一寸焊条，都值得好好珍惜，都连接着未来——起弧（引燃电弧）的瞬间，就能找到未来的人生。”

作为老师，在他的眼里，规范技术的保障、良好的悟性和执着的热爱与追求，是成就一名合格工匠的必备要素。“好的制度是有魂魄的。学校的主体是学生，教师就是为学生成才服务的。一所有着优秀管理制度的学校，实则是学生成才的最大保障。”

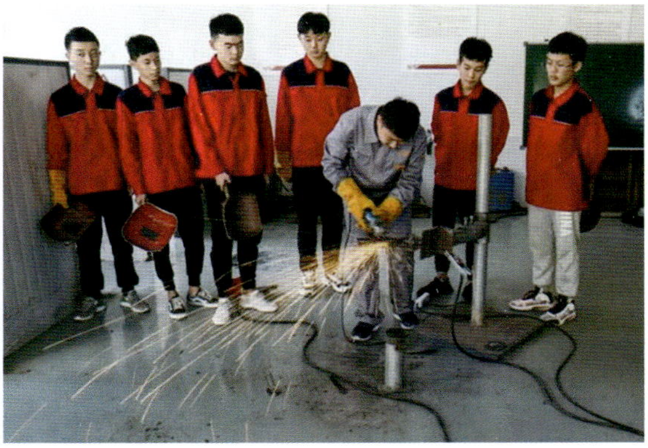

孙汇鑫为同学们演示焊接技术

他们，老师叫陈生，学生叫孙汇鑫，都来自学院智能制造系焊接兴趣小组班。

一、一条喜讯成就学院焊接新高度

2020 年 4 月，在全国各学校尚未开学的情况下，一条喜讯却传到了学院——学院智能制造系焊接兴趣小组学生孙汇鑫，在河北廊坊参加国家特种设备安全管理和作业人员特种设备焊接作业考试，最终从全国 1600 余人的参考大军中脱颖而出，取得“核电级压力容器职业资格证”“管道及压力器职业资格证”，成为考取“中华人民共和国特种设备安全管理和作业人员证”的人员之一，从而也成为学院学生获取此证书的第一人。此证书作为全国焊接行业内最权威的技术认证，仅在廊坊市与南京市可考取，含金量极高。

“孙汇鑫，有规划、懂自律、悟性好、能吃苦、惜资源，取得这样的成绩，也在预料之中。”陈生如是评价。作为 1984 年山东水利技工学校（学院前身）的第一批留校毕业生，至今陈生已在学院工作了 40 个年头。他始终秉持以爱为源、诚实做人、踏实做事、精益求精、宁缺毋滥的教学信条，不仅培养了一批批在社会各领域出彩发光的能工巧匠，更因爱才惜才的好口碑而被学院领导、同事和业内人士点赞。

陈生指导学生现场

“近几年来，学院狠抓教师队伍建设，不断加大招生力度和教学投入，学生接续在各种大赛中争金夺银。作为学院的一员，我深感自豪。尤其是对焊接专业来说，那可是真金白银的投入。在行内有这样一句话：五吨焊条才能出一名好焊工。而我则测算过，七根焊条就要耗费一度电。因此，没有一种‘以生为本’的制度保障，没有一种以爱为源助力孩子成才的情怀和格局，学生们能取得如此的成绩，那是断然不可能的。”陈生由衷地感慨道。

二、一种兴趣牵起一段师生不解缘

陈生与孙汇鑫的师生缘，源于孙汇鑫对焊接这门技术的浓厚兴趣。

孙汇鑫出生于泰安，他的堂叔是一位在当地焊接行业颇负盛名的技工。受堂叔的影响，孙汇鑫逐渐对焊接这门技术产生了浓厚的兴趣。跟随父母来到淄博后，2016 年初中毕业时，当他打听到学院有焊接技术专业，便义无反顾地报考了学院的机电一体化（现为机电工程技术系）专业。

孙汇鑫回忆道：“在我的印象里，陈老师教学中强调最多的首先是安全，然后才是技术要素的掌握。而且，陈老师特别注重实践。‘先实践加深对焊接技术的感知，再学理论’是他教学的一大特色。而且，他善于结合生活中的常识、实践中的经验，将抽象的理论具象化，使我们对理论的学习事半功倍。”

孙汇鑫指导学弟现场

谈起陈生，孙汇鑫有着太多的话要讲：他不能忘记陈老师指导他进行焊接时，为了让他掌握要领，或拿着他的手，甚至不惜力地抱着他的身体，让他感觉到那犹如父亲一样的深切期望；他不会忘记时不时从陈老师办公室里传来的“小孙过来喝水，焊接温度太高，不喝水，身体会受不了的”那温暖亲切的关怀声；他不能忘记陈老师即使下了班仍留下来对自己进行指导直至很晚的无私付出……

“遇到这么好的老师,我不好好学习能行吗?”孙汇鑫下定决心,一定要学出个样子来。那时,陈生给他定的任务是每天焊两块铁板,用 150 根焊条。可他自己决定,在此基础上,再加 50 根。于是,只要是在校期间,无论季节如何变化,每天早上五点钟,焊接车间就会出现他的身影,直到陈生上班,他也就完成了自己给自己定增的任务数,而后在陈生的指导下接着练。尤为可贵的是,每次练习他从不浪费,每根焊条都是不足两公分、实在不能用了才舍弃,每块铁板都是实在无法再使用了才更换。

就这样,经三载寒暑的认真学习和艰苦磨砺,孙汇鑫练就了扎实的焊接基本功,并形成了自己独到的实操经验,诸如他仅凭耳朵听即可判断焊接操作者焊接时电流电压的大小;进车间不看操作者实操,通过看车间上空的光线,即可判断实操者的操作是否合格……怀有金刚钻,可揽瓷器活。2020 年暑假,他应一施工项目邀请进行焊接工作,到假期返校时,他以高质量、高效率的作业水准赢得了施工方的高度认可,拿到了 3 万余元的工作报酬,在学院特别是在学生中一时传为美谈,成为他们身边的榜样和积极对标的对象。

2020 年 9 月,本该毕业的孙汇鑫,每周一、三、五下午仍会准时出现在焊接车间,辅助陈生指导学弟学妹们进行焊接学习。当问他已掌握了这么好的技术,且拿到了权威的执业资格证,为什么还留在学校,而不是走出校门赚取高薪或为将来的事业做铺垫时,眼前这个活力敦厚的小伙子一脸真诚地说:“一日为师,终身为父。没有陈老师的栽培和学院的关爱与支持,我走不到今天这一步。因此,我想在毕业之前的这段时光,在给予陈老师一些助力的同时,将自己所学尽可能地传授给有志于焊接技术的学弟学妹们。”

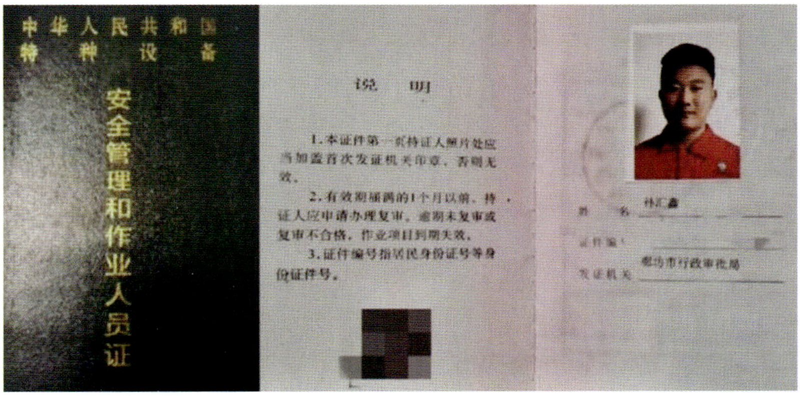

孙汇鑫考取中华人民共和国特种设备安全管理和作业人员证

孙汇鑫目前月薪达 3 万多元,真正实现了“技能创造美好生活”,真正成为陈生最引以为傲的学生,真正成为学院践行“以爱为源,因材施教”的教风和“快乐学习,多元发展”的学风的实证。他们师徒互尊互爱的人文情怀、刻苦砥砺的专业素养、时不我待的求索精神,也正是学院“正道而行,大道至简”的文化主旨的具象体现。

第五节　以无畏匠心“喷涂”多彩人生

黄超群展牌

头戴鸭舌帽、口戴活性炭口罩、身穿厚厚的喷漆防护服，这是学院交通工程系学生黄超群的标志性打扮。他的任务，是针对一些漆面有划痕的车，以及漆面老化、氧化变色的车，做漆面还原修复作业。要知道，让漆面受损的汽车光亮如初，可不是一件容易的事。

喷涂汽车油漆有三层——底漆、色漆和清漆，各层的关系就像盖摩天大楼，底层根基要牢固，每一层都是下一层的基础，层层过关，质量要求很高，需要磨炼心性，精雕细琢。看黄超群工作，的确是一种享受：只见他凝神静气，以行云流水的动作，一气呵成完成喷漆作业，均能达到喷涂均匀、清洁丰满、饱和光亮、不流挂、不偏色、流平好的效果。

名为超群，技艺超群，人生超群。五年的求学路，黄超群秉承工匠精神，实现了人生的不断进阶——从一名普通学生，成长为多个省赛一、二等奖的获得者；从能带徒弟的“小师傅”，升格为坐在省级赛事评委席上指点江山的“真专家”，他以自己的踏实勤学，铺就了一条多彩人生路。

2016 年，黄超群来到学院就读汽车维修专业。2017 年，交通系汽车世赛班纳新，他决定试一试。虽然最初听老师讲课懵懵懂懂，但他从未想过放弃。他认为，专注过好每一天，才是青春的正确打开方式。于是，实训车间、食堂、宿舍，成为他一成不变的校内行动轨迹。春夏秋冬，寒来暑往，夜以继日，浑然忘我。每天大脑里想的，除了训练还是训练。在常人眼里漫长枯燥且单调的训练，在他这里却有滋有味、有声有色，他坚信“把简单的动作做到极致就是成功”。

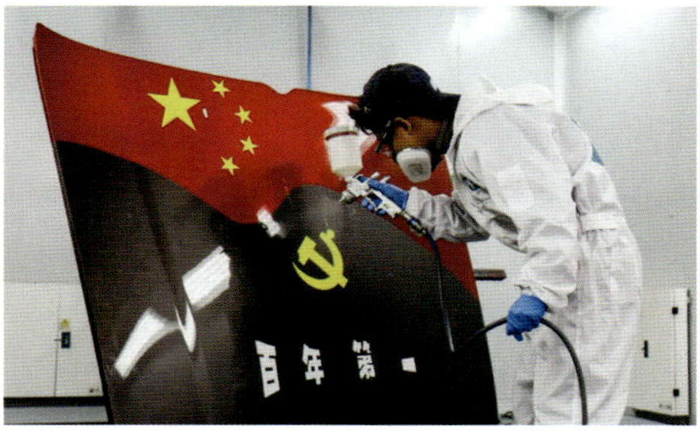
喷涂现场

“一年到头他几乎都泡在车间磨炼技能，早出晚归是常态，正是这样的努力和奋斗点亮了黄超群的人生。”谈起黄超群，指导老师卢建平满是欣慰与自豪。

就这样，黄超群从对汽车喷涂技术的一无所知，发展到技能水平突飞猛进；从一个不谙世事、怕苦怕累的毛头小子，磨炼成了一个拥有能力、耐力，面对竞争对手不服输、不服软，咬牙向前冲的无畏参赛者。

2018 年 3 月，黄超群开启了他的竞赛之路，代表学院参加第 45 届世界技能大赛山东省选拔赛汽车喷涂项目的比赛，与来自全省 24 所院校的 31 名选手同台竞技，在色觉测试、凹陷损伤修复、水性漆调色三个竞赛单元展开激烈角逐。经过两天近 300 分钟紧张的实操考核，最终斩获二等奖，并获得进入山东省集训队的机会。紧接着，他乘胜追击，在山东省“技能兴鲁”职业技能大赛“匠心杯”汽车喷漆技能大赛中再次斩获二等奖。

初获佳绩的黄超群回到学院后，并没有沉浸在荣誉的光环中自我陶醉，而是迅速调整状态，以更刻苦、更虚心的态度，在老师的指导下，向着更高、更强的目标发起冲刺，终于在 2019 年连续迎来自己的高光时刻，相继荣获山东省“技能兴鲁”职业技能大赛汽车维修与检测行业汽车喷漆技能竞赛一等奖，第 46 届世界技能大赛汽车喷漆项目山东省选拔赛一等奖并入选山东省集训队。

2020 年 1 月 11 日，学院启动一年一度的送喜报做家访暨文化下乡服务活动。党委书记于福春率队第一站即来到莱芜下洼村，为黄超群送上喜报，并与他的父母促膝长谈，对黄超群的人生规划提出建设性意见，促使他技能成才的信念更坚定、奋斗目标更清晰。

黄超群与指导教师卢建平

2020 年，黄超群的人生履历再添浓墨重彩的一笔——受邀成为山东省“技能兴鲁”汽车服务行业职业技能竞赛汽车喷漆项目的评委。省级赛事对评委的要求极高，不仅要求专业水平高，还要有丰富的大赛经验、高度的责任心和公平公正的执裁水平。根据比赛规则，每个参赛单位可推荐一名专业人士做评委。在指导老师卢建平以选手身份参赛的情况下，学院突破常规向大赛组委会推荐黄超群担任大赛评委，并获得大赛组委会同意。由此，黄超群成为裁判组中年龄最小的一位，也是本次赛事唯一的一名学生评委，与各院校的专业教师、高端品牌维修站的高级维修技师等行业翘楚站在了同一高度，并最终以全程优异的表现获得大赛组委会的高度认可及评委们的一致好评。

于福春书记带队到黄超群家送喜报

百舸争流，奋楫者先。目前，黄超群已完成学业，成为一家大型 4S 公司的一名专业调漆师，并负责公司的技术支持工作。回望求学成才路，黄超群动情且自信地说：“如果没有学校和老师的培养，我可能还是那个找不到方向的少年。我坚信，只要有坚定的方向、踏实的作风、创新的精神、担当的勇气，就一定能开创新的天地，赢得出彩的人生。”

第六节　一技之长成就"金蓝领"

于涛，学院智能制造系2006级电气自动化专业06131班学生，2009年毕业后进入南水北调山东干线有限责任公司，现为南水北调胶东局双王城水库管理处泵站运行一级值班长、高级工。

于涛回学校指导教学

自入职后，他连续两次获得山东省泵站运行工技能竞赛第一名；在第五届全国水利行业职业技能竞赛泵站运行工决赛中获得第四名，创造了山东选手在全国泵站运行工决赛历史上的最好成绩；系山东农林水系统四个以个人名字命名的大师级工作室之一"于涛创新工作室"的掌门人……被山东省总工会授予"山东省富民兴鲁劳动奖章"，并荣获"齐鲁大工匠"荣誉称号。

面对自己的成绩，于涛说："作为技校生，与普通高校大学生相比，可能我们并没有那么深厚的理论基础，但是我们就是要学得一技之长，争做金蓝领。"

人生的道路有很多条，关键看自己给自己设定什么样的目标，然后朝这个目标坚定地走下去。自从进入山东水利技师学院，学习电气自动化，于涛就对自己的未来有着清楚明晰的定位，那就是要成为水利行业技能型人才的翘楚。"于涛在学习上思维敏捷，而且动手能力比较强，善于钻研技术，专业学习成绩一直是非常优秀的。我清楚地记得，一次实训课，我人为地设置了一个小故障，全班大部分同学都没有做出来。当时于涛经一次次地反复测量，最后全班只有他一个人完整地将这个任务完成。"学院智能制造系主任邹磊（于涛班主任）介绍说。

"于涛同志在平凡的岗位上日复一日、年复一年地默默付出，不畏劳苦，修技练心，以追求卓越的精神、精雕细刻的态度，谱写着属于技术人才的华彩篇章。"在2019年"齐鲁大工匠"颁奖典礼现场，主办方的颁奖词给予了于涛的职业生涯最好的评价与褒奖。

于涛获"齐鲁大工匠"荣誉称号

2018年，学院举办六十周年校庆，于涛以优秀校友身份参加校庆活动，并在校庆晚会上作为校友代表发言。他深深地感谢学院对自己的培养，表示没有水院的培养就没有他的优异成绩，并对学院未来发展献上自己诚挚的祝福。2023 年学院举办“讲好水院故事”教学表彰大会暨“中国梦・劳动美”劳模工匠进校园活动和全国农林水气象系统弘扬“三个精神”宣讲活动走进学院活动，于涛两次作为劳模工匠进校园的代表，结合自身工作经历，从传承创新、匠心圆梦、厚植情怀等方面，与在场师生分享了“水院情、水利心”，以劳动最美丽、劳动最崇高的正能量鼓励学弟学妹们珍惜韶华，精进技艺，成就精彩人生。

于涛在 2023 年作为优秀校友和劳模工匠进校园宣讲

2018 年，于涛在六十周年校庆晚会上作为校友代表发言

于涛获得的荣誉证书

第五章　阳光育人

阳光校园建设按照“以人为本，激扬生命，释放潜能，激发创新，提升素质”的总要求，牢牢把握“为师生幸福生活引路，为师生成长成才奠基”的总基调，突出“快乐、奋进、阳光、幸福”的理念，着力满足师生员工美好生活的需求，着力促进校园公平正义，着力建设阳光的校园文化氛围，促进学院发展与师生个人成长和谐统一，确保每位师生在共建共享中收获自信、收获幸福、活出精彩。营造人人尽可成才、人人尽展其才的良好环境，进一步激发内部活力；大力开展打造“阳光校园”、塑造“阳光教师”、建设“阳光处室”和“阳光班级”、构建“阳光课堂”、培育“阳光学生”活动，积极营造浓郁的阳光育人氛围，逐步形成阳光育人文化特色。

第一节　思政晨读　迎接照进心灵的第一缕阳光

一年四季，水院校园总是书声琅琅。思政晨读，已经成为学院的治学之道，亦是学院的文化标签。

听，同学们的声音中透露着自信：“一百年来，党领导人民进行伟大奋斗，积累了宝贵的历史经验，这就是，坚持党的领导，坚持人民至上……”再听，同学们的声音中散发着力量：“少年智则国智，少年富则国富；少年强则国强，少年独立则国独立；少年自由则国自由，少年进步则国进步……”继续听，那声音中散发着理性之光：“大学之道，在明明德，在亲民，在止于至善……”

室内思政晨读

思政晨读，传承红色基因，感受文化魅力。思政晨读，也让水院校园更有文化气息。尽管思政晨读是即时性的，但校园文化却是恒久性的。校园文化的恒久性就在于，只要走进校园，教育就开始了。校园文化也是一种教育资源、教育存在，这种资源和存在对学生的成长发挥着不可或缺的价值引导作用。思政晨读，让校园文化更有内涵。

走在校园里，耳边常常响起慷慨激昂的

室外思政晨读

琅琅书声。当琅琅书声传遍校园的每一个角落，广大青春学子感受到的，是优秀传统文化的魅力，体会到的是中华民族深刻的做人道理。在水院，思政晨读的内容很广，有中华名著，也有我们国家当下的大政方针；有的内容循循善诱、娓娓道来，有的内容与校园实际和师生生活紧密结合；有的内容是理论思考的深度凝练，有的内容是对科学实践的高度总结。

身处水院校园，师生是幸福的，是有归属感的，那么，这种幸福感和归属感来自哪里？也许，就在这充满朝气和生机的琅琅读书声中。众所周知，校园文化是学校的静态文化，直接影响师生的审美情趣、日常行为等，但思政晨读让校园文化具有思辨力和内蕴力。

用一种创新思维打造思政晨读，让学生有更多的获得感，让思政知识“实”起来、“活”起来。思政晨读已经成为学院构建“三全育人”格局的全新模式。通过“小、精、长”的晨读活动，做好思政育人大文章，使思政元素从无声变有声，从平面走向立体，思政教育的深度和广度不断提升，有效保证了思政知识深植学生头脑。学生的思政素养在悄无声息中得到提升，学生的使命担当在润物无声中得到强化。

如果留心去聆听思政晨读的内容，就会发现，许多篇章文采斐然，流露出对民族、对国家、对人民的深情，字里行间体现着对水院、对教育、对未来的情怀和思想。思政晨读，培育师生共同的精神家园，打造有品质、有内涵的校园文化。青春校园，总有一种美景触动心弦，也总有一种精神令人动容！思政晨读，也许正是不可忽略的精神家园之美！

每月一主题、每周有金句、每天有收获，广大学生爱党、爱国、爱中国特色社会主义的深厚情怀，得到很好的激发。如今，红色教育已成为照进学生心灵的第一缕阳光，日复一日、风雨无阻的思政晨读，不断指引学生知党史、听党话、感党恩、跟党走。为了让思政晨读更加落实落细，广大教职工也亲力亲为，为学生们积极推荐好书目、好篇章。

线上读书，云端荐书，青春校园满满书香。多读书、读好书，已经成为一种习惯；书香校园，已经成为更加优质的育人园地。正如学院党委副书记杨敬涛所言：“阅读已成为我院教育教学中不可或缺的重要组成部分，我们打造了影响深远的‘思政晨读’、青年理论学习小组读书会等读书品牌，让广大师生在潜移默化中养成读书习惯，收获人生进阶能力。下一步，我们将继续擦亮读书品牌，让师生携一身书香开创人生的康庄大道。”

思政晨读，能帮助学生提升自我人文素养，提高语文综合水平和审美能力，更能助力营造健康和谐的校园环境。思政晨读，也成为一道蕴含文化底蕴和生命气息的视觉风景线，让学校的每一个角落都成为师生砥砺品行、陶冶情操的圣地，这是思政晨读带给这座校园的宝贵财富，更是学院送给学生们最宝贵的成长礼物。

思政晨读，营造出一种励志、奋进、文明、和谐的育人环境，让爱党、爱国、爱校成为青年学生的一种情怀，这种情怀犹如一面旗帜，全校师生的责任感、使命感和主人翁意识得到凝聚和激发，成为推动学院不断前进的强大力量。红色育德、文明润心，学生的价值追求和精神风貌也得到了很好的培育，思政晨读和青春校园琴瑟和鸣，正在奏响学院高质量发展的铿锵序曲。

第二节　水院里有了雷锋馆

雷锋精神指引，唱响悦耳动听的青春之歌。一种精神具有多强的历史穿透力，就具有多大的时代价值和现实意义。雷锋精神，就是这样一种穿越时空的精神。在学院，广大师生就在这种精神的指引下，唱响了一首又一首悦耳动听的青春之歌！

雷锋班班长吴锡有到校宣讲

每年 3 月 5 日，是“学雷锋纪念日”，但在水院校园，雷锋精神不只存在于万物复苏的春日，还存在于骄阳如火的夏日、秋兰飘香的秋日、银装素裹的冬日，雷锋精神永在，雷锋精神永不过时。看，广大辅导员正在校园清扫路面，捡拾道路旁的塑料袋、纸片、空瓶子等垃圾；看，巾帼志愿者正在文昌湖周边捡拾垃圾，用实际行动支持环卫工作、传递文明力量；看，大学生志愿者正在暑期“三下乡”现场，通过人文关爱、学业辅导、安全教育、心理疏导、科学普及、趣味活动等公益课堂，为乡村儿童送去关爱和温暖……

从校内到校外，从教师到学生，从学院领导到第一书记，他们爱岗敬业、积极进取，自觉践行雷锋精神，以实际行动书写了新时代的雷锋故事。当然，向雷锋同志学习，不一定要做惊天动地的大事，不一定要搞轰轰烈烈的场面，而是要从自己做起，从身边的小事做起。在水院校园里，从身边小事做起，学习雷锋兴校园，已经成为广大师生的一种普遍共识！

人无精神不立，国无精神不强。雷锋精神是美好、是温暖，是力量。从 2018 年到 2021 年，雷锋班班长吴锡有多次受邀走进这座充满温度的青春校园，为广大师生作雷锋精神报告。虽然每年的报告题目各有不同，但是贯穿其中的总是熠熠生辉的雷锋精神！质朴的语言、平和的讲述、朴素的情感，让服务人民、助人为乐的奉献精神，干一行爱一行、专一行精一行的敬业精神，锐意进取、自强不息的创新精神，艰苦奋斗、勤俭节约的创业精神，在这座校园里深深扎根……

成立雷锋馆，致敬雷锋精神发出的时代强音。2022 年 3 月 5 日，对于学院来说，是一个值得写进校史的日子。这一天，新时代雷锋精神文化馆正式开馆。《大众日报》、淄博电视台等省市主流媒体，纷纷以《1000 余平米，淄博这所高校建起新时代雷锋精神文化馆》为题，进行了大篇幅的权威报道，这足以让外界感受到雷锋精神在学院的传承和发扬。

山东省水利厅机关党委书记柴均章和淄博市委宣传部副部长王宝霞揭牌

参加开馆仪式的山东省、淄博市及各区领导

学院师生参加开馆仪式

学雷锋志愿服务队授旗

一位嘉宾在致辞中说：“雷锋同志虽然只有 22 岁的短暂生命，但是崇高而可贵的雷锋精神却生生不息，雷锋精神如同一首跨越时空、永远暖心的青春之歌，至今仍回荡在我们的心灵深处和灵魂高处，引领着我们在人生道路上向上向善、求真求美。学院新时代雷锋精神文化馆建成开馆，既是这首青春之歌再次恢宏唱响，也是水院师生致敬雷锋精神发出的时代强音，还为淄博市再添一处重要的红色文化宣传教育阵地。”

雷锋馆宣誓与讲解

新时代雷锋精神文化馆展陈面积 1000 余平方米，设计突出雷锋精神在中国的孕育和形成，通过“光辉的一生”“榜样的力量”“永恒的精神”“守初心担使命”四个板块，集中展示了雷锋的成长历程、感人事迹、领导关怀和雷锋精神的形成过程，生动诠释了雷锋精神的丰富内涵。

新时代雷锋精神文化馆内部陈列

现场参观之后，学院学生李小雨说：“作为新时代的水院学子，我们必将传承和弘扬雷锋精神，时刻关爱身边的人和事，以实际行动学习新思想、争做新雷锋。”“今后，学院团委将充分利用好这一阵地，努力推动‘让雷锋精神真正走进青年学生心田’活动常态化。比如把优秀思政公开课、入团仪式、主题团日活动等搬至新时代雷锋精神文化馆，让学雷锋德育工作‘入脑、入心’。”学院团委书记李伟介绍说。

“新时代雷锋精神文化馆通过一件件实物和一份份资料，深刻把握雷锋精神与新时代青年学生成长成才的内在关联，我们将把雷锋精神与学院的党建工作、精神文明建设和思想政治教育工作紧密相融，深度挖掘雷锋精神的当代价值、青春元素和思想能量。”学院党委副书记杨敬涛如是诠释新时代雷锋精神文化馆开馆的深远意义。

山东省委省直机关工委、山东省水利厅青年理论学习联学　　淄博市委党史研究院到雷锋馆调研交流

山东省派淄博市张店区“四进”工作支队到雷锋馆研学　　鲁泰纺织有限公司到雷锋馆开展主题团日活动

学院周边小学生到雷锋馆研学

学院周边中学生到雷锋馆研学

雷锋精神，人人可学；奉献爱心，处处可为。经过岁月的沉淀，“雷锋”已不仅仅是一个名字，“雷锋精神”也不仅仅是一个人的精神，它们均已深深扎根在水院校园之中。面向未来，学院将通过“凸显育人功能，打造高校学雷锋示范基地；开展学雷锋系列活动，打造党建示范点，争创团建特色品牌；坚持开门办馆，加深与社会各界交流合作，为持续推进展馆建设提供深厚支撑”等多种举措，进一步完善新时代雷锋精神文化馆的建设工作，切实发挥其育人功能和辐射影响作用，致力于引领更多的青年一代在人生道路上向上向善、求真求美，谱写更加灿烂的青春华章。

第三节　笃行班　成长快车道

《礼记·儒行》曰：“儒有博学而不穷，笃行而不倦。”《礼记·中庸》曰：“博学之，审问之，慎思之，明辨之，笃行之。”笃行是为学的最后阶段，就是既然学有所得，就要努力践履所学，使所学最终有所落实，做到“知行合一”。只有有明确的目标、坚定的意志的人，才能真正做到“笃行”。它是对一个人品德高尚、行为正直的称赞，也是对行为态度的要求。

学院深化教育改革，适应社会对高素质高技能人才的需求。2016 年 9 月，学院党委提出在水利工程系成立笃行班，探索新的教学管理模式，“以赛促学，以赛促教，以赛促改”。学生以参加竞赛为主，进入成长快车道。学生自愿报名，教师选拔，将学习能力强、学习意愿强的学生加以组合，最终 21 名学生成功进入笃行班，他们勇毅笃行，知行合一，是真正的“小工匠”。可以说他们是全系最团结且富有战斗力的班集体，由学院资深教师于瑛担当班主任。

于老师要求严格，既然是笃行班，一定要走在前、做表率、树榜样、成典范。于老师全天候陪伴学生，从起床铃声响起，到跑早操，直到晚上宿舍熄灯。正是这样的付出，学生们才亲切地称她“于妈妈”。在行为养成方面，笃行班学生高度自觉，班级卫生、宿舍内务以及出勤等方面，即使辅导员不在，也能运转得井然有序。

于瑛带领学生参加团建活动

每日跑早操，为了提振士气，于老师鼓励学生们：“我们班级人少，但气势不能弱，要有争先的勇气和决心，跑在前，口号响。”学生们不甘示弱，21 人硬是喊出了 40 人的洪亮合声，振奋人心。

虽说这 21 名学生在之前的班级内表现良好，但对于这些学生的管理，辅导员丝毫没有放松。于瑛老师和教学老师时刻对他们进行思想上、学业上的督导教育。学院党委书记于福春高度重视笃行班的发展，关心学生的成长与进步，多次深入笃行班，了解学生的学习生活情况，为学生们鼓劲加油。于书记对笃行班提出了三条要求：一是要建立“笃行班”每个同学的档案，时间跨度是从进入笃行班起到毕业参加工作，甚至参加工作后；二是要注意留存同学们在学习、竞赛包括日常生活中活动、玩耍的视频影像，留住同学们“在学校学习”这段人生中最美好的时光；三是笃行班同学不要辜负了“笃行”这一响亮的班名，要时时、事事、处处给其他同学做榜样，给“笃行班”争光，给水工系争光，给水院争光，让“笃行班”成为水院的一面旗帜，代代相传。

于福春书记到“笃行班”与学生畅谈

于书记也关注学生的心理健康，定期与班级学生谈心谈话，帮助学生排解压力，保持良好的心理状态。在技能大赛备赛期间，亲自买水果和饮料送给学生们，鼓励他们放松心态。在生活上，于书记关心学生的住宿、饮食等生活条件，积极解决学生生活中遇到的问题。此外，于书记还多次参与笃行班的团建破冰活动，同学们对于书记都很有感情。正是有了多方面的帮助，该班级不仅在行为养成方面成为系部的“先锋队”，在学业方面也成了“主攻手”。

在学业方面，笃行班设置了五个竞赛项目，全员参与，21 名学生拧成一股绳，相互比拼，共同进步。在备赛期间，测量集训队自发早晨五点起床，由队长带领成员进行体能训练，且风雨无阻。2017 年 11 月，为进一步提升该班级学生的凝聚力，系部在笃行班举行了一场班级 CAD 比赛，通知一发布，21 名学生全部报名参加，21 名成员相互切磋、相互帮助，最终呈现出“大黄蜂”、服装设计、建筑设计等 21 个精彩作品。经此一战，21 根“筷子”牢牢地捆绑在一起，班级战斗力显著增强。2018 年，第十二届全国水利职业院校技能大赛，“笃行班”成员全体参与，取得三个团体一等奖、两个项目二等奖，创造了学院参与该赛事的最好成绩。

“笃行班”在第十二届全国水利职业院校技能大赛上取得优异成绩

“笃行班”毕业合影

2020年“讲好水院故事”——我和“笃行班”有个约会，9名学生回到学校，站在舞台上讲述与“笃行班”的故事

2018 年校庆晚会上，学生自编自导的音乐剧《时间都去哪儿了》再现了“笃行班”学生在校生活的点点滴滴

第四节　创新创造　一直在路上

徜徉在学院校园，如果突然有一辆外观虽设计简单但仍被驾驶员开出“大奔”感觉的小汽车从你身边一闪而过时，你可能会心生不屑。但当你获悉此辆时速可达 80 公里的电动小汽车，是学院师生仅用一个月时间即自主装配而成，系学院“一体化”教学改革成果的代表呈现时，相信你定会将目光聚焦于它，并对它的研发团队——交通工程系新能源汽车装调兴趣小组发生浓厚的兴趣。

因任务而成立，循信念迎彩虹。交通工程系以专业为依托，以典型工作任务为导向，致力于构建形式多样的兴趣小组，让学生们自由选择，创新教学手段，以此引领学生在本专业领域提升素质和技能水平。

2021 年秋季运动会开幕式上展示的“水院牌一号”电动小汽车

新能源汽车装调兴趣小组始建于 2020 年 8 月，即山东省“技能兴鲁”职业技能大赛暨第二届全国新能源汽车关键技术技能大赛开赛之前。为了深入了解新能源汽车轻量化技术，充分做好参赛准备工作，装配一辆新能源电动小汽车成为最好的解决方案。同时，此举也可精准地考查系部师生的技能水平和创新能力。

当任务下达到系部钣金教研室，教研室的每位老师心里都没底。再加上要一个月内完成，这更是难上加难，似乎是一项不可能完成的任务。时间紧、任务重，怎么办？而且制造电动小汽车可不是一个专业、一两个人就能完成的任务，涉及机械、汽车、电气、焊接等各个专业领域。

迎难而上，方能百炼成钢。钣金教研室的刘圣照和许冉两位老师先行商讨实施计划和方案，最后征得系部领导同意，调配“外援”赵希全老师做技术指导，学生则从焊接兴趣小组、钣金兴趣小组、汽车维修和维护兴趣小组中选拔最优人选，最终组建成立新能源汽车装调兴趣小组。

主体架构成型

研发测试

电动小汽车的制作时间恰逢暑假。8 月中旬室外温度达 38 摄氏度以上，车间内温度更是高达 40 摄氏度以上，而且没有空调、没有风扇，进入车间就如同被安置于蒸笼中一样，“汗流浃背”“汗如泉涌”都不足以形容当时的工作场景。尤其是对穿着厚厚的焊接服装进行焊接作业的学生来说，更是对意志力的严峻考验。面对此情此景，师生们没有退缩，依旧忘我工作，只要有时间就泡在车间内进行调试制作，苦和累被他们坦然地当作走向成功的垫脚石，因为他们坚信风雨过后必定会有灿烂的彩虹！

当然，不怕苦累仅仅只是完成电动小汽车自主装配的重要因素之一，而如何解决装配过程中遇到的诸多难题，同样是事关汽车装配成败的重要因素：从车体焊接基本成型后车架与后桥的减震系统发生干涉，到装配完成后试车调试中发现刹车不灵，再到试车过程中车轮跑偏……整个过程中无论遇到任何困难，师生们都群策群力解决问题，这也成为兴趣小组所秉持的旨要。

2021 年“讲好水院故事”舞台上，电动小汽车上场展示

教师在“做中教”，学生于“做中学”。兴趣小组打破专业教学单一的传统手段，以制造电动小汽车作为典型工作任务，师生共同把焊接、钳工、钣金、新能源三电系统、装配工艺各专业融会贯通，实现各种知识、技能、技术的相互渗透、融合和转化，为“一体化”教学注入新活力，形成了学生乐学、教师愿教、教学相长的良好局面，在让师生真正领会到“一体化教学”精髓的同时，有效激发了学生的求知欲，提升了他们思考问题、解决

问题的能力。

就这样，经师生共同设计、改装、修复、装配、调试，一辆时速可达80公里的电动小汽车，终于在一个月内装配完毕且试驾成功，从而为学院新能源汽车“一体化”教学编制了一部好教材。彼时，那些于40摄氏度高温车间“蒸烤”的时光，那些共同挑灯夜读、研究斟酌电路图的争执，那些排除一个个困难时的纠结与艰辛，皆化为师生成功的愉悦和完成任务后的如释重负。

“水院二号”电动车试行

“水院二号”电动车全体开发学生

装配好的电动小车一亮相校园，当即成为兴趣小组的高光时刻，可谓“拉风”无限、风光无两，并在多项活动中作为学院“一体化”教学水平成果的具象呈现，赢得了社会各界的诸多赞誉，也更加激发了兴趣小组师生的创造激情。他们纷纷表示要制造装配更好、更多类型的电动车。这辆小汽车被命名为“水院一号”，紧接着他们又研制了“水院二号”电动车，用于校园参观和运送货物。他们坚信，创新创造的活力一直在路上。

第五节　阳光运动　厚植体育精神

生命在于运动，青少年个个都是运动健将，“强健体魄”是人发展的基底。学院注重学生身体素质的锻炼，创建各类运动空间，让师生动起来，展示生命的活力，学生们矫健的身姿在校园随处可见。

“阳光运动”，铸体育精神之魂，学院着力打造“阳光运动”品牌，制定了《关于开展学生阳光体育活动的实施办法》，学生工作处具体负责学生“阳光运动”活动的组织实施。

学院每年都组织开展一系列阳光体育活动，如田径运动会、AI(人工智能)线上运动会、乒乓球比赛、篮球联赛、足球联赛、羽毛球大赛、趣味运动会、越野跑等。通过各级各类赛事的开展，增强了师生体质，突出了校园体育文化特色，丰富了校园文化内容。

学院定期召开春、秋季田径运动会，设置比赛项目近60项，着力打造“周周有活动、月月有赛事、阶段有高潮、长年不断线”的体育活动格局，形成了“院级创品牌、活动有特色、赛事出精品”的全院健身赛事体系。

阳光体育文化节开幕现场

“阳光运动”的开展让学生在和谐、平等、友爱的运动环境中，感受集体的温暖和情感的愉悦；在经历挫折和克服困难的过程中，提高抗挫折能力和情绪调节能力，培养坚强的意志品质；在不断体验进步或成功的过程中增强自尊心和自信心，培养创新精神和创造能力，形成积极向上、乐观开朗的生活态度，形成现代社会所必需的合作与竞争意识，学会尊重他人和关心他人，培养良好的体育道德和集体主义精神，让体育精神厚植学生内心，助推学院转型跨越发展。

创新教学模式，激发学生运动兴趣。学院面向全体学生开设十余门体育选修课。体育课教学班人数在 40～50 人，实现了小班化教学。除开设“体育与健康”普修课和选修课外，学院还组建了有运动特长学生参加的专项运动训练队。目前，学院有篮球、足球、田径、跆拳道等运动训练队，制定了运动训练队管理规定和制度，常年坚持训练。体育课程的教学安排按照 10％的理论教学内容、30％的心肺机能锻炼、30％的专项技术和 30％的专项技能进行设置和实施。教学内容的具体设计兼顾不同专业的实际需求，授课计划齐全，考核方案合理。教学方法灵活多样，在课堂相应环节中融入体育游戏、武术、太极、踢毽子等传统体育项目，运用“健康知识＋基本运动技能＋专项运动技能”的体育教学模式，激发学生的运动兴趣。

运动会

田径赛

足球赛

篮球赛

体质测试赋能，挥洒汗水强体魄。2022 年，学院新购进智能测试设备 7 套，设置学生体质测试室两间。学院制定了《学生体质健康监测实施方案》，定期开展学生体质测试工作；以体育教师和各学工组体育专业指导员为主，通过以测促练、以测促学的方式加强学生体质健康素质训练，通过对学生身高、体重、肺活量、50 米跑、坐位体前屈、立定跳远、引体向上（男）、仰卧起坐（女）、1000 米跑（男）、800 米跑（女）等项目测试数据的统计，掌握第一手数据，总结带有规律性的经验，对测试数据和评定等级进行统计分析，为学院体育工作的开展提供科学的参考依据，形成《学生体质健康年度报告》。通过体质测试赋能，使学生们享受锻炼的乐趣，培养终身运动的习惯。

各项体育活动

培育竞技运动队，逐体育强校之梦。学院拥有篮球、足球、田径、跆拳道等多个运动训练队。运动训练队不断加强运动员的选拔和培养，制定详细训练方案，坚持常年训练，竞技水平不断提高，在多项赛事上取得了良好成绩。学院田径队在 2022 年中国田径协会举办的达标赛中全部达标，获得女子组 5000 米第四名、第五名。学院足球队、篮球队在淄博市“五好淄博”青年节活动中均获得前三名。2023 年学院获省级以上体育竞赛奖项 58 项，实现了竞赛成绩新突破。学院打造了跳绳运动特色品牌，组建了天绳健跳绳队，学生丁向阳、尤煜营刷新了吉尼斯世界纪录，高合凯打破了世界纪录，4 人成功入选国家跳绳队。

于福春为萌水源跳绳队授牌

学生丁向阳(左二)刷新吉尼斯世界纪录

高合凯(中)打破世界纪录

篮球场升级改造，绿茵红毯跃步飞。学院党委深入落实“我为群众办实事”活动，与推动工作、解决问题结合起来，投入 200 余万元对篮球场进行升级改造。对原有的篮球场地采用专用草坪进行铺设，安装 25 个新篮球架，为师生创造了更为优越的健身运动环境，有力提升了师生的幸福感和获得感。

欢快的健美操和篮球操

在篮球场上，学生们每天都会迎来喜欢运动的老朋友和新伙伴，他们在崭新的专业场地上奔跑起跳，熟练的运球、迅捷的转身、风动的衣角、投篮唰唰入网的声音，都在书写着他们热烈而又滚烫的青春。“传球”“注意防守”“漂亮！”，这此起彼伏的声音充斥耳边，每一个转身、过人、撞击，那近乎完美的动作与翻新的球场相互融合，与温柔的清风碰撞，撞出了一幅清新脱俗、线条流畅的青春画面。

回望历史，国家民族之兴衰，常见于国民体育运动之强弱。体育强则中国强，国运兴则体育兴。学院坚持以体育人，健体铸魂，五育并举，发挥体育育人实效，以培养学生热爱体育、强身健体的意识为目标而不断奋斗，让体育精神、奋斗精神传承发展，让体育强国梦与中国梦紧密相连。

附：

少年！少年！①

新生军训，绿色校园里满满的少年身影，白色T恤，藏蓝半裤，一排排，一队队，在校园列队行走，在运动场操练、做游戏，在教室学习、观影、讨论。他们活泼、快乐又懂事的样子，让人感觉少年们仿佛几天时间就长大了。

阳光的亮，青春的亮，白衫的亮，合成一道炫目的光亮，晃人眼。这巨大的亮，散播游动在水院。少年，少年，你是游走的春天！

迷彩的绿，映衬高大的深绿梧桐，运动场绿色跑道，随处可见的青草地，一群绿色，带着力量、生猛、豪壮、正气。军人出身的教导员们威武正气，严肃又可亲。学生教导员们个个精神抖擞，端庄持重，俨然小大人，他们训练有素，指挥若定，指令顺畅。少年们在骄阳下历练，在口令里体验组织纪律的力量。

校园里，起伏的歌声又四处响起，少年合声，从清晨放歌，到晚自习酣唱，歌声嘹亮，响彻校园。青春是与歌声同步的，那些有力的歌声，阳刚正气，给人力量。《团结就是力量》把大家拧在一起，成为水院的力量，在少年心间传递。进入水院，少年，我们就是一家

---

① 此文为李华老师基于学生军训时的所见所感而写，引出“少年强则水院强”的豪言壮语和《少年中国说》节目在水院的推广流传，并成为水院经典佳作。

人。老师，辅导员，每个人都护你安好，助你成才。

学生军训

行于路上，时遇一队队少年迎面而来，连队红旗招展，途经身畔，帅气英武的教导员首先大声向老师问候："老师好！"整队同学也齐声问候："老师好！"洪亮的声音从老师身边划过，一股暖流从老师心间涌出。初入学校的少年，脸上还有稚气与羞涩，军训晒黑的面庞和肌肤，显得更结实强壮了。一声有力响亮的问候，瞬间展示了教养和礼仪、尊师爱校之心。辅导员、教导员对他们的爱心教育，在日常言行举止里扎根，这是校园里最多、最动听的话语。无论哪里遇到，学生们主动自然的一声问候，温暖又温情，是师者之荣。

整理内务叠被子

少年，少年，在长大，在水院的天地里茁壮成长。百年前，梁启超在《少年中国说》中写道："少年智则国智，少年富则国富；少年强则国强，少年独立则国独立；少年自由则国自由；少年进步则国进步；少年胜于欧洲，则国胜于欧洲；少年雄于地球，则国雄于地球。"

少年强，则水院强。少年，少年，当不负人生和时代使命，当不负家人和师长的殷切期望，奋力拼搏，磨砺精技，成就自己。加油！少年！

集合带队

第六节　以美化育润心　大美育实现大美水院①

习近平总书记强调指出，做好美育工作，要坚持立德树人，扎根时代生活，遵循美育特点，弘扬中华美育精神，让祖国青年一代身心都健康成长。为贯彻落实好习近平总书记的重要指示和中共中央办公厅、国务院办公厅印发的《关于全面加强和改进新时代学校美育工作的意见》，2022 年 6 月，学院党委研究决定成立“美育教研室”，旨在以提高学生审美和人文素养为目标，把美育纳入学生培养全过程，以美育人、以美化人、以美培元，构建德智体美劳全面培养的教育体系。围绕如何开展学院美育工作，可从以下六个方面来探讨。

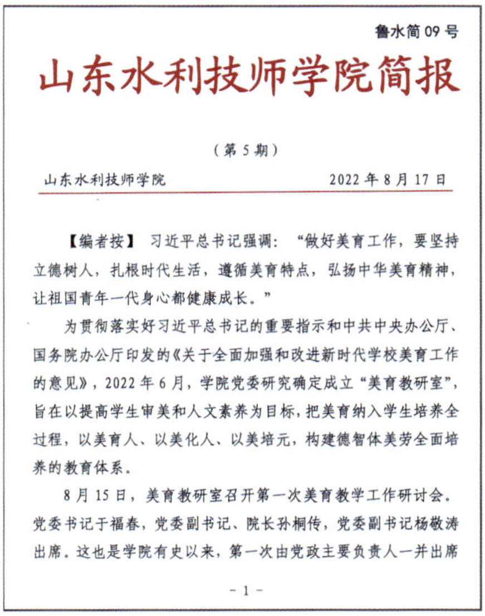

鲁水简 09 号

山东水利技师学院简报

（第 5 期）

山东水利技师学院　　2022 年 8 月 17 日

【编者按】习近平总书记强调：“做好美育工作，要坚持立德树人，扎根时代生活，遵循美育特点，弘扬中华美育精神，让祖国青年一代身心都健康成长。”

为贯彻落实好习近平总书记的重要指示和中共中央办公厅、国务院办公厅印发的《关于全面加强和改进新时代学校美育工作的意见》，2022 年 6 月，学院党委研究确定成立“美育教研室”，旨在以提高学生审美和人文素养为目标，把美育纳入学生培养全过程，以美育人、以美化人、以美培元，构建德智体美劳全面培养的教育体系。

8 月 15 日，美育教研室召开第一次美育教学工作研讨会。党委书记于福春，党委副书记、院长孙桐传，党委副书记杨敬涛出席。这也是学院有史以来，第一次由党政主要负责人一并出席

- 1 -

学院简报

一、艺术与美的概念

艺术是借助一些手段或媒介，塑造形象、营造氛围，来反映现实、寄托情感的一种文化。艺术按专业分为造型艺术、表演艺术、综合艺术和语言艺术。艺术范畴里，可分为文学、戏剧、美术、音乐、舞蹈、雕塑、建筑和电影电视八大类，现在电子科技发达，又加进了游戏和 VR（虚拟现实）。这里的艺术，是造型艺术的统称，衍生出绘画、雕塑、建筑、设计、工艺、摄影、书法七大类。每一类又分为多项，其中设计又是

① 此部分原为 2022 年 8 月 15 日学院美育教研室成立以来召开第一次美育教学工作研讨会时，李华同志撰写的《新时代我院的美育工作如何开展》一文，刊发于学院简报上（鲁水简 09 号），有改动。

一个大类，也就是常说的视觉传达。设计又分为工业设计、服装设计、平面设计、装饰装潢设计、动漫设计、工艺设计、书籍装帧设计、陶瓷设计、展示设计等，衍生出贴近生活的方方面面——我们的衣、食、住、行都依赖于设计，每一件用品物品，都经由设计制作生成。设计以实用为主，美观为辅，社会实用面宽，渗透到方方面面，这也是各个学校都设置设计类专业且该专业报考学生多的一个原因。权威数据显示，2022 年山东有近 6 万名学生报考美术类(其中以设计类为主)专业。

书记、院长参加美育教学工作研讨会

学生美术作品展示

美学对美的定义是：人对自己的需求被满足时所产生的愉悦反应，即对美感的反应。通俗来说，美是能够引起人们愉悦、舒畅、振奋，或使人感到和谐、圆满、轻松、快慰、满足，或让人产生爱(或类似爱)的情感、欣赏享受感、心旷神怡感，或有益于人类、有益于社会的客观事物的一种特殊属性。我们无法定义美，但是我们都能认出它。你觉得美，那就是。美学课本将美划分为自然美、生活美、社会美、艺术美四大门类。在现代美育课本中，为了简化理解，又将生活美与社会美合成为现实美。这样就形成了自然美、现实美和艺术美三大类。

二、美育在中国的流变

（一）第一个提倡美育的人——孔子

孔子有“兴于诗，立于礼，成于乐”的思想，其理想是培育身心一体融入文明秩序的“从心所欲，不逾矩”的君子。也就是说，一个完人应该以诗、礼、乐修身成性。“知之者不如好之者，好之者不如乐之者。”孔子将审美与生存、美感体验以及现实生活，通过美育而衔接合一。

（二）第一个提出德智体美“四育”主张的人——王国维

中国现代美育的第一代开拓者是王国维。清末，王国维在我国传播了德国美学家的思想并提出了美育。他认为教育的宗旨是“使人成为完全之人物”。他论述美育的性质和作用时讲道：“美育者一面使人之感情发达，以达完美之域；一面又为德育与智育之手段，此又教育者所不可不留意也。”1906 年，王国维发表《论教育之宗旨》，提出教育之宗旨在于培养能力全面、和谐发展的“完全之人物”。教育之事亦分为三部，即“智育、德育、美育是也”。因此，王国维成为我国教育史上明确提出培养人的德智体美四育主张的第一人。

（三）第一个提出将“美育”纳入教育方针的人——蔡元培

中国最早提出将“美育”纳入教育方针的人是蔡元培。1912 年春，蔡元培担任南京临时政府教育总长时发表了《对于教育方针之意见》，明确提出将德育、智育、体育、世界观、美育作为教育内容，强调：“五者，皆今日之教育所不可偏废者也。”后来，他又把美育与体育、智育、德育并列为“培养健全的人格”所必不可少的内容，“这四育是一样重要，不可放松一项的”。蔡元培明文把美育与德、智、体并列为教育方针，其意义是不可小觑的。

蔡元培在任北京大学校长期间，亲自开设、讲授的一门课就是“美育”，主讲达十余次之多。同时他积极创议、支持、赞助建立各种与美育有关的学术研究团体，如音乐会、书法研究会等，特别是对画法研究会更是大力扶持，撰写《旨趣书》，指出“科学美术，同为新教育之要纲”，亲自聘请陈师曾、徐悲鸿等为指导老师，并亲自到会演说。

蔡元培是现代中国美学的开创者、奠基人，他尽力融合东西，全面倡导美育，成为在 20 世纪的中国提出美育的第一人。蔡元培对现代中国美学最卓著的贡献，体现在对美育的全力提倡上。他的美育思想集中于《文化运动不要忘了美育》《以美育代宗教说——在北京神州学会演说词》《美育》《美育与人生》等一系列文章中。

（四）新时代教育对美育的要求

自 2015 年《国务院办公厅关于全面加强和改进学校美育工作的意见》（国办发〔2015〕71 号）颁发以来，美育成为学校教育领域的热词。2020 年 10 月，中共中央办公厅、国务院办公厅《关于全面加强和改进新时代学校美育工作的意见》的颁布，进一步深化和推进了学校美育的全面建设进程。

美育到底是什么？美育是指培养学生认识美、爱好美和创造美的能力的教育，也称美感教育或审美教育，是全面发展教育不可缺少的组成部分。

我国社会主义学校的美育，是为建设社会主义精神文明和培养学生心灵美、行为美服务的。通过美育，可以促进学生的德、智、体的发展，可以提高学生思想水平，发展学生道德情操；可以丰富学生知识，发展学生智力；可以增进人们的身心健康，提高体育运动的质量；可以鼓舞学生热爱劳动、热爱劳动人民，并进行创造性的劳动。

美育的主要任务有以下几点：一是培养学生充分感受现实美和艺术美的能力，包括培养学生充分感受自然界的美，培养学生对社会美的正确观点和感受社会美的能力，培养学生感受艺术美的能力等；二是使学生具有正确理解和善于欣赏现实美和艺术美的知识与能力，形成对美和艺术的爱好；三是培养和发展学生创造现实美和艺术美的才能和兴趣，要使学生学会按照美的法则建设生活，把美体现在生活、劳动和其他行动中，养成美化环境以及生活的能力和习惯。

三、发现身边美育资源，发挥环境育人功效

传统的美育课偏重于艺术欣赏，放一张画作进行讲解，听一首歌，看一段舞蹈视频，放一段京剧等来分析作者、创作背景、作品意义、艺术特色。我们的美育课则可以将自然美、生活美、社会美、艺术美综合运用起来，用我们身边的大家熟知的人、事、物来启发、陶冶、感染学生，让学生发现身边的美。有个词叫“熟视无睹”，对于太熟见的东西，我们的意识里会产生习惯性忽略，我们美育教师就要先学会从熟见中发现美、表达美、传播美。

“树人先树己”，要求教师先达到一定高度，才能带动学生从身边发现美、感受美、热爱美、传播美。

萌源河小舟美景

比如，自然美里学校是风景区，各大景点都可以作为教室，比如天然的萌源河、如意湖、学子林、如意林、七彩广场、三合台等。

生活美里，校服、食堂、教室、实训室、宿舍、道路、运动场、篮球场等，已达到了日常生活的审美化。这些也都是很好的教学场所。

社会美体现在社会公序和道德里：思想品德教育、尊师爱生、同学友爱、教风学风，就连每一声“老师好”都是社会美；学生认真跑操、军训，教导队、护旗队、集合带队的整齐美，也是社会美；“讲好水院故事”里感动我们的师生，家访送喜报时的热情与激励，还是社会美；学子楷模、省级技术能手、优秀教师、竞训大师等，他们身上无不体现了社会美。

艺术美里有艺术类的相关课程、美育课、兴趣班、社团等；学院每年的大型文艺活动表演和展示出的作品；还有我们学院的官微，里面的美文、摄影图片、设计作品、视频、音频都是精美呈现，同样可以作为美育素材来传递给学生，通过美育教师来讲解美在哪里，哪些方面值得学习，对学生都是美的引导与带动。

舞蹈课和美术课开到牡丹园里

今年五月，贺媛老师把舞蹈课、杨敏老师把美术课开到了牡丹园里。绚烂的牡丹盛开，花丛中学子翩翩起舞。甬道间学生抱着画板起稿写生，牡丹开在白纸上。当时师生情绪和教学效果都特别好，学生们更是喜欢。

虽然这是专业课，但这就是很好的教学方式。美育课更应该发挥环境育人的功效，而不是抱着书本讲美。美更多的是一种感受，在招生季，很多参观学校的家长学生，对学校的最初感觉是校园文化做得好。一所学校的校园文化做到位了，这所学校就是好学校。把课堂开在大空间里，每个美育教师都可以在美的环境里讲课，可以讲美的环境、美的创造，总之突破一下思维，让课堂生动起来。自然美、生活美、社会美、艺术美统一在一个空间里，对学生是最好的熏陶。尤其是我们的学子林，设计精美大气，时尚现代，还有桌椅，可以当成美育大课堂，充分发挥环境育人功能。

结合上面的四美教育，可以开发水院美育之旅，比如水院风光之旅、建筑之旅、雕塑之旅、道路之旅、园林之旅、品石之旅、花木之旅、河道之旅、道旗之旅、美食之旅、雷锋精神之旅、特色专业之旅、实训室之旅等，利用身边资源探寻美育教育，这也是我们美育课的一大课题。此外，可以开发校本美育教材《水院之美》，师生同用，人手一本；也可以开发制作成视频美育课，在线上教学时使用。

教育家苏霍姆林斯基说过："没有爱就没有教育。"我们的教风是以爱为源，老师先有爱，爱学生、爱学校、爱专业、爱美，才能带动学生。还有一句大家熟知的话："教育就是一棵树摇动另一棵树，一朵云推动另一朵云，一个灵魂唤醒另一个灵魂。"这里的摇动、推动、唤醒，其实都是一种感染的能力，美最是潜移默化的、润物细无声的，能唤起一个人内在的美好。学院通过这些年的规划建设，打造了这么好的自然环境和人文环境，已经具备了美学校园规模和范示，我们应充分发挥好环境育人功效。

四、推进文创产品，实现美育产品化

2019 年，大学生媒体中心的刘晓雨同学设计了学院学子卡通形象，动作相对简单一些。学院一直想以卡通形象为各个系部或专业的学生制作系列化卡通形象，如戴头盔的小工匠、拿着专业工具的小工匠、穿各色校服的学生和有情节有故事的学生活动等。当时还想做文创产品，把设计的卡通形象做成布偶，送给来校参观的学生或作为纪念品送给毕业生。现在美育教研室成立了，可以把这个项目开发出来，做成系列，每年完成一部分，适时推进。

学生卡通形象

辅导员李娜、田伟夫妻的卡通形象（跳绳和乒乓球）

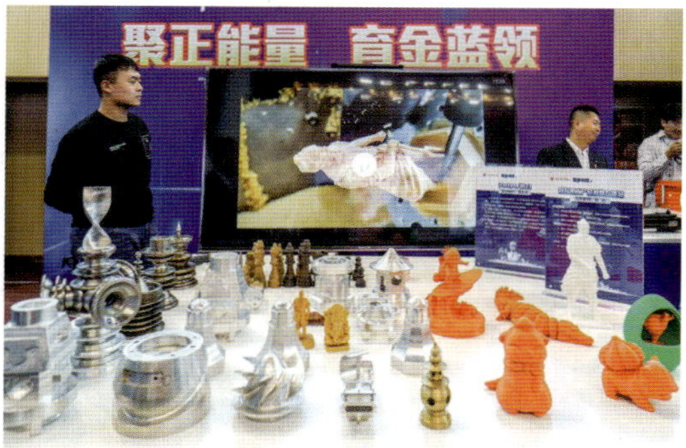

学院双创展作品（一）

济南国际教育博览会上，济宁技师学院的一名女生现场在扇子上写毛笔字，赠送给参观的人。这种形式很好，可以展现学院的书香文化。我们也可以借鉴，买些扇子、伞、文化衫之类的，让学生们进行文创，作品既可以赠送，也可以在校园销售，使"水院牌"文化产品走进师生群体，走出校园。具体可以与各系部双创工作结合起来，势必能激发师生的创作热情，让师生创作出更多有品位、有价值，人人喜欢的文化产品。

五、创建艺术工作室，凝聚专业团队核心力

学院现在的美育专、兼职教师（总共 24 人，均为艺术专业出身）中，艺术设计专业 8 人，美术类 4 人，音乐类 4 人，舞蹈类 3 人，书法类 3 人，摄影类 1 人，陶瓷类 1 人。

学院双创展作品（二）

建议可以按门类成立工作室，诸如艺术设计工作室、美术工作室、音乐工作室、舞蹈工作室、书法工作室、摄影工作室、陶瓷工作室，也可按人名成立。每个工作室由一个负责人带队，这样分成同类别小团队，便于后续课程教学大纲的编排和专业建设规划。同时，专业团队工作室也可以申请项目，工作室成员形成合力，互相带动，取长补短，容易出成绩、见成效。

六、美美与共，和合共生

费孝通先生曾说："各美其美，美人之美，美美与共，天下大同。"他当时是站在民族与

国家传统文化的角度阐述的，意思是人们不仅要懂得欣赏自己创造的美，还要包容地欣赏别人创造的美，这样将各自之美拼合在一起，就会实现理想中的大同之美。

每名艺术教师都有自己的美育专长，美美与共，就是大家发挥专业所长，携手共进，把美育教研室打造好，发挥每个人的长处和优势，提升教师个人和学生的人文艺术素养，实现“专业技能＋素质教育”真正同步发展，也就实现了“大美水院”之佳誉。

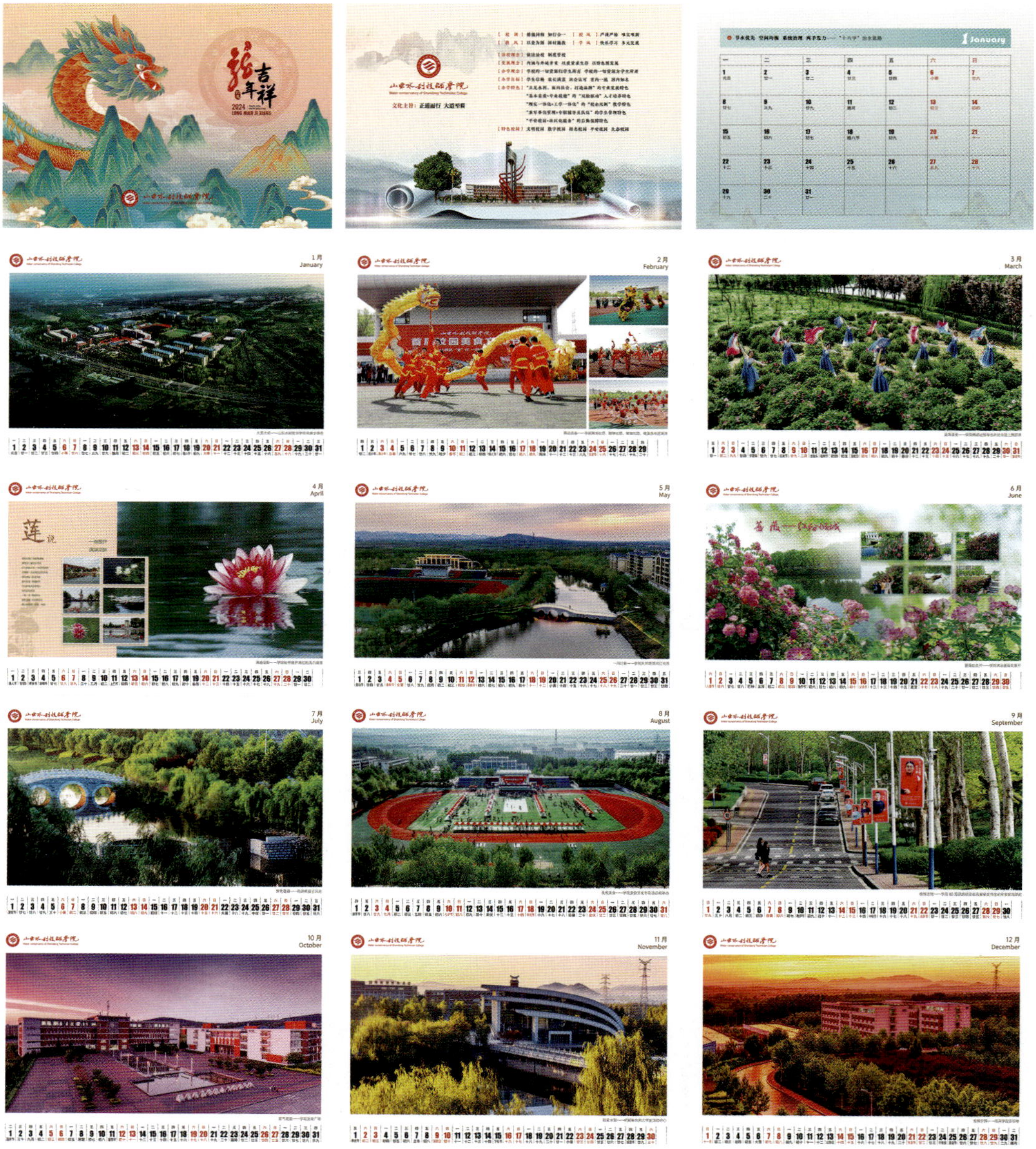

学院设计的风景台历

第七节　“南泥湾”那片园地　让劳动教育落地生根

在学院东北处有一片播种园地格外引人注目，每逢劳动课或周末时间，总会看见扛着锄头、拿着铁锨的学生，兴致勃勃地在田间劳动，脸上洋溢着自信、快乐的笑容。园地里的韭菜、油菜、芋头、大葱等各式各样的作物吸引着师生纷纷前来，欣赏学院农业劳动教育的累累硕果。

劳动教育是新时代党对教育的新要求，是中国特色社会主义教育制度的重要内容，是全面发展教育体系的重要组成部分，是学校必须开展的教育活动。学院党委充分发挥劳动教育综合育人作用，坚持“学校的一切资源归学生所有，学校的一切资源为学生所用”的理念，创新劳动教育方式，把校园东北处可耕种的土地作为劳动教育课堂，推行蔬菜种植，让农业教育走进校园，让农业劳动贴近生活，着力打造水院“南泥湾”。

为打造好农业劳动教育基地，学院出台了《开展农业劳动教育实施方案》，建立了由党委统一领导、学生工作处负责整体规划、各系部学工组主抓落实的农业劳动教育工作格局。结合实际，根据农时，开展农业劳动情况观摩，相互交流、相互学习，把劳动教育研讨会开到田间地头。学生们在辅导员和劳动教育指导教师的带领下，购买农具、化肥、种子等，查阅资料，制订种植计划，自主开展蔬菜、粮食等的种植、管理、采摘活动。指导教师培养学生掌握必要的劳动技能，开展农业劳动技能比拼、劳动教育成果展等多种活动，营造“学中做，做中学”“敢比、敢拼、敢赛、敢亮成果”的劳动氛围。

水院“南泥湾”劳动教育基地

劳动教育是学生的必修课，让书本知识照亮现实，劳动教育走进田间地头。开展农业劳动教育后，劳动课走出了书本、走出了课堂，辅导员带领学生走进自己的“一亩三分地”。他们拿起劳动工具，在田地里拔草、浇水、播种、翻土、除虫、施肥、收割，体验劳动人民种植粮食蔬菜的全过程。他们播下希望的种子，看到种子发芽、成长、结果，在种子成长过程中还要不断付出辛勤的劳动，才能最终收获“春种一粒粟，秋收万颗子”的喜悦。在时间的见证下，学生体会到了“谁知盘中餐，粒粒皆辛苦”的意义，更加热爱劳动、崇尚劳动、尊重劳动者、尊重劳动成果。

如今，这片播种的园地已成为学院劳动教育的又一特色和亮点。在这里，“快乐学习，多元发展”的学风得以诠释；在这里，学生们“识五谷，知时节，勤四肢，爱粮食”，培养了热爱劳动、尊重劳动的精神，劳动教育真正落地生根。

第八节　多彩社团　点亮缤纷青春

这里经史子集诗吟传唱，这里青春张扬激荡汗水，这里文艺兴盛百花齐放。这就是学院的多彩社团，彰显社团魅力，点亮缤纷青春。

随着下课铃声响起，学生们带着兴趣和自信，纷纷走进属于自己的社团，最喜欢的第二课堂开始了。近年来，学院秉承“快乐学习，多元发展”的学风，搭建了展示缤纷青春的舞台，充分发挥学生社团的育人魅力，挖掘每一个学生的兴趣所在，让学生在社团中被认可、被关注、被肯定，学生的自信心不断提高，展示自我的舞台愈发广阔。它记录着花样的年纪探寻成长的方向，在多彩的社团中找寻最适合自己的那一个；它承载着年轻的心灵奔赴最初的梦想，在选择的社团中展现最真实的自我；它指引着少年驶向强国的远方，在与社团共同成长的过程中收获方向与希望。

社团标志

为更好地服务学生，学院根据社团特点从校内外聘请专业指导教师，构建了学院团委领导、学生管理、教师指导的社团工作体系，打造了以文化传承类、艺术设计类、音乐表演类、健身舞蹈类、趣味益智类、体育运动类、军事技术类、思政志愿类为主体的社团建设体系，形成了以社团纳新、社团文化艺术节、重大文艺汇演为载体的社团展示平台。目前，学院已建立60余个内容丰富、形式多样的社团。随着下课铃声的响起，社团在每天的课后发挥着独特作用。绿茵场上，足球社团的同学们奔跑着挥洒汗水；舞蹈室里，翩翩起舞的少年们畅享音乐；牡丹园中，绘画社团的同学们刻画出春的足迹；萌源河畔，摄影社团的同学们用相机与镜头记录下水院的太阳；新时代雷锋精神文化馆中，讲解员们声情并茂地讲述雷锋平凡而伟大的一生；国学社里，师生在一词一句中畅游历史的长河；书法社里，挥毫泼墨间书成《水院赋》；音乐社里，指尖流转间奏出强国音……

丰富多彩的社团活动

学院注重在社团建设中融入中华民族传统文化，将民族传统艺术搬上更大的舞台。舞龙社团、醒狮社团充分发掘极具民族传统特色的表演艺术，将竞技性、艺术性和表演性融为一体，传播弘扬舞龙舞狮深厚的历史文化。社团的精彩表现赢得了当地政府的赞许，特别邀请学生们参加虎年春晚。龙年春晚海选特设学院专场，社团 12 个节目在抖音和大众网平台直播，深受欢迎。学院国旗护卫社团参加了由共青团淄博市委、淄博市教育局、淄博市学生联合会主办的“不忘初心跟党走，牢记使命护国旗”淄博市青年学生国旗护卫队技能大赛，荣获一等奖。

舞龙社团、醒狮社团、水鼓社团展演

2023 年，学院依托黄河水文化研究中心成立了黄河水文化社团，将学院多年来打造的经典节目分为四大类，分别是传承传统文化类（《水院赋》《龙腾狮舞鼓震天》《琴韵茶香》《拐磨子》）、弘扬黄河文化类（《黄河颂》《黄河大合唱》《黄河，我的母亲河》《黄河从我家门前过》)、展示教师风采类(《旗袍秀》《请到青年突击队里来》《夸夸咱们的辅导员》)、体现学生精神风貌类(《少年中国说》《强国有我》《我怎么这么好看》《男儿当自强》)等。通过黄河水文化演出社团,将优质文艺节目传承固化,不断创编新节目,一级一级练、一届一届传,打造形成学院的文化品牌和艺术名片,对内励志激发师生干事创业的原动力,对外展示呈现学院华丽蝶变的新气象,以此创新丰富校园文化建设,讲好新时代“黄河故事”、水院故事。

《龙腾狮舞鼓震天》

舞蹈走秀《水墨江南》

朗诵《少年中国说》

武术《男儿当自强》

舞蹈《黄河从我家门前过》

学生社团以保证完成学习任务和不影响正常教学秩序为前提,以有益于学生的健康成长为原则,利用课余时间开展各种形式的活动,交流思想,切磋技艺,互相启迪,增进友谊。通过“在玩中学”的方式,将优秀传统文化厚植学生内心,让学生爱上传统文化,同时带动身边更多的同学走进学生社团,融入校园文化。

第六章　护持安暖

平安校园，护航青春。学院坚持“安全第一、预防为主、综合治理”的工作方针，着力推进教学安全、消防安全、交通安全、饮食卫生安全、师生心理健康安全、治安安全等，构建全天候、全覆盖、无缝衔接的安全管理网络体系和网格化的安全管理责任体系，努力打造周边环境良好、校内安全稳定有序、家长社会放心满意的平安校园，成就一方和谐安宁地。

第一节　“火眼金睛”安保全天候

校园这片园地，是平安和谐、快乐宁心的天地。每天有无数双“眼睛”注视着这里，这些“眼睛”就是745台365天24小时不间断工作的红外摄像设备，它们被称为学院视频监控系统的“火眼金睛”。这些“火眼金睛”对校园建筑群区域、校园公共区域，以及校园周边的监控无死角全覆盖，做到校园安保全天候，时刻在线、在岗、在目。

学院“十三五”期间整体规划设计中，将数字安防系统纳入平安校园建设总体规划，自2016年始陆续投入500余万元，分三个阶段推进安全信息化建设，逐渐构建起“人防、物防、技防”三防体系，筑起一道校园防风险、除隐患、保安全的坚固屏障。学院安防监控系统的建立与完善，即是平安校园安防体系建设成效的一个缩影。

安防监控

2016年，学院投资275万元，建立了由数字化校园安防监控指挥中心、校园公共区域24小时全覆盖视频监控系统和智能化车辆、人员进出管理系统组成的校园安防体系。

数字化校园安防监控指挥中心是整个校园安防监控系统的核心。指挥人员可通过清晰的视频图像、灵活的报警防范功能和信息化功能进行全学院的安全应急指挥、现场调度等，真正起到总揽全局的作用，实现对校园实时事态发展的全面掌控。同时，通过不断开展消防逃生等各类应急演练，强化对监控指挥中心各项功能的运用，持续提升指挥人员的能力水平。

组织消防演练

安防监控系统则是学院安防体系的重点，其可实现对校园所有公共区域监控的24小时全覆盖，对校园的安全管理及对紧急突发事件的跟踪至关重要。为此，学院采取“整体覆盖，重点区域加强防控”的原则，在校园围墙周边以50米为界，设立监控点，布齐高清红外枪型摄像机，对非法越界人员进行大屏报警，实现围墙周界监控无死角；在校园道路、运动场、十字路口及各楼宇出入口等人员、车流量较大的区域，安装高清红外球形摄像机或枪机，实时进行监控；在学院的小流域安装高清智能球形摄像机，对水面异常情况进行实时监测，实现水面监控摄像全覆盖；在学院各个制高点安装球形摄像机，全局实时监控整个校园的情况，有效提高了对突发事件的处理能力及效率。2017～2020年，学院再次注资76万元，深化建设校园整体安防系统，在所有楼宇内的走廊、教室安装监控摄像系统，实现了楼宇、教室视频监控全覆盖。

监控全覆盖

为进一步提升监控管理平台的安全性，增强监控能力，2021～2025年，学院将陆续投入51.56万元进行升级改造。升级后的监控管理平台新增实时报警和弹窗功能，可实现与其他安防设备的系统集成，支持为报警事件配置联动力量，支持人脸布控、人脸检测和停车场场区管理、地图向导等。其间，学院投入83万元聘请专业安保公司和消防维保公司，保障校园消防安全。

学院建成了智能化的车辆、人员进出管理系统，在校园南门、西门、北门三个出入口处安装车辆自动识别系统与各伸缩门联动，实现了本校内合法车辆自动开门放行、外来车辆禁行，各业务单位车辆由对接部门对接、安保人员登记后放行。同时，对所有进出学院的人员实行人脸抓拍，实现进出校园人员皆有记录可查。

此外，学院还着力构建制度健全的安全管理体系。根据山东省人社厅、山东省教育厅和山东省水利厅要求，学院落实安全生产风险管控“六项机制”“校园十防”各项工作，形成了以18项安全基本制度、10项具体工作方案、8方面责任清单、15项应急预案为内容的安全制度体系，构建起横向到边、纵向到底、分块管理、网格到人、责任到人的安全工作管理模式，实现了常规工作有方案、意外事件有应急预案、风险隐患早发现的目标。

应急演练指挥部

校园安防体系的日益完善极大地提升了校园安全管理的效率与精准度，对有效预防并及时应对各类潜在风险与突发事件发挥了重要作用，为构建和谐、稳定、有序的学习环境提供了坚实保障。2023年度，学院被淄博市公安局授予“全市内部治安保卫工作成绩突出单位”。

第二节　呵护你的心理健康　快乐成长是我的责任

心理健康是人生重大的财富。每个人在日常生活中，都可能会被自己的情绪和生活环境影响，当代学生更是一个心理问题层出不穷的群体。做好学生心理工作，就是呵护每一名学生的心理健康，让每一名学生都以乐观的生活态度快乐成长、幸福生活。

学院党委始终秉承阳光育人理念，尊重学生的主体地位，积极调动学生的主动性，重视培养学生自主维护心理健康的意识和能力。

学院夯实心理育人根基，重视专职辅导员及专兼职心理教师队伍建设，深耕心理健康教育中心、心理社团、学院官微等心理育人土壤，实现心理知识普及、心理案例分析以及心理健康维护与心理咨询双向融合；丰富心理育人活动内容，在日常教学中教导学生，只有爱自己才能更好地爱他人。学院重视提升学生人格品质，在心理育人道路上始终不断探索新路子、新方法；学院坚持立德树人根本任务，坚持育心与育德相统一，加强人文关怀和心理疏导，不断建立健全学校—系部—班级—宿舍四级学生心理健康工作网络。

组织心理健康活动

要做好心理健康工作，需要全校上下形成合力，需要硬件软件一同发力，尤其是疫情防控期间，广大学生的学习和生活受到很大影响，学生难免会出现一些恐慌、焦虑、担忧等负面情绪。为了更好地掌握学生的心理动态，及时疏导学生的情绪压力，学院心理咨询室每天接待学生来访咨询，在精神上扶持他们，在心灵上安慰他们。有些学生来咨询室时整个人无精打采，但是经过心理老师的开导，他们离开咨询室的时候眼睛里明显有光彩了，整个人也精神了许多。

学生在上心理课

辅导员心理团建

学生是否身心健康、是否快乐成长，是学院每位老师都十分关心的问题。目前，学院已经形成以心理健康教育课程为主，心理活动与心理咨询为两翼，学校、家庭、社会联动为三维的心理健康协同教育体系，切实提高学生心理素质，促进学生全面协调发展。

心理测试是规定动作。尤其新生入学时，这种测试能起到两点作用：一是强化危机排查，动态了解学生心理健康状况，在综合考虑学生个体、原生家庭、学校和社会各种因素的基础上，构建多层次、全方位、生态化的心理危机预防与干预体系；二是加强四级联动，完善宿舍、班级、系部、学院四级心理防护网络，形成早预防、早发现、早评估、早干预的学生心理危机干预体系。学院深入开展对所有在校生的心理健康素质在线测评，建立心理健康档案，系统性、制度化地提高了对心理危机的预防和干预能力。

学院组织心理健康教育进课堂，教学内容实现了四融合，即融合思政元素、融合审美教育、融合传统文化、融合社会热点，积极引导广大学生保持健康向上的心理状态，让学生收获深刻的心理成长体验，突出教学内容体系的开放性，聚焦学生需求，增强课程层次性和时代感，实现学生心理成长需求满足与积极人生观引导的统一。

心理健康教育

心理特色讲座是延伸。学院非常重视女生青春期健康教育，在青春敏感的时期，帮助她们学会讲自尊和自我保护，破解青春期难题，树立正确的人生观和价值观。

日本企业家稻盛和夫说：“人生的道路都是由心来描绘的。所以，无论自己处于多么严酷的境遇之中，心头都不应为悲观的思想所萦绕。”只有真正走进学生的内心世界，才能掌握开启心灵世界的钥匙，才能真正帮助到每一个学生。目前，学院已然形成积极、阳光、健康的环境氛围，实现了学院党委提出的“让阳光洒在每一个师生的心坎里，让自信刻在每一个师生的骨子里”的愿景。

第三节　水院铁军　无时无处不在的爱心护佑

2022 年 7 月 7～8 日，由山东省水利厅主办的全省水利系统党务干部技能比武决赛，在山东省调水运行维护中心举办。最终，学院参赛辅导员付秀芝从 16 家单位 18 名参赛选手中脱颖而出，获得二等奖。其展示的汇报内容题目是《我的青春，我的团队》，讲述的是被誉为“水院铁军”的辅导员队伍的先进事迹。

付秀芝汇报《我的青春，我的团队》获得全省水利系统党务干部技能比武决赛二等奖

无独有偶，2021 年 11 月 30 日，山东省水利厅直属系统党建品牌创新大赛决赛在济南举行，来自 18 个基层党组织的党建品牌同台亮相。最终，学院党建品牌《以爱为源，阳光育人》一路过关斩将，同样获得二等奖。其展示的正是学院聚焦育心育德，助力学生成长，着力打造“准军事化管理＋专职辅导员队伍”学生管理特色的经验及成效。

《以爱为源，阳光育人》获得二等奖

责任如山，信仰如炬。辅导员是开展学生工作和思想政治教育工作的重要人员，在育人中发挥着不可或缺的作用。自 2015 年学院党委着力打造“准军事化管理＋专职辅导员队伍”学生管理特色至今，荏苒而过的时光里，学院辅导员恪守初心、默默奉献、勇于担当、创新有为，全力呵护好学生的身心健康和生命安全，已然成为思政工作的主攻手、学生管理的主力军和学生成长的主心骨，为学院的转型跨越持续奉献着澎湃磅礴的青春力量。下面，就让我们一起走近“水院铁军”，感受他们的青春风采与使命担当。

一、战“疫”：所有坚守，只为师生平安

2022 年春季学期，突如其来的疫情让学院进入长达近 60 天的全封闭管理。学生工作党支部书记穆云丽率先垂范，放弃陪伴照顾正值高三冲刺阶段的女儿，带领所有辅导员勠力同心冲锋在抗疫第一线。此时距她于 2020 年大年初三和疫情初次交锋已然过去两年多，但她应对疫情更显坚定从容，组织开展工作更显责任担当。

在穆云丽的带动下，学工处全体人员主动请缨、亮明身份、冲锋在前，组成一支攻无不克的青年先锋队。每一名学工人员即刻进入 24 小时工作状态，化身“红马甲”和“暖大白”，对党委的号召迅速响应，对党委的要求立即执行，在细致入微处为学生提供生活上的“辅”助，以身作则为学生展示责任与担当的“导”员：刘咏祯曾在一天中从早到晚 12 点，先后从事抽检工作、全员核酸检测、对数千份采样信息准确核对等工作，工作节奏是

车轮滚动式的，得空吃饭，饭是凉的，室内再冷是顾不得的……李娜、田伟夫妇在疫情形势严峻期间为了能全身心投入学生工作中，虽心怀愧疚，却毅然将年仅两岁的孩子送到父母家中；刚刚参加工作的范守辉，在母亲重病时选择了陪伴在学生身边，于无人处抹去眼里的泪水……他们所有的坚守，只是为了全院师生的平安。

疫情期间坚守岗位，守护校园安全

同时，全体辅导员积极参与学院“用真情听实情，用真心办实事”群众性大谈心活动，结合疫情下学生思想实际，通过“随机谈、用心谈、促膝谈”等方式，深入了解不同年龄、不同专业学生的“笑点”“泪点”和“槽点”，互诉衷肠的同时及时为学生排忧解难，有效缓解了学生的焦虑情绪，拉近了师生心与心的距离，确保了疫情防控吃紧阶段学生管理工作的平稳有序运行。

二、服务：学生的事，就是天大的事

开学之前，辅导员在忙些什么呢？一切为了学生，一切服务学生。他们就像迎接自己的孩子一样，释放所有的热情，做好极致细微的准备，等待同学们欣然归来。

镜头一：2020 年 4 月 29 日，疫情下的开学季即将到来。学院迎接的第一批学生，是春考班的同学们。像迎接自己的孩子一样，学院早就做好了迎接学生的一切准备，让他们归来即享如家般温馨。

帮同学们晾晒被褥的，是在校期间与他们朝夕相处的辅导员老师。他们分工协作，有条不紊，从粘贴被褥标签、逐一登记、擦晾衣绳，到一件件晾晒……阳光洒满了一床床被褥，驱散了潮湿，注入了温暖。日落前，老师们把被褥一一收好，叠放整齐，件件归位。虽然每一位辅导员都要来回十几趟，但他们脸上一直洋溢着开心的笑，累并快乐着，只为同学们的归来。帮同学们清理宿舍卫生的，还是辅导员老师。从宿舍门外的墙壁、地面，到宿舍内部的卫生间、床板，还有阳台，角角落落彻彻底底地打扫一遍。清理的是灰尘，留下的是关爱，让再次步入宿舍这个"小窝"的同学们，瞬间即吸吮到阳光的味道，那是家的味道、爱的味道！

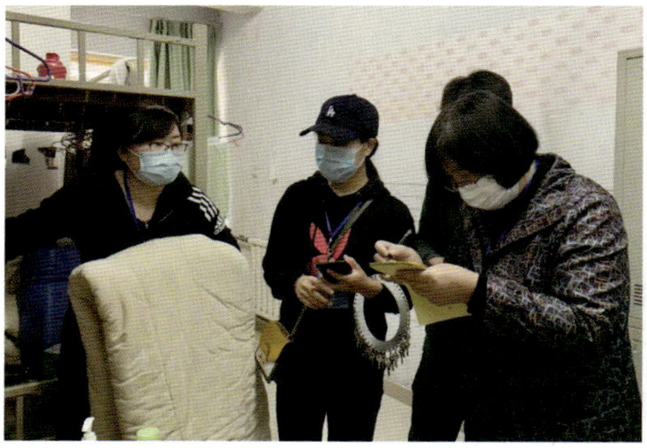

帮助学生晾晒被褥

镜头二：2022 年春季开学前 14 天，同学们即收到了辅导员传去的开学 14 天摸排表。为了保证开学秩序，全体辅导员已于 2 月 16 日正式上班，提前结束寒假走上岗位，做好开学前准备工作，迎接同学们的到来。

根据开学方案，辅导员们开展了疫情防控应急演练，通过设置入校体温异常报告、日常上课及宿舍体温检测、应急送医等场景，进行全方位演练，确保同学们的入校安全。

2 月 18 日，辅导员召开线上班会，告知同学们宿舍的暖气供热正常，新换的双层窗户保暖效果极佳，老师们每天坚持对每间宿舍进行消毒、通风，打扫公共区域的卫生，只为让大家放下顾虑欣然归来。班会上还强调了返校的注意事项，结束后每个班级群里都是同学们截图的健康码和行程码。彼时，辅导员的手机不停地响起，办公室里萦绕着他们打电话的声音，只为提醒同学们："健康码一定要打开'小眼睛'啊！"他们的细致耐心，力证着工作的严谨负责——学生的事，就是天大的事！

其实，每位辅导员的背后都有自己的小家，上有老下有小，但在接受任务时没有一人退缩，没有一句抱怨：对待工作，他们无比热情；对待学生，更是爱心满满。然而，对家人，他们却时常无暇顾及。他们深知自己肩负的责任，把爱给了学生，把时间留在了学院，想学生之所想，急学生之所急，千方百计为学生办实事、解难事，把学生的需求告诉学院党委，把党委的温暖充分传递给学生，真正成为党委联系学生最牢固的桥梁和纽带。

辅导员的一天

第四节　香溢满怀　舌尖上的水院

民以食为天，食以安为先。

让师生吃好喝好是学院党委挂在心头的大事，学院明确要求，一定要把师生餐厅办好，做到安全卫生、美味多样，有真正的“家味儿”！

餐厅位于学院黄河路东端篮球场东侧，是一座三层宽楼。学生餐厅在西侧，室外高梯直达二、三层。教职工餐厅在东端，两相背对。就餐时，这里人流量最大，熙熙攘攘，心心念念，皆为美食而来。

学生餐厅全景

学生餐厅二楼青绿厅

一、学生餐厅：美味流连，爱它没商量

学生餐厅有三层，各层是不同的风格风味：一层以大众饭食为主，加上各类甜品甜饮；二层是各类小吃名吃，百余种风味各异的美食，让人流连不已，大快朵颐；三层是休闲餐吧，这里火锅炖锅涮锅多多，令人耳目一新。最可心的是三楼的装修风格，船形桌椅，休闲沙发，各区域独立也关联。坐在临窗的蓝色沙发上，可以看到西边的篮球场上学子们奔跑跃动的身影。2022 年，学院决定对学生食堂一、二层进行重新装修，地面全部更换，整体风格以木色为主，淡雅温馨，有如家的舒适，坐下来就不想离开。美食、美味加美的环境，每一餐都是美好时光。

学生餐厅获评“餐饮卫生星级单位”

2021 年和 2022 年连续两年，学生一、二餐厅位居淄博市淄川区食品卫生监管局和市场监管局联合鲁中网一同进行察访推出的淄川区食品卫生安全“红榜”榜首，上榜理由是“学院学生餐厅证照齐全有效，信息公示完整；食品安全制度完善，食品留样、原料贮存规范，索证索票落实到位；厨房及就餐环境卫生、干净、整洁；配备自动洗碗设备，餐饮具清洗消毒规范等”。2019 年淄川区食品安全委员会即为学生二餐厅颁发了“餐饮卫生星级单位”奖牌。学院的食品绝对信得过，是放心食品，安心又美味。

学院党委时刻记挂学生健康饮食，让师生吃得饱、吃得好、吃得实惠，真正达到家庭化健康就餐水准。学生餐厅一共有两家公司运营，在招投标时选取山东省内知名的餐饮公司进行运营。为了保证学生餐的价格优惠，学院不收取承包费，让学生吃饱吃好。许多学生毕业后，每每怀念学校的美食美味，留言多多，这些美食是学校送给学生的大福利：“毕业了才知道食堂饭菜多好吃，什么时候学校来一个开放日，我要回母校吃一顿。”“想念学校的饭，比家里吃得可口。”“路过学校时，真想进去吃一顿爱吃的美食。”

餐厅美味

为了确保学生“舌尖上的安全”，加强服务监督，2021 年学院制定了《学生餐厅陪餐制度》，自当年 11 月 8 日始，学院领导、中层干部和辅导员三人一组每天到学生餐厅自费陪学生就餐。就餐前要求每组查看食品加工制作间，并对环境卫生、人员管理、食品留样及食品安全等进行全面检查。购餐时，询问学生对餐厅饭菜价格、口味、质量等的意见，就餐后要对餐厅整体工作进行评价，提出切实可行的意见与建议。这种方式有效地监督了食堂承包商的工作，保障了食品安全。

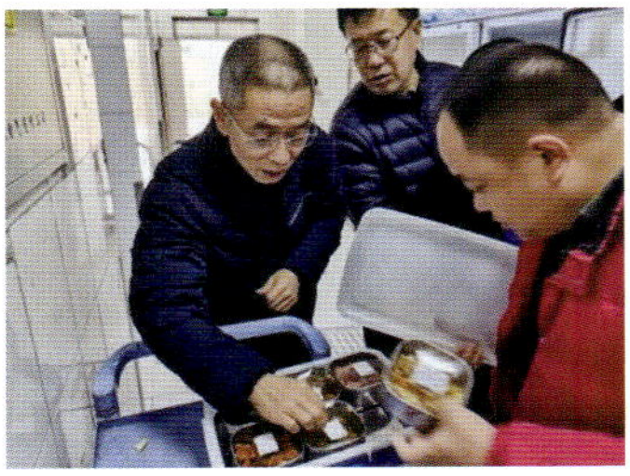

学院领导、中层干部、辅导员每日中午陪餐，检查餐厅工作

在饮用水方面，学校同样全力保证学生饮水安全，学生公寓每层都安有直饮机，24 小时供应热水。学校还为每个学生发放水杯，让饮水安全时刻相随。

二、教工餐厅：贴心暖心，如家可口

学院是异地办学，教职工大部分在张店居住，需要每日在学院就餐，很多教师经常加班，甚至全天候在学校工作。“饭菜质量关系着教职工的身体健康和工作情绪，要让教职工吃得健康、有品质”，是学院党委的统一共识。

教工食堂最初由承包商运营。党委书记于福春提议，教职工食堂由学院自主运营，严把食材和调料进口关，选用正规品牌，保证质量，专人专管；聘请专业厨师，制作专业美食，做出家里菜的口感和味道，每日每周菜品不重样。学院还成立了膳食委员会，由 20 名教职工代表组成，每周提前将下周早、中午菜谱发至群里，进行征集和品评，大家各抒己见，食堂据此不断调整口味，优化菜品，确保安全营养。在委员们的倡议下，先后上了粗粮杂粮窝头、时蔬鲜菜蘸酱、羊汤、糁汤等可口菜品，同时将学生餐厅的美食引入教职工餐厅，就近发挥美食联动效应。

教职工餐厅

现在学院的教职工餐厅得到了大家的广泛认可，很多教职工赞叹：“对食堂特别满意，在学校比家里吃得可口营养，每天吃也吃不够。”现在每日丰富的菜品，吸引着络绎不绝的教职工。教职工餐厅已然成为学院为群众办实事、好事的一大实证，有学院党委在生活上的支持与厚爱，教职工的工作干劲更足了。

三、校园美食文化节：视、味、听的盛宴

2023 年，随着“淄博烧烤”频频登上热搜，淄博因为美食火速出圈，一跃成为第一网红城市，四面八方的人潮涌入这座有着悠久历史文化的齐国故都。为了让学生们品尝地道的淄博烧烤、了解美食文化、提升在校幸福感，4 月 19 日，学院举办了以“水院新‘食’代，一起向未来”为主题的首届美食文化节。

首届美食文化节

美食文化节上，党委书记于福春、院长边敦典将写满美好祝愿的蛋糕分发给学生们，与大家共享这份独有的水院甜蜜。糯叽叽红豆小丸子、“唐僧肉”、水果忍者……各种名字极富创意的美食色泽诱人，品类繁多。冒着烟火气的“主角”淄博烧烤，嚼着嘎嘣脆的“网红”炒锅饼，闻着臭吃着香的臭豆腐，还有凉皮、冰粉、冰激凌、炸鸡、饮料和小龙虾等应有尽有，每个摊位都被学生们团团包围，大家大快朵颐。

学生大快朵颐

师生互动

音乐、舞蹈、武术、古筝、电子音乐、书法、茶艺、猜灯谜、套圈、“看谁跳得远”……与美食一样吸引眼球的，是活动现场丰富多彩的文艺活动，学生们热情参与，现场气氛活跃热烈。智能制造系王效群同学说：“淄博烧烤真是太好吃了，我和我的同学一起玩了很多游戏，很开心，希望还有第二届、第三届。”

淄博烧烤

中秋、国秋“双节”来临之际，9 月 26 日下午，第二届校园美食文化节开幕。这次美食文化节的重头戏是“味视”双重盛宴，美食与音乐结伴同行。台下师生们在饕餮美食的同时，台上丰富多彩的迎“双节”晚会正激情上演。全校师生足不出校，就体验了一场极致的“味觉视觉双重盛宴”。举办校园美食节，不仅仅是一场味蕾的盛宴，更是一次文化的交流和传承。美食文化节已然被打造成了展现水院魅力、实力、活力的靓丽名片。

第二届美食文化节

迎“双节”晚会

第五节　温暖温馨　如家之所在

水院是我家，是学生的家，是老师的家，是我们大家共同的家。

一、学生公寓：宾馆式的家，舒适安心

学生公寓就是学生们的小家，每日在这里夜眠昼起，迎着晨光，开启新的一天。学生公寓位于学院东侧，有六幢，两组排列，第七幢在萌源河北侧。楼宇为缃黄墙、净蓝瓦，绿树掩映其间，室内为六人间，有独立阳台和卫生间。窗前花木繁盛，春来，桃树、海棠、紫荆花、蔷薇、樱花和紫叶李等临窗而开，烂漫绚丽、香气盈室；秋至，红叶、紫叶、金叶满窗，锦色铮铮。

每两幢楼间有平整开阔的"U"形空地，中间布设很多不锈钢横柱，这是学生晒被子专用的。温暖的阳光在被褥上覆盖，也温暖了学子们的身心。公寓每层楼有洗浴室和直饮机，方便学生日常生活。在水院这个大家庭里，党委领导、教师、辅导员"以生为本"，一切工作围绕学生运转。"以爱为源，快乐学习"，这些温暖的爱汇在一起，沐浴着每一个学生。更为贴心的是，学院的辅导员 24 小时值班，与学生同住，24 小时呵护学生成长。

学生公寓外景和大厅

2007 年，学院搬迁至新校区，随着时间的推移，设施设备渐进老化，需要大力升级改造。党委高度重视学生的学习和生活环境，确保学生住得安心舒适。2020 年，学院将学生公寓的暖气片全部更换为传导快速的白色暖片，保证学生冬季里享有温暖。2021 年，在每栋学生公寓建设洗澡间，设置直饮机、自助售货机，让学生不出公寓，保证 24 小时洗上热水澡，喝上热水，随时买到生活用品。2022 年，将学生公寓所有窗户全部更换为具有高效保温、隔音、防尘、防水等特性的断桥铝隔热窗，将宿舍门锁更换为电子门锁，提升了保温节能效能和安全性能，同时对学生公寓进行装修升级改造，室内整体色调以淡米黄为主，宁静安和、温暖明亮。公寓内外的所有门更换为高档大气木色门，进门厅重新装修，以淡蓝色与淡米黄为主，清新、清爽、大气。开设了读书角，便于学生休闲读书，在各楼层连廊间安设了乒乓球台案，学生业余时间可以进行运动。2023 年，在学生公寓建设了自助洗衣房，进行电压增压扩容改造。2024 年，实现了学生公寓空调全覆盖，学生免费使用……如上种种举措，大幅提升了学生的住宿条件，满足了学生个性化

的生活需要，让每一名学子都深切感受到学院生活的美好与充实，水院是学生们青春美好的家。

学生公寓外景

如今，每年新生开学，家长和学子们来到学生公寓，都纷纷惊叹："这么好的住宿条件，真如宾馆一样高大上，也有家的温馨舒适。""大美水院名不虚传，住得都这么美，来了就不想离开。"

二、教师公寓：临河而居，窗含千秋，天趣自妙

萌源河蜿蜒横穿校园东西，将校区分为两部分，南岸为教学活动区，临河的运动场和篮球场热闹活跃；北岸高处为教职工宿舍区，环境幽静许多。教职工宿舍建在萌源河北侧，可谓临水而居，开窗便见淙淙流水，满川芦苇，鱼跃鸢飞，一派天然景致。教职工宿舍楼共有四幢，缃黄墙、净蓝瓦，沿河排开，高低起伏。还有一幢公寓楼，是教职工日常休息之地。宿舍楼环境优美，地势开阔，各色花草树木环绕，北面有三合台——曦和台、望舒台和陶然台，是休闲娱乐的好去处。目前，学院有 94 户校内职工居住于此，其他教职工住七号公寓。

教职工宿舍楼景观

学院党委高度重视教职工的居住条件，因为只有住好，教职工才会安定下来，才有家的感觉，正所谓“此心安处是吾家”。为此，学院先后建了四幢教职工楼，面积从 178 平方米、138 平方米到 108 平方米、88 平方米不等，结构合理，配套齐全，全面满足了教职工的居住要求。随着学校的发展，引进教职工逐渐增多。为了让更多教师住得好，学院在 2016 年新建教师公寓，以前很多教师加班时就住在学生公寓里，六人一间，人员多，相互干扰，很不方便。为此，学院党委决定新建独立公寓，解决教职工住宿问题。于是，一人一间、有独立卫生间和阳台、配有地暖、室内宽敞明亮的七号公寓建成了。教职工们都有了自己的安身之处，更加安心地住在水院这个大家庭里。

最为可喜的是学院党委为教职工着想，在 2019 年，经过努力为四幢教职工宿舍楼办理了房产证，教职工们的住房有了独立产权证，学院也赢得了广泛的赞誉。

排队领取房产证

第一个拿到全产权房产证的教职工

第六节　难忘在校园度过的那些传统节日

传统节日，是中华优秀传统文化的重要载体。发挥文化育人功能，就不能不重视对传统文化的继承和弘扬。我们常说，要坚定文化自信，要永葆爱国初心，在山东水利技师学院，这绝不是一句空洞的口号，而是一种实实在在的行动。下面，就让我们走进水院，感受传统节日在这座校园里留下的文化印痕！

要说中华民族最为重要的传统节日，那就是春节了。每年春节，虽然学生们都已放假回家，但在春节前夕，水院校园里总是洋溢着满满的仪式感和浓厚的节日氛围。

党委班子送祝福

党委班子成员为工地实习学生送祝福

于福春书记送祝福

宣传部送祝福

组织人事处送祝福

财务处送祝福

教务处送祝福

培训处和监察室送祝福

招生处送祝福

总务处送祝福

学生工作处送祝福

辅导员、教官送祝福

水利工程系送祝福

交通工程系送祝福

智能制造系送祝福

信息工程系送祝福

现代管理系送祝福

通识教育部送祝福

2021年春节，学院共有近200名师生在全国各地实习，不能回家过年。学院领导通过网络向全国各地的师生们送上真挚的春节祝福，一声声春节祝福声中，传递出的是一种浓郁的家国情怀。学院党委于书记亲自用毛笔写下“福”和“春”，面对摄像机镜头，于书记亲切而又平静地说道：“福到了，春来了，于福春给大家拜年了！”最简洁的语言，最真挚的祝福，也一下子拉近了广大学子与水院书记的距离。学院教师职工集体录制视频，向广大学生以及学生家长送上春节祝福。当全国各地的学生用指尖轻轻划开手机，屏幕上弹出一段段充满温情的祝福视频时，他们能够体会到与学校之间的心灵互动，凝聚力、向心力和前进动力就会自然而然迸发出来。

在中华民族的文化传统中，个人、家庭和国家密不可分。同样，在一座校园里，学生、老师和校园也密不可分！而维系这种关系的，就是文化。山东水利技师学院不断将传统节日文化融入校园文化之中，加强文化建设，对于提高学校德育质量、提升学生人文素养，有着不可替代的重要作用。

有一年的重阳节，学院党委邀请离退休教职工回校“游校园、赏夜景、乐重阳”，共同欢度重阳佳节。学院党委班子成员做导游，陪同老同志们参观改建后的学子林、水利工程检测中心和校园亮化工程。秋日的校园，细雨纷纷，参观途中，老同志们兴趣盎然、不时驻足，惊讶于一年来学院的变化之大。

党委书记于福春说，离退休老同志把美好年华献给了学院教育事业，为推动学院发展作出了不可磨灭的贡献，是学院的宝贵财富。希望老同志们保重身体，常回“家”看看，为学院发展献计献策。老同志赵聿才听后感慨道："学校发展是大事，现在学院一年一个样，变化大，有突破，人才工程实施到位，为学校点赞。"老校长朱康倬现场热情赋诗一首：欢声笑语度重阳，水院黄花（黄花代表学院这些年的工作成绩）分外香。鹤发童颜重游园，匠心学府美名扬。这首即兴而作的小诗，赢得了阵阵掌声和欢笑声。

"莫道桑榆晚，为霞尚满天。"在学子林，老同志们被造型新颖的设计吸引，纷纷合影留念。徜徉荫源河畔，精心设计的灯光散发出浓郁的艺术气息，同济桥、陶然桥和安澜桥光色造型端庄雅致又不失活泼生动，让老同志们流连忘返，感叹学院是景区，如公园，移步易景，人在画中游。"每次来学院，都有新变化。我们深切感受到了学院党委的良苦用心和高瞻远瞩。只有把学校当成自己的事业，把学校当成家，全心付出，学校才有这样大的改变。更欣慰的是咱们培养的学生，看到他们这么懂事，我对学院的发展充满信心！"老同志欧玉成感慨万千。

重阳节学院组织离退休教职工到校参观

重阳节到养老院慰问

也许，让老同志们交口称赞的，就是学校这几年的文化建设内涵丰富，内容翔实，有深度，有高度，也有温度。以文化为名，学院邀请老同志重返校园，不仅能让他们体会到一种快乐和欣慰，更能让他们对学院发展愿景的理解和感受更加强烈、更加直观，也更加深刻。

当然，中国的传统节日大多离不开一个"吃"字，春节吃饺子，端午节吃粽子，中秋吃月饼等，大概也是源于此。置身水院校园，传统节日同样因"吃"而丰富有趣。不同的节日，不同的美食，在时光的流转中，馈赠着一级又一级的学生，这些美食和节日本身一起，成为校园的共同文化记忆。

每当冬至来临，为传承中国传统文化习俗，丰富师生的校园文化生活，增进教师之间的感情，学院都会组织教职工和学生一起开展“包饺子、庆冬至”活动。剁馅儿、擀皮儿、包饺子……师生之间既分工协作，又活泼有序，充满了欢声笑语。温馨祥和的气氛，在校园里营造了浓浓的家的味道。每一年的冬至包饺子，不仅让师生们感受到了节日的温暖，受到了传统文化的熏陶，也让师生们拉近了彼此的距离，使学院成了一个和谐幸福的“大家庭”。

冬至包水饺

中秋诗会

端午节编七彩绳

每一年的中秋节，辅导员们都会为留校学生分发饱含祝福的“中秋福利大礼包”，大礼包里月饼永远是标配的美食；每一年的端午节，学院工会在为全体教职工发放的福利中，永远少不了粽子。粽香情更浓，喜出望外的老师们表示，粽子虽小，情意却浓，让大家感受到了节日氛围，也将学院的关怀融入了粽香之中。有一年端午节，被学生称为“于妈妈”的于瑛老师，为在校学生送来粽子，香香的粽子是思念，青青的粽子表惦念，黏黏的糯米是挂念，红红的大枣表想念，老师们用行动温暖着学生们的心。

有一次看学院的官方微信公众号，一位网名叫“水之人福”的读者在文章下方留言：青春靓丽，各美其美，美美与共。绚烂多彩的传统文化和青春靓丽的校园文化互相融合，交相呼应，在水院逐渐形成了“各美其美、美美与共”的文化格局。中华民族的传统文化和民族精神，通过一个个充满仪式感的活动在校园里得到继承和发扬。

中国的传统节日，是一种文化符号，承载了丰富多彩的文化内涵和精神价值，散发着浓厚的伦理色彩和人情味道，积淀了和谐、和善的传统，体现了家国情怀、天人合一等传统文化的核心价值，是中国传统文化精神的具体体现。学院坚持深入挖掘民族传统节日所蕴含的丰富教育资源，将民族精神、美德教育、节日文化和校园文化紧密结合在一起，通过一系列丰富多彩的文化活动，加深广大学生对中华民族传统节日的认识，培养学生的爱国主义精神，增强学生的民族自信心和自豪感，让全院师生在“润物细无声”的过程中，了解传统节日背后的文化内涵，以激活、唤醒他们的文化基因，延续、传承中华民族的千年文脉。

节庆海报

第七章　上善若水

水，利天下，润万物，惠民生。

水文化作为中华文化和民族精神的重要组成部分，内涵丰富，源远流长。中华民族自古就有“以水为师”的传统，以水赋予文化哲学的魅力。“上善若水，水善利万物而不争”，“水能载舟，亦能覆舟”，水作为一种文化载体，在几千年的文化史上扮演着举足轻重的角色。

山东水利技师学院因水而生，因水而兴；作为水利人，我们以水为本，以水为荣；作为水利院校，我们以水为德，以水为美，全力推进水文化建设，把丰富建设水文化、传播弘扬水文化作为己任。

第一节　大禹像　跨越千年的文化对话

我思古人，伊彼大禹。左准绳，右规矩，声为律，身为度，三过其门而不入，八年于外不辞苦！薄衣食，卑宫宇，排淮泗，决汉汝，生民相庆免为鱼，禾黍既登修贡赋，亿万斯年，诸夏子孙，弦歌拜舞，大哉圣哉禹！

——《大禹纪念歌》

华夏族共同的祖先是炎黄，水利人共同的鼻祖是大禹。大禹不仅是我国水利事业的开拓者、治水英雄，也是历代法度的楷模、行为的典范，更是水利人的精神偶像。

一、大禹，民族的精魂

大禹，姒姓，又称夏禹，是中国原始社会末期的部落首领。他一生的最大贡献有两个：一是治水，二是立国。传说大禹在岳山脚下治水十三载，三过家门而不入，终于采用“高高下下，疏川导滞”的疏导法治水成功，被后世尊称为“大禹”“禹王”。大禹治水时有三件宝：一是避水剑，二是开山斧，三是河图。避水剑划到哪里，水就流到哪里；开山斧劈到哪里，哪里就开出河道；而河图据传是黄河水神河伯授给大禹的，图上密密麻麻、圈圈点点，把黄河上上下下、左左右右的水情画得一清二楚。

大禹像

大禹在治水和治国中展现出的精神力量，成为中华民族精神的化身和力量的源泉。大禹精神被后人总结为七条：公而忘私、忧国忧民的奉献精神；勇于探索、求真务实的科学精神；艰苦奋斗、坚韧不拔的创业精神；尊重自然、因势利导的科学精神；以身为度、严于律己的律己精神；严明法度、公正执法的治法精神；民族融合、九州一家的团结精神。这些精神已成为中华民族精神的重要源头和象征，是中华民族传统文化宝库中的瑰宝。

舜这样评价大禹："能成治水之功，行声教之言，成就最大。勤劳于国，尽力沟洫；节俭于家，卑宫菲食；谦恭而不自满，可谓贤才之最；备受赞美而不骄，天下无人敢与之争能；不尚征伐而战绩斐然，天下无人能与之争功。"孔子云："禹，吾无间然矣。"意为大禹功德近乎完美，除了赞美之外，没有任何可以挑剔的地方。

二、大禹精神，铸魂水院

2019 年，学院校园文化建设规划将大禹雕像列入重要项目之一，要让大禹雕像立身水院，让大禹精神铸魂水院。宣传部经过多方考察，最终确定了大禹的雕像形象。

大禹像整体为青铜铸造，高 2.7 米，梯形基座高 1.2 米，总高 3.9 米，重 390 公斤。雕像神情端正，目光微垂，须髯飘动，坚定自信。衣衫围于腰际，臂膀结实有力，一手握拳，一手拄耒耜，尖端插于足前，裤脚卷于膝上，双腿粗壮有力，身体微倾。整体造型生动，面部和手部作抛光处理，与斑驳古朴的身躯形成对比。雕像高大雄伟，豪壮有力，展现了大禹光辉的英雄形象。

大禹像定于落成在学院南北中轴线上双鱼广场中心，面向健德路、运动场和篮球场，背依萌源河。其形象耒耜插土正是治水已成、大功告捷的时刻。雕像基座背面刻有大禹精神，以示后望。

大禹像落成仪式

2021 年 3 月 22 日，在第 29 届"世界水日"和第 34 届"中国水周"到来之际，学院举办了大禹雕像落成揭幕仪式。党委副书记杨敬涛致辞："大禹雕像的落成，凝聚着水利灵魂，代表着水利形象，彰显着水利文化，必将成为全院师生磨砺精技，成就大国工匠梦的精神引领与精神坐标。"

师生大禹像文创作品

如今，高大雄壮的大禹像耸立在萌源河畔高处，每日俯瞰学子们在运动场和篮球场上飞奔跳跃，青春的活力和激情与大禹苍老的目光交接回还。每日经过大禹像，师生都会认真仰望他伟岸挺拔的身躯，他的伟力与信念从时空深处流动而出，传递给师生，那是一种力量，水利人的能量，水利人的情怀。那更是一种大爱，爱所为，为所爱。

大禹从远古而来，带着洪荒之力，气盖山河，卓智超群。他坐落于水院，便成为师生仰慕追思的伟大形象。他的精神引领水院，铸魂水院，鼓励年轻学子不忘水利精神，不忘民生大计。

上善若水兮，大禹利水兮。依稀中，歌声又响起："你的脚步已经远去，却分明在眼前，万水千山都有你的足迹印遍；你的背景已经远去，却分明在眼前，九州归一都因为你的心血相连……"

第二节　水利风景区　风光这边独好

2020 年学院被评为"山东省水利风景区"，2021 年学院被评为"淄博市中小学生研学旅行基地"。学院以校内天然萌源河为基础，打造了河湖型水利风景区，使校园成为宜学、宜居、宜游的景胜佳地。

"山东省水利风景区"奖牌

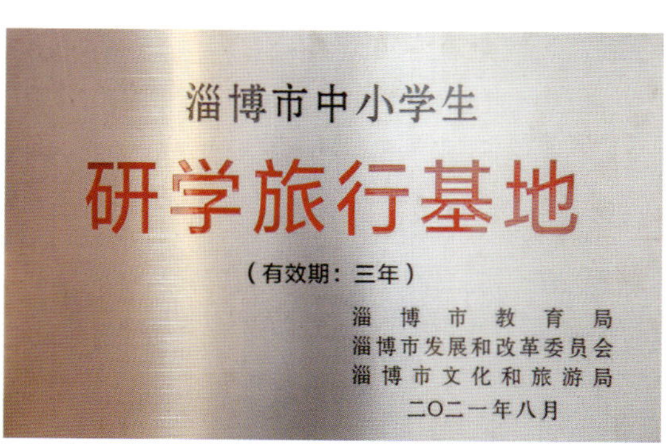

"淄博市中小学生研学旅行基地"奖牌

学院以“一河一轴一环，三园五区十景”规划校园布局：一河横贯东西，一轴纵深南北，一环联区携园，三园博览文化，五区各展其能，十景怡人醉心。

学院全景图

一河：萌源河。绵延学院东西二千余米长，芦苇满川，莲荷成片，形成天然湿地，河中野鸭、鸬鹚、白鹭悠游自在。沿河及周边建造了水利专业实训基地、水利工程技术基地、泵站训练中心、闸门实训中心、水文化水情教育基地、水文化博物馆等水利设施。河道建有“四坝三桥二泵房”萌源河小流域水利工程体系，桥坝将萌源河分割成五个水域。

萌源河风光

一轴：南北中轴线。南大门始，经明德路、《水院赋》石刻景观石、主题雕塑泉、图书大楼，至健德路、大禹雕像、陶然桥、三合台，终至北门的南北纵贯线。

一环：团结大环线。以东主路禹王路和西管子路、北松花江路和南长江路围成拳头形，象征团结、聚力、拼搏、奋进的精神。

三园：水德园、水智园、水华园。水德园属办公与实训区域，学院注重德能同修、以德润心、以德化人。楼宇命名为立德楼、树人楼、德业楼、德辉楼、德馨楼，学子们在此求知学技，读书声与机器运转声声声入耳。水智园在学生公寓周边，以水的智性和柔活性建成移步一景。水华园位于运动区，是师生来宾运动休闲之地，区域开阔，林木茂郁，有牡丹园、月季园，金鸡菊、金光菊、天人菊，遍地洒金。

水德园

水智园

五区：综合教学区（教学与办公区）、生活服务区（宿舍区与配套服务设施区）、河道景观游览区、水利实训教学区和水文化展览区。

十景：如意湖、毓秀塘、芙蓉蒲、龙津潭、三合台（曦和台、望舒台、陶然台）、论水亭、陶然桥、泉雕塑、学子林和《水院赋》石刻。十景是学院的点睛之笔，精致天然，处处见机趣。

学院全景图

如意湖

芙蓉蒲泵站房

第三节　萌源清脉有清音

人类逐水而居，沿河散落。河水不仅养育生命，还可洁尘、洗面、净心。老子临水而曰：“上善若水兮。”孔子望川喟叹：“逝者如斯夫。”先贤们道出了水的有情和无情。流水无归，生命短暂，当惜时光之珍。

一条河流经童年的人是幸福的，欢乐载满，随水流光，一路欢快。一条河流经住地家园的人是柔活的，小桥流水人家的温馨，宛然常伴。一条河流经学习工作居住地的人更是幸运的，它每日随赠一川情怀，萌源河即是如此。

校园有条河，依萌山，涓涓细流不断，它就是孝妇河的支脉，名为萌源河。河水潺湲，河道宽阔，流经校园东西，是一条贯通的水系，舒展柔活，润泽一方。学院水利工程专业借势设坝，截流蓄洪，分别建了四个高低不同的水坝——砼重力坝、迷宫堰、三联单曲拱坝和浆砌石重力坝，还有两间泵站房及三角量水堰、浆砌石水渠、小渡槽，形成了系统的萌源河小流域水利工程。河道呈阶梯状排列，东高西低流势，水坝储水丰富，成为实体水工建筑物教学基地。

这条河是每日必经之路，教师宿舍在河北岸。沿河行走，北岸为龙津北路，南岸是龙津南路。龙津二字极妙，取自萌源河中部龙津潭，意为龙池、龙门，也喻高德硕望，正合萌源。

河上游有凤鸣泉，于层石罅处涌泉，积水为潭。因地处幽僻，常有雉鸡曳五彩尾羽饮水嬉戏，或临泉掠翅低翔，唳东皋鸟鸣声声，应和校园书声琅琅。义山诗云“桐花万里丹山路，雏凤清于老凤声”，故曰“凤鸣泉”，与萌源河中游龙津潭相对应，学院育人，是为龙凤宝地。

萌源河上游凤鸣泉

陶然桥

沿南岸行走，左侧是一排紫叶李树，春来花满径，还有几棵高大的银杏树，秋日黄灿灿。树边花草丰盛，牡丹园、月季园、金鸡菊地和矮牵牛花地等连成片，是真正的五彩缤纷地。右侧临河垂柳依依，柳岸细道绵长，柳荫蔽日。一路行走至河边，河内蓄水宽，水坝处可听闻流水喧响。水面拥满绿植，水生柳树，串根入河，茂盛生长，更茂盛铺张的是芦苇，蒹葭苍苍，占满水面，像一方水军，长居于此。还有浮萍睡莲，田田平铺、朵朵竞开，红粉净白点缀。北岸是淡黄墙、湖蓝顶的教工宿舍，沿河排列开，地势高，视野开阔，在居室内临窗即可俯瞰河及对岸校区，可谓“窗含一川千秋水”。

河上有三座白色大理石桥——同济桥、陶然桥和观澜桥，分别取自同舟共济、陶然忘机和信步观澜之意，这也正是人生三大境界。三座桥把河分为三段：上游在同济桥以东，地势高，林地杂草丛生，苍茫神秘，隐蔽了河线，是野鸭、水鸡、水鸟的天堂；中游从同济桥开始，一直到陶然桥，水植丰满，也是水坝泵站集中地，再往下就是宽阔如镜的水面，一座蓝顶黄墙的水泵房依水而建，添人文景致几许；到观澜桥处为下游，水面极宽，河岸树木茂郁，呈现出欧派油画里水岸茂林的旖旎风光。

站在每日途径的拱形陶然桥上，立于高处，可纵览东西，桥东蒹葭满目，最喜桥边几丛低矮青秆疏枝，若纤竹细劲风致。莲花片片散落，有扁舟一叶，那是斑驳的铁皮舟，搁浅岸边多时。后又添一叶蓝舟，宝蓝色硬塑船，打捞浮物用。两舟连立，横斜径自，平添“无人舟自斜”的野逸之趣。高天白云，悠悠无际，时常拍之留影，小舟与阔天静水形成鲜明的天地孤立之姿。

萌源小舟四季风光

这条河年年行走，日日目见，眼里是河间起伏的四季变换景致，心中是留存的细致忆念。春日河水浮新翠，挺拔的蒹葭枝秆高高伸出水面，细劲的剑叶在河中纵横挥舞，风姿拟竹，凛凛然。春风起微澜，漾开层层水波，没入芳草萋萋处。最壮观的是陶然桥两岸红粉蔷薇盛开时，坡岸爆燃，华彩丛生。安静繁盛的蔷薇，仿佛满腔热情地在等一人归来，当是少年归来——校园的少年，曾经的年少。

蔷薇花沿河盛开

夏日，最是生机，浓郁深邃，绿影摇波，浮萍铺水，睡莲静开；蛙鸣如鼓，呼应之声不绝，一下把人拉回童年的河，声声天籁回响。蝉鸣急躁，颂着夏日的热切。蜻蜓开始莲上立，点水若舞。燕子低飞，临水照影，瞬间掠过，再无觅处。偶有白鹭、夜鹭、池鹭飞临，于碧水清波间更添一番美意，也时有无名的大鸟凌空飞过，鸣叫几声，划破这一方宁静。更有野鸭、水鸡，无人时在水面嬉戏游玩，鸭妈鸭爸带着鸭宝，推波来去，一尾水线，遥遥泛光。见人来，瞬时钻入水下，几米外又闪现出小小的身影，捉迷藏般，却也是机智。水鸡也是一家一家的，老水鸡在莲叶上散步，小水鸡紧跟其边，萌萌绒绒的，令人怜爱，入水便浮游翩翩，追逐嬉戏，水面涟漪微澜。这片水域就是它们的家园，每次遇见都是一番惊喜，站在岸边观看娇小的它们游来游去，灵动婉曲的身形，如绫波仙子，使宁静的水面有了生趣。它们成了校园里人人喜见的景观，时有老师拍摄它们，分享出来，增添了几许生活意趣。

水面悠游

深秋，河两岸火炬树举起火把，映红水面，加上周边黄叶绿叶的烘托，形成彩练河影，秋光满目。芦荻开始扬穗，淡黄的苇花拥满河，在秋风里一川幽情瑟瑟。每日看着这些高举水面的苇花，想着“蒹葭苍苍”“所谓伊人”“宛在水中央”。白衣女子幻化而出，《诗经》里的美人，在每一丛芦苇间出没，成为人们诗思的向导。暮色里，“秋水共长天一色”，水之上，飞鸟融入霞光，可谓“落霞与孤鹜齐飞”，那一片孤意，千古而立，茫茫苍苍，撞击人的心魂。

涵月湾

芙蓉蒲

冬季冰雪覆盖，坚硬的苇秆在河中依然顶着繁茂的苇花，苍白柔软，瑟瑟而动。北风肃杀，呼啸而过。阳光依然温暖地罩在河面，水下有喧动等待冰裂之声。

芙蓉蒲

涵月湾

萌源河四季轮回着不同的景致，围绕它的人络绎不绝。上级领导参观考察学院时，实体教学基地是必经之地，一展水利学院的姿彩特色。校外各类参观团到来时，同样沿河行走，体验学院这条水利河的独特魅力。更有水利工程系的师生们时常在岸边上课，进行勘测、水情分析、水质检测和对水坝、闸门、泵站进行讲解实操等。教师们款款讲解，学子们求知若渴的目光、青春靓丽的身影散在两岸的清波里。课余，师生们三三两两地沿河漫步，观澜赏景，悠游惬意。

在萌源河流动的水声里，每一处风景都谙熟于心，但每一次面对又似新鲜所见，心有所待，感怀时序节物之赠。“留恋处，兰舟催发”，时光匆匆，来去匆匆，总会留存一些记忆，在恒久里，沿河而行，随波而动，粼粼光闪——山水之间现水院，萌源清脉清音长！

第四节　凝固的流响　水文化元素雕塑

柔软洁净的水，凝固在坚硬的钢铁里。

水啊，你把梦也嵌在这优美的形态里，不愿醒来！

学院校园文化建设突显水利特色，除了“水润”雕塑外，还有多个水元素雕塑和与水院师生息息相关。这些凝固的水形态，时刻提醒师生他们是水利人，水院因水而生，因水而兴，因水而美；水利人以水为德，以水为师，以水为荣；与水相亲，与水相和，与水相洽，最终水利天下。

一、水润——站立的涌泉

“水润”雕塑

学院正门处，赫然可见一座高耸的现代雕塑，高大有势，昂扬生辉，是学院形象的主题雕塑、标志性作品。这就是以线条为造型元素的雕塑“水润”，也称为“泉润”。它不仅是一个雕塑，更是一种精神，喷涌升腾的整体造势，正是学院“德能同修、知行合一”校训的寓意所在。

2018 年 9 月学院 60 周年校庆之际，为加强校园文化建设，提升学院形象，党委书记于福春亲自参与设计这座雕塑并几经修订。安装当日，因稳固性不足，需要第二日安装加固钢丝。时逢中秋节，于书记坚持在校，亲自督看，确保安装完成，下午很晚才赶回济南过节。

这座雕塑为 304 不锈钢材质，高达 12 米，基座圆形半径 2.1 米。雕塑坐落于校园南北中轴线上，学院正门和国家高技能人才培训基地雕刻字之间、行政楼与学子林之间，与《水院赋》石刻景观石、国家高技能人才培养基地雕刻字、至善广场、毓秀塘、升旗台和图书馆大楼一线纵深呼应，视线清晰、视野开阔、鲜明醒目。

雕塑由“泉”字、“水”字和基座三部分组成。“泉”字为雕塑主体造型。“泉”字的“水”部是三根银色立柱，以刚劲沉稳的姿态高高擎起；“白” 字点面结合，顶端是金色明珠，取光荣璀璨之意，寓意学院立足水利，高昂向上、砥砺奋进、勇争高端的办学追求。三条红色彩练造型是“水”字变体，呈“S”形环抱“泉”字水柱，盘曲而上，灵动婉转，热情昂扬，有龙腾凤翥之势。三条彩练与学院校徽中的三条水波相合。水之立柱与水之彩练，刚柔并济，富有韵律，体现学院“德能同修、知行合一”校训的形象特质。三层渐升大理石圆形基座呈涌泉喷涌之势，与“泉”字、“水” 字浑然一体，寓意人才辈出。

学院因水而建，雕塑也是以水为主。三根立柱、三条彩练和三层基座，取三生万物、充盈丰盛之意。上善若水，泉水滋润万物，水院桃李芬芳，水院人与水同德同修。

二、浪花——跳舞的水花

在德业楼北长江路与管子南路交叉口绿色草坪间，有一座钴蓝色雕塑，名为“浪花”，也称“水之花”，高 2.8 米，底部直径 1.8 米，材质为不锈钢喷蓝色氟碳漆，色由深渐浅。

“浪花”雕塑反正面图景

雕塑整体造型灵动浪漫，浪花翻卷而上，冲天而起，一滴水珠嵌在顶端。八道水线分两层婉转上扬，四道在高处，四道在低处，每道终端卷花，错落有致。

浪花是水之花，也是知识之花，寓意教师的智慧之泉撞击学生的思想溪流，激起绚丽的水花，光芒四射，最终融汇成学生的思想知识长河。

三、川流——不落的水滴

“川流”雕塑

在安澜桥南侧，管子北路与萌源河道龙津南路东交叉口处，有一座雕塑，明晃晃、亮闪闪，耀眼又明心。这就是雕塑“川流”，也称“水滴”，整体为不锈钢材质，全抛光，高 3.2 米，底座为渐变棕红色圆形，三层，底层直径 3 米。三个银色镜面大水滴呈左、中、右错落排列，下有圆形棕色三层基座。三三见九，三生万物，水润校园，水育良才。三个水滴排列成“川”字，寓意川流不息，水院文化源远流长。三个水滴也排列成“水”字，寓意“积水成渊，蛟龙生焉”。水院知识之“渊”，育代代蛟龙。滴水，纳百川，归四海，汇汪洋。滴水，含蕴金光，镜鉴天地，映照融与合的境界与情怀。

雕塑周边为小花坛，欧石竹、芝樱花铺展开，鲜花簇拥着三个大水滴。雕塑位于萌源河畔西侧，与西南的银色大学生活动中心相呼应，现代建筑与现代雕塑时尚大气。

四、鱼跃——浪里的飞鱼

一圈圈圆线，粗细疏密交错着，几条鱼儿向上飞跃，远远看去，灵动活泼，让人忍不住想去触碰。这就是位于大学生活动中心西侧的雕塑“鱼跃”。雕塑高 3.5 米，宽 3.8 米，不锈钢材质。两粗线圆形套叠在一起，一个落地，一个在半径处，附带四个细线圆，如同水花翻卷。七条小飞鱼在圆线间跳跃飞动，像跳动的音符。整个雕塑圆润灵动、生气活泼。其创意源于“海阔凭鱼跃”，流畅的圆形不锈钢骨架似翻腾的水流，鱼儿在湍急的水流中逐浪跳跃，寓意水院莘莘学子在知识的海洋里激扬浪花，激情搏击。

“鱼跃”雕塑

五、扬帆——大海星辰的征途

“扬帆”雕塑

水利人，以水利天下。水利学校，以培养水利人为己任，每一个水利人都有扬帆万里和远航天下的心志。学院的每一名学子都是从校园出发，在社会上扬帆远航。每个人的征途都是星辰大海，承载着青春的梦想、人生的追求。学院禹王中路和尚德路口交叉处有一座大型雕塑，名为“扬帆”。红色的大理石基座呈船形，高 2 米，不锈钢帆形直线与弧线组合成前趋角形，中间直上是弧线帆形，直插云天。最高处有金色明珠一枚，光明在前，帆高 5 米。周边是四季常绿的沙棘柏，还有福禄考，淡紫色花，中间粉花，春初即开，繁盛如锦。

第五节　文化铸水　成果丰硕

萌源碧波，鱼跃鸢飞，草木葳蕤，顾盼生辉；“大禹”明德，“泉润”笃志，“院赋”弘道，一路生花。行走在水院校园，眼观之处，耳闻之声，皆是水文化传承与弘扬的具象漫溢，皆是知水、节水、护水、亲水人与自然和谐共生的盎然机趣。

水文化是中华优秀传统文化的重要组成部分。黄河作为母亲河，是一条水脉，更是一条文脉，贯通民族的文化精神，是生生不息的中华民族文化血脉。

学院作为一所以水文化为校园文化核心的水利院校，以习近平总书记对保护、传承、弘扬、利用黄河文化作出的一系列重要指示批示为根本遵循和行动指南，积极践行习近平总书记提出的“节水优先、空间均衡、系统治理、两手发力”十六字治水思路和山东省“四水统筹”“六水共治”发展思路，主动服务和融入山东省黄河流域生态保护和高质量发展国家战略，深刻聚焦黄河水文化的传承与弘扬，深度挖掘黄河水文化蕴含的育人价值和功能，深入推进水文化载体建设，坚持水文化传承与校园文化建设、思政育人实践、全环境育人体系建设同向同行，着力培养具有良好水利专业知识、职业道德素养、水文化知识的高素质技能人才，助推山东省水文化全面发展。

学院应时成立了黄河水文化研究中心和黄河水文化演出社团。2023 年 5 月 20 日，是一个风和景明充满爱意的日子。学院黄河水文化研究中心肩负着时代使命和学院领导厚望应运而生，为学院校园文化建设再添新动力。

山东水利技师学院黄河水文化研究中心成立揭牌仪式

全国各地文化艺术界名家校园文化采风座谈会

学院举办了黄河水文化研究中心成立揭牌仪式，同时举办了全国各地文化艺术界名家校园文化采风活动。来自全国 16 个省（区、市）的文化艺术界名家 100 余人参加活动，相继完成采风文学作品 30 余篇，汇编成《华章流芳》作品集，并有部分刊发在《光明日报》《解放日报》等权威主流媒体上；摄影作品 200 余幅，汇编成《光影　迭彩　黉园》作品集，一并献礼学院六十五周年校庆。

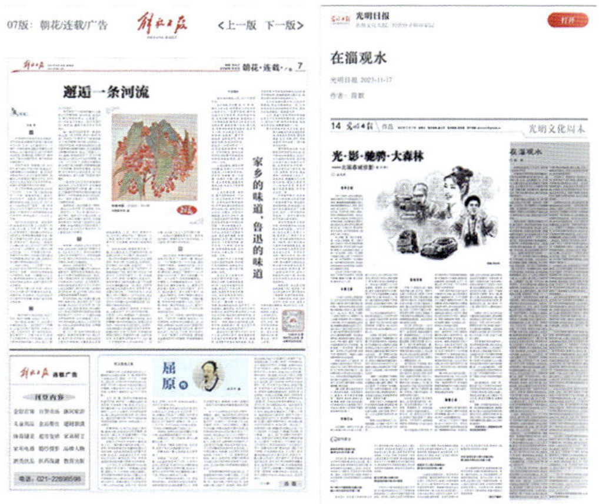

全国各地文化艺术界名家
校园文化采风作品集

采风作品发表在《光明日报》
《解放日报》等主流媒体上

全国各地文化艺术界名家校园文化采风大合影

黄河水文化研究中心成立后，即以学院在山东省水利厅立项重点课题“水文化融入思政教育研究”为抓手，利用近两个月的时间，采用查阅文献、分发问卷、实地访谈等形式开展了调研，形成了万余字的《水文化融入思政教育研究》高质量调研报告。报告既从创新思政课教学方法、课程思政融入水文化、校园环境突出水文化、专业实践教学深悟水文化、公共课课程教学拓展水文化、第二课堂宣传弘扬水文化、文创作品传播水文化等方面深入分析学院水文化建设现状，又提出了制约水文化与思政教育融合的若干问题，并拿出了水文化与思政教育融合的对策措施，还审验了调查研究的初步应用成果，着力将黄河水文化融入专业课程体系，确保其在通识课程中不晦涩，与专业课程高度契合，在实践课程中有效指导实践。课题最终荣获“2023 年度山东省水利厅党建优秀研究成果”一等奖。关于水文化创建工作经验，在中国水利教育协会主办的第三届水利职业院校水文化育人典型案例遴选中荣获三等奖。

中共山东省
水　利　厅 直属机关委员会文件

鲁水直党字〔2024〕1号

中共山东省水利厅直属机关委员会关于
2023年度山东省水利厅党建优秀研究
成果评选结果的通报

2023年，根据省机关党建研究专委会工作部署，厅直属机关党委确定了“学习贯彻党的二十大精神，坚持用习近平新时代中国特色社会主义思想凝心铸魂研究”“坚持对标先进争一流，调查研究摸实情、问题导向抓攻坚、融合发展促创新，推动党的建设高质量发展研究”等17个重点研究方向，组织厅直系统深入开展党建调研。一年来，全厅各级党组织以习近平新时代中国特色社会主义思想为根本遵循，坚持问题导向，联系水利工作实际，研究确定具体课题，组织开展调查研究，形成一批高质量理

- 1 -

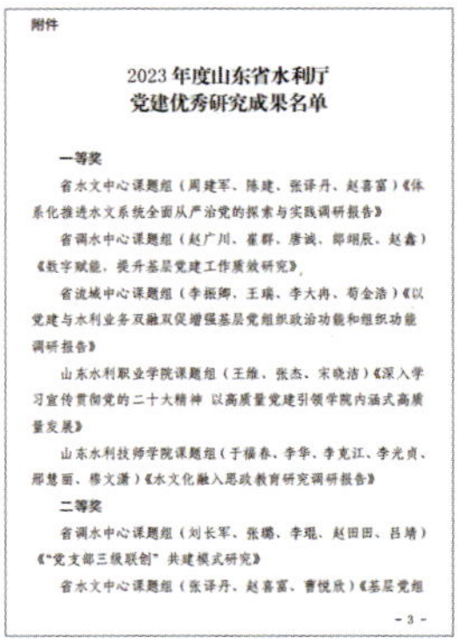

附件

2023年度山东省水利厅
党建优秀研究成果名单

一等奖

省水文中心课题组（周建军、陈建、张译丹、赵喜富）《体系化推进水文系统全面从严治党的探索与实践调研报告》

省调水中心课题组（赵广川、崔群、唐诚、郎明辰、赵鑫）《数字赋能，提升基层党建工作质效研究》

省流域中心课题组（李振卿、王瑞、李大冉、苟金浩）《以党建与水利业务双融双促增强基层党组织政治功能和组织功能调研报告》

山东水利职业学院课题组（王维、张杰、宋晓洁）《深入学习宣传贯彻党的二十大精神　以高质量党建引领学院内涵式高质量发展》

山东水利技师学院课题组（于福春、李华、李克江、李光贞、邢慧丽、杨文潇）《水文化融入思政教育研究调研报告》

二等奖

省调水中心课题组（刘长军、张璐、李琨、赵田田、吕靖）《“党支部三级联创”共建模式研究》

省水文中心课题组（张译丹、赵喜富、曹悦欣）《基层党组

- 3 -

课题“水文化融入思政教育研究”荣获“2023年度山东省水利厅党建优秀研究成果”一等奖

荣誉证书

CERTIFICATE OF HONOR

山东水利技师学院：

在第三届水利职业院校水文化育人研讨会相关成果遴选中，你校水文化育人典型案例“发挥特色优势　深挖育人价值　推进载体建设”获得三等奖。

特发此证，以资鼓励。

主要完成人：李华、李光贞、李明

中国水利教育协会

2023年11月

水文化育人成效荣获第三届水利职业院校水文化育人典型案例三等奖

近年来，学院坚持守正创新，不断增强文化自信，编创形成了一批口碑俱佳的文艺节目，彰显了学院校园文化建设的突出成效，赢得了社会各界的一致好评。为持续打造鲜活可视的校园文化载体，学院成立了黄河水文化演出社团。2023年8月28日，学院印发了《关于成立黄河水文化演出社团的实施方案的通知》。社团成立后，依托黄河水文化研究中心，立足“五育并举”，融合思政，以弘扬黄河文化和学院师生风采为主，传承固化优质文艺节目，不断创编新节目，一级一级练、一届一届传，打造形成学院的文化品牌和艺术名片，对内励志激发师生干事创业原动力，对外展示呈现学院华丽蝶变新气象，以此创新丰富校园文化建设，讲好新时代“黄河故事”，讲好水院故事。

文艺节目《节水水院　你我同行》受邀参加“第三届全国水利职业院校‘讲好水故事’文艺展演”

社团确定了诗朗诵《黄河，我的母亲河》《少年中国说》《水院赋》、大合唱《黄河颂》《黄河大合唱》、歌伴舞《强国有我》《男儿当自强》、舞蹈《弱水三千》等多个传承固化的节目，并为校庆六十五周年文艺汇演编创多个节目，以最饱满的精神、最充足的干劲、最精湛的演艺、最深情的祝福，献礼建校六十五周年。节目《节水水院　你我同行》受邀参加“第三届全国水利职业院校‘讲好水故事’文艺展演”并赢得好评。

舞蹈《黄河从我家门前过》

歌唱+走秀《我怎么这么好看》

诗朗诵《黄河，我的母亲河》

大合唱《保卫黄河》

打造水文化特色品牌，水文化成果丰硕。依托学院萌水源水情教育基地，以学院黄河水文化研究中心为主导，以山东省水利风景区为载体，以“水文化融入思政教育研究”调研课题和淄博市水利科技文化教育基地研学课程“亲水利护环境　明责任立志向”为路径，学院全力打造集教育培训、参观学习、旅游观光、志愿服务、生态保护与科技示范展示等于一体的水文化教育基地，构建以水知识科普、水政策宣传、水成果展示、水科技研学、水生态提升等为主要内容的萌水源水文化特色品牌。2021 年，学院获批“山东省水情教育基地”。

为此，学院通过校园环境突出水文化，打造校园水文化景观，与校园文化整体设计相呼应，通过以视觉为主的感受通道，借助物化了的水景环境，充分体现水的特点和水文化底蕴，让学生在校园中随时都能感受到校园文化的熏陶。在校园建筑内饰上，增设水文化展馆，以丰富的图文作品和展品，生动阐释水文化的发展脉络和丰富内涵。

师生赴黄河口博物馆研学

教学内容融入水文化。学院开展水文化相关课程教学，培养学生亲水爱水的意识，提升学生水文化素养；以学生为主体地位的水文化思政课堂，充分利用水文化中的优秀教育资源，根据不同阶段、不同专业学生需求，有针对性地开展理论教学和实践教学；融合多媒体技术，充分利用优秀平台的丰富教育资源，发挥官微、官网、视频号等媒体优势，开辟水文化专栏，以水文化为切入点，创新载体、方法、形式，促进水文化元素的大众化，让学生对水文化“喜闻”“乐见”，体现水文化的亲和力、感召力、说服力，增强学生对水文化的认同感。

开展水文化校园实践活动。学院开展了“世界水日”“中国水周”“水文化节”等系列主题教学实践活动，组织学生以演讲、绘画、摄影、微课等形式，展现水文化蕴含的道德力量和精神力量；把中国水情、水法规、水资源保护等知识融入思政晨读、知识竞赛中，培养学生的水文化素养；组建千人爱水护水志愿服务团队，参与各类水情教育活动的组织、策划、宣传、推广，每年深入社区宣传水知识、水政策、水法规，搜集节水、环保、治污典型案例等，成为知水、节水、护水、亲水的实践者和宣传者。每年近两万人到学校进行水文化研学。

水文化宣传教育和节水宣传进社区活动

组织水文化社会实践活动。学院利用寒暑假组织学生开展与水文化相关的艺术、民俗等非物质文化遗产保护状况调研，如组织“最美家乡河”社会实践活动，增强学生学习优秀水文化的自觉性和自信心，引导学生理解河流保护对当地经济、政治、文化、生态等方面的意义；组织开展对重大水利工程、水文化遗址、水博物馆、水库等的参观研学活动，加深学生对我国水利建设成就的了解，提升国家自豪感，形成无处不在的水文化氛围，充分发挥文化潜移默化、深远而持久的育人作用。2022 年，学院“三改三建”节水典型经验被山东省水利厅推广，被大众网等权威媒体报道。

节水实验和水质检测

第八章　浸润无声

和谐生态地，宜居宜学游。学院牢固树立人与自然和谐共生的理念，树立可持续发展的鲜明导向，高站位统筹校园建设规划，最大限度地发挥现有土地资源的效益，进一步完善校园各功能分区，全面满足教育教学功能和可持续发展需要，努力打造环境优美、绿色低碳、人与自然和谐相处的生态校园；全面增强环境育人功能，加强萌源河综合治理与生态环境保护，全面完成校园绿化升级改造，打造校内湿地公园，初步形成了山水交融相依、花草辉映成趣、树木错落有致、园林自成体系的优美校园环境；按照“因地制宜、统一规划、合理布局”的原则，加快校园人文景观建设，建设具有学院办学特色的楼宇文化、门庭文化、走廊文化、实训车间文化、教室文化、学生公寓文化、食堂文化等墙体文化和室内文化，设立体现学院办学理念和职业教育特色的雕塑和人文景观，进一步丰富至善广场、北大门休闲广场的文化内涵，实现校园外部环境与内部景观艺术与教育功能的完美结合，使校园的一草一木、一砖一石、一物一景、一楼一墙融入更多学院文化内涵，不断增强师生对校园文化环境的认同感。

第一节　黉园释义

为便于师生和游客了解学院景区状貌，学院将景区介绍文字印制于六块高 1.2 米的展牌上，倾斜 45 度，面长 1.5 米，宽 1.2 米。斜面不锈钢展牌分别陈设在学院行政楼门前、树人楼西南角、培训楼门前、德辉楼西侧、大学生活动中心门西、学院北门西侧等行人较多的地段，便于观看品读。

学院每年接待 2 万余名游客到访，这些释义展牌成了初识学院的一个窗口，驻足间、凝眸处、品读时，所见皆美，校园文化与水文化相融相合，风光无限……

行政楼前黉园释义展牌

树人楼西南侧黉园释义展牌

学院地处齐国古都、聊斋故里——淄博市淄川区邑西，东接凤凰山，北依焕山，南望鲁山，西邻文昌湖，萌源河横穿校园，齐风水韵，钟灵毓秀。65年来，学院以服务水利和地方经济社会发展为己任，秉承“正道而行　大道至简”的文化主旨，笃行“德能同修、知行合一”的校训，倡导“严谨严格、唯实唯新”的校风，立德树人，技能报国。学院道路、楼宇、场景、林地、水域的命名皆以立德为本，展现水利特色，彰显文化之韵。

学院占地630余亩，整体布局为南北长方形，地势北高南低，建筑沿中轴线分布，内部道路纵向围拢成紧握的“拳头”形状，寓意团结、凝聚、力量、勇气和拼搏，是水院精神的体现。

一、道路——漫漫修远路，求索在道中

学院道路纵横交错，南北向主干道以“德”和治水先贤立名，东西向主干道源自“水系”，支路名出《论语》。南北中轴线南入口道路为明德路，语出《大学》“大学之道，在明明德”。读书明理，进门明德，水院人弘扬光明正大的品德。明德路向北延长线依次为健德路和厚德路，学生公寓中间的南北向路为尚德路。

分居中轴线东西两侧通达南北的干道为禹王路和管子路。禹王本名姒文命，别称大禹，夏朝开国君主，中国治水第一人，高德贤君；管子即齐国名相管仲，其《度地》是中国治水文论第一篇。支路有里仁路、闻韶路、笃行路，皆取自《论语》，君子进身修德成仁，希望莘莘学子以德立身，笃行修技，成为德才兼备的技能人才。东西向主干道以水系命名，由南至北分别为珠江路、长江路、黄河路、海河路、松花江路。学院以江河为路，意在时刻提醒水院学子学习治水技术，传承水利精神，做“忠诚、干净、担当，科学、求实、创新”的水利人。

禹王北路

珠江路

长江路

明德路

二、楼宇——高楼一何峻，绮窗闻书声

学院楼宇命名，突出以德立身根本，“厚德载物”“进德修业”。正门东侧为立德楼和树人楼，西有德业楼、德辉楼、德馨楼、唯新楼和唯实楼，为教学楼和实训楼。实训车间有汽车工艺实训车间、机电实训车间和建工实训车间，是学子磨炼技艺、匠心高运之地。

学院南门迎面是图书馆，书山屏开。东边为学生公寓、培训公寓、师生食堂，北面是教职工宿舍和公寓。西门北侧主建筑为大学生活动中心，形如帆似贝，夜晚黄色亮化灯线烘托，如夜航船，内可容纳 1500 余名师生，承办学院各类大型讲座和文体活动。

立德楼和树人楼

大学生活动中心

行政楼

德辉楼

大学生活动中心

水利工程检测中心楼

三、场景——提笔入广场，辞气干云霄

学院南门正对主体雕塑“泉润”，由泉字变体三根银色水柱组成，三条红色彩练护持水柱，呈飞升动势。下方半圆基座如涌泉，寓意学院以水利立身，争向高端，桃李满天下。

北面至善广场，语出“大学之道，在明明德，在亲民，在止于至善”。广场聚善义，以敞开的方式迎接每个晨昏，“国家级高技能人才培训基地”大理石单体刻字赫然排列前方。

至善广场

学生七彩广场

图书楼东侧为七彩广场，是学子们休闲、读书之地。宽阔的运动场和篮球场在北侧，中间北向路径交会处为太极图双鱼广场，高大的大禹雕像赫然矗立，以坚定有力的目光注视学子跃动的身影，青春喧哗流动。再北向河对岸为教职工宿舍区小广场，三层平台呈阶梯状纵列，由高到低分别为羲和台、望舒台、陶然台，传说中羲和是日神，望舒为月神，日月争辉天地，人陶陶然也。

四、林地——林木澄高致，青叶发华滋

至善广场西侧为园丁林，海棠、玉兰、樱花、紫薇、桃李、玫瑰……春日花色宜人，万紫千红醉怀。学院南门东侧为学子林，荣誉墙高台层垒，树木竞秀，披霞飞绮。中间圆形草坪，矗立金色“追梦”雕塑，两个金色年华的人向着五角星升腾。林间“蝶变”雕塑、飞鱼月亮门、时光大道都是打卡点。南门西侧为校友林，白蜡树、青柏林立；北门东为如意林，春桃秋柿发华滋。

学子林

校友林

五、水域——一河镇宝鼎，三水域神州

学院有三大水域——毓秀塘、如意湖、萌源河。毓秀塘位于学院正南方至善广场中间，呈“T”形，塘间锦鲤悠游，莲荷含芳，朝夕辉映。如意湖在学院西南角，临水如如生意。萌源河横贯学院东西，河水潺湲，游鱼跃动，青苇满川，浮鸭时现。萌源河上有“五湖四坝三桥二泵房”，自东向西“五湖”依次是青荷塘、龙津潭、一鉴池、芙蓉蒲、涵月湾，“四坝”为砼重力坝、迷宫堰土石坝、三联单曲拱坝、浆砌石重力坝，“三桥”是通济桥、陶然桥、安澜桥，“二泵房”贴近河岸。

毓秀塘

萌源河

迷宫堰土石坝

三联单曲拱坝

这些水工建筑物均由水利工程系教师自行设计并全程参与建设，是水利工程专业实体教学基地。萌源河上游为泵站技术训练中心（筹建中），西北高处是山东省水文化博物馆（待建），北处为山东省水旱灾害防御基地（投资2亿元，在建中）。

情怀当风，文化扬帆。学院以德立身，以文化人，以技育人，为水利事业的发展和经济建设添翼护航。

第二节　追梦学子林

学子林

学院秉承“学生至上”“以学生为中心”的教育理念，提出“学校以学生为主体，学校的一切资源归学生所有，学校的一切资源为学生所用”。为此，2021年学院对学子林进行整体改造，全力打造现代时尚、高端大气、清新明丽、适应学生特色的打卡胜地。

景区整体设计开阔明朗，造型简约，线条明快，色彩丰丽，体量轻盈，精巧玲珑，寓意深刻。红、黄、蓝、绿胶漆铺设地面，林间甬道弯曲延伸，穿林而过，林地区域间隔分布，移步易景，颇有江南意，行于其间，恰似画中游。

学子林鸟瞰图

西侧正对行政楼，与主题雕塑“泉润”相邻。缓坡而上，坡处为耐火钢板仿古锈色矮墙，四层，呈阶梯式递进排列，上面镶嵌着金色铜字，是学院获得的12项国家级和省部级主要荣誉。钢板从西侧、北侧整体包裹围拢着园林高地，称为“荣誉墙”。层叠之间平台处是低矮的绿化欧石竹，春来层层玫粉色花如云霞织锦绣。

阶梯式荣誉墙

学子林向东延伸至学生公寓，林木掩映，花草繁茂。拾级而上，是一块景观石立于路口，卧石如山，松树依伴。反面观，形如卧牛，蓄势待发。蓝色通道直达东端，最南部是高大的造型雕塑“蝶变”——一座白色茧形线条雕塑，下方为彩色蝴蝶线描，粉蓝之间，浪漫轻灵。红色卵形座椅在下方错落铺开，绿树花草围拢其间，寓意学生由茧到蝶变的求学历程，从水院变幻灿烂人生，也寓意学院“十三五”期间锐意改革、砥砺奋进，实现了转型跨越式发展的“蝶变”。

“蝶变”雕塑

林地中间是开阔的圆形广场，草地正中高耸着一座金色雕塑，两名学子向上腾跳跃动，托举着五角星，是为“追梦”。整体造型动势感强，糖果色调，明快甜蜜，寓意学子逐梦青春，全力拼搏，实现梦想——心中梦、水院梦、中国梦，筑梦校园。广场南是两棵高大的柳树，垂枝扬舞，翠色万千绦，在各色花木间显得格外高大、有势。基座北面刻有“追梦”二字，南面刻有学院秉承的“以生为本”“学生至上”的教育理念；“一切为了学生，为了学生一切”，“学校的一切资源归学生所有，学校的一切资源为学生所用”。

林间摆放着各类品石，随机而生，“园无石不雅”。这些形态各异的石头，像从土里长出来的，粗朴厚重，有着原生态的质朴，上有题字“尚真”“善存”“美成”“博识”“静雅”等共勉时光。

“追梦”雕塑东侧为“网红门”，深咖色的长方形条棱墙，木条间有白色线，是灯带；正中间是月亮拱门，如一面圆镜，透视对面空间。线条墙上游鱼排列，大有群鱼过江、鲤鱼跳龙门之势，展现了水利学院以水为元素的景观特色。

“追梦”雕塑

月耀锦鳞拱月门东侧有大红枝丫形条凳，如树枝静卧，此处可读可闲。高大的海棠树掩映其间，春生繁花，夏育翠荫，秋来献果，冬至映雪。东行有两条岔路，北路为樱花大道，南路为银杏大道，两路被花木夹裹，春来粉色的大团樱花压枝低，秋至金色的银杏叶铺满地，黄色的地面与银杏叶相接，满目洒金耀眼。银杏林与樱花林间有一排弯曲白色休闲椅，蜿蜒流畅，线面优美。

月耀锦鳞拱月门

再往前走，就进入“时光长廊”，菱形框架罩在路上，两组纵深排列，透视感强，仿如穿越时空，特别是晚上，灯光亮起，白色光的框架列阵，人在其中，有恍然之感，今夕何夕，此处何处。路延伸至东端，又一休闲小广场，紫薇花木夹道，夏日紫色红色花列队迎送，美意相随。休闲区里随处可见高大的七叶树，下方有条凳排列，天蓝色地面映照蓝天，清新悦目。中间为茂密的紫叶李林，春日里白粉花一树树，爆燃春色。

时光长廊

夜色中的学子林同样美轮美奂：西部和北部的台阶长线灯柔和温馨；荣誉墙处有金色射灯，照得字体通明、光彩如耀。林间景观灯造型独特，高挑的弧线灯柱上有三组长条白灯带，顶端是红色心形，中间是黄心灯，爱心照耀，红心长明，呵护学子成长。地上射灯无数，把绿草地照得清新鲜翠。每个景观前灯光交织，色明色亮，舒心舒意。亮化的学子林在夜色中有着独特的魅力，赏灯赏月，观星观景，徜徉徘徊，陶然若醉。

学子林灯光秀

学子林是学院的花木林，三季花木相映，美人梅、海棠、樱花、紫薇、木瑾等，伴着学子们共同成长。林北正对树人楼和立德楼，楼上端“山东水利职工大学”几个红色大字掩映在花木间，学子们常在此组织活动，休闲娱乐。花季少年，锦瑟年华，青春胜意，正合学子林蒸蒸日上的气息。

第三节 看得见的文化

文化是一种无形的力量，更是一种无形的渗透，它开阔、深广、细微，影响着人的思维方法和行为方式；文化也是一种有形的能量，它看得见、摸得着，在所感所知里，以文化人，以文润心，提升人的综合素养和审美情趣。学院校园文化在有形的所见中，形成无形的力量，激励、感染着每一位师生和到校参观的人。

每年7月是校园开放月，很多家长和学生到学校参观考察，近距离感受学院风貌和生活。山东省德州市教育局的一位退休干部，常带学生和家长到学校参观。他说："现在很多家长咨询我，帮着给学生选学校，我第一个就选山东水利技师学院。这里有文化，处处可见，每个细节都做得用心用情，有品位、有审美、见情怀。确实做到了文化无处不在，看到哪里都舒服，这是其他学校所没有的。"

这是一名教育工作者对学校的评价，学院的文化确实处处可见，更可贵的是这里的审美情趣。这些归因于学院有个懂审美、有情怀的党委书记，学院处处渗透着他的审美。于福春书记爱好摄影，十多年的摄影经历练就了他超强的审美力。学院很多美的照片都是他拍摄的，初到学院，他发现学院精彩图片太少，于是亲自拍摄，每一座建筑，河流、水塘、湖泊，学生和各类活动，处处时时见精彩。他曾说过："我要把学校的每一个角落的美都用镜头记录下来。"

热爱就是大爱，因为对学院的爱，他尽心尽力尽责，以校为家，学院每个角落都渗透着他的心血。这些年学院文化氛围、文化气息越来越浓。

接下来，让我们一起领略一下处处精心、处处尽意的水院微景观。

一、门厅——引堂入室礼敬序篇

门厅是进楼直面所见处，是对整体楼的第一印象，最能体现出一幢楼的品位和品格。学院注重环境空间设计与装饰，将每幢楼的门厅文化作为重要序篇，以第一视觉展现楼宇文化特色。每一幢楼空间环境设计开阔，富有品位，与工作环境和谐统一。于福春书记重视门厅设计，认为门厅是一件大作品，是首位之作，亲自参与设计审稿、定稿和装饰全过程，每一个细节都渗透着他的心血、智识和审美。

(一)行政楼

位于学院南大门西侧的行政楼，红墙绿玻璃幕墙相间，中部高耸，南侧伸展，形如帆船，寓意一帆风顺。行政楼进门装饰为木色，左侧是大电子屏，每日播放近期工作活动视频，右侧是习近平总书记提出的"四有好老师"解读。正对面深处是屏墙，有学院名称刻字，配有原木条和橙色木条，内嵌白色字体的校训、校风。配色高端大气，明亮温暖的橙色打破了单调平静，生动而富有活力。二楼门厅处是学院实景沙盘以及校徽和名称墙。

行政楼一楼大厅

图书楼大厅

大学生活动中心大厅

立德树人楼大厅

学生公寓大厅

唯实楼大厅

行政楼二楼大厅

（二）图书楼

图书楼位于学院中轴线上，正门主建筑，也可以说是学院标志性建筑，红白相间配色，如屏风一样展开，迎面而立。大楼门厅高大，米色与灰色调相间，线条分割成条块状，整体高端大气雅致。迎面是一巨幅“学习”两字多维多种变体的壁画墙，仿青铜色，有着岁月的斑驳蚀刻感。不同字体、不同大小、不同影调的“学习”二字错落排列，富有形式感，体现了学院“为学而建”的教育本质，更与图书楼相映衬。厅两边分别是校园文化核心理念的介绍文字和图片宣传栏，南侧有雕花卷草纹镂空长方形白板，精致、精巧、灵动。

（三）立德树人楼

立德树人楼作为水利工程系主楼，门厅主要是系部工作介绍。色调以淡米色为主，配上橙色字体，显得活泼生动。门厅正中间迎面墙上是学院校风校训，还有一块电子屏，播放水工系宣传视频。

厅内从北到南分别是水利工程系系部、教师队伍、专家团队、实训室、专业、竞赛成绩、优秀学子等介绍，中间四条廊柱，四面为宣传栏，上面是习近平总书记的讲话。

（四）唯实楼

该楼是学院现代管理系楼，门厅不大，但很精致。进门正对一幅“上善若水”景观作品，高大的金色水滴，下方为玻璃水池，底部为镜面，有青花瓷片散落其间。成群的红色锦鲤游弋于其间，灵动灵活。厅两侧分别是专业宣传栏，西侧有一架黑色钢琴，常有师生在此弹奏，乐声响满楼宇。

（五）大学生活动中心

大学生活动中心作为学生活动的主要场所，无论是文艺演出还是球类比赛都在此处进行。中心门厅整体呈木色调，顶部是蜿蜒的水灯带，如黄河九曲十八弯，明亮亮，如水色流动。东墙是《水院赋》壁画，文字如秦简排列。四周为中国水故事、水人物、水工程、水著作，以装饰效果排列，富有时代穿越感，满壁风生水，一厅水潋滟。西侧为学院荣誉栏和学院风光画。

二、书香——处处濡润心田

学校作为教书育人之地，是书的世界，是书的家园。书作为工具，沟通天地古今，传承文明文化，传授知识智慧，使人明智达礼。有人说，读书是天下第一等的事，“最是书香能致远，唯有诗书继世长”。

学院注重书香文化建设，以书香校园建设为依托，全面营造读书环境，全方位、全环境将读书作为重要的学习方式，以诗书涵养学生的情操、情致、情怀。

图书楼正面

图书楼前毓秀塘

学院图书大楼面南屏开，与南大门呼应，是学院标志性建筑，以哈佛红为主，间有白色，厚重中有着轻盈。这里可以说是“书香集合地”，有藏书 40 多万册、电子图书 50 万册。学院投资 200 万元，打造了开放式、休闲化图书馆，使学生乐读其间，身心与书融，充盈思想精神。

读书角

阅览室在图书楼一楼新时代雷锋精神文化馆内，学子们常于此读书，这里也是思政课堂，师生们静心阅读，沉浸在知识的海洋里。

教室更是书香熏染地，每一间教室的琅琅书声，都伴着学子们成长，时光与知识交织在每一张青春的面孔上，自信阳光也一同生长在他们身心里。每个专业的教室都有自己的文化特色，学子们精心布置，班级文化与专业文化恰当融合，形成温馨的家园，这里是学生们共同的家，是大家的家，温暖温情从不褪色。很多教室里有学生们的作品，手抄报、小插画、手工作品等，每一面墙都有话说，每一扇窗都是青春的回忆，闪闪发亮。

读书角是学院一大特色，也是书香校园里的一景。行政楼四楼职工活动之家里有读书角，图书楼一楼志愿服务展区有两个读书角，6 幢学生公寓里进门厅处都设有读书角，那里配有书架、书桌、椅子，是学生们经常光顾的地方。书架上是各类图书，有师生捐赠的，也有学院统一购买的，还有学院老师出版的。坐下来，展开一本书，整个人和世界都静下来了，跟着书本里的智慧一同遨游。这也是学院公寓文化的一部分，是由辅导员、心理教师、宿管一体守护的家园。

学院的清晨是书声琅琅，这是学生们在思政晨读，齐声高诵经典诗词、四书五经、励志名句、习语金句等等。晨光中每个系部的学生在教学楼前高声朗诵，声震四方，这少年的心音，充满力量和能量，鼓舞斗志，振奋人心。在由晨读开启的读书生涯中，相信学生们数年一日的读诵，是知识的积累，也是心志的积累，在成长成才的道路上，定会一路前行，向光向明。

思政晨读

学院传统文化社团以吟唱诵读古诗文为主，悠长的诗文调古韵绵长，在古诗文中体悟古人的生活，使书香校园有了更多可追寻的足迹。

三、匠心——成就光彩人生

学院注重工匠精神，以鲁班和墨子为精神指引。他们作为先贤，苦学技艺，精益求精，不断突破，成为那个时代的能工巧匠和发明大家，形成了热爱职业、强于实践、精于技艺、勇于创造的班墨精神。学院以匠心为要，助推全院师生以技为道，精益求精，在精技术道中实现专业价值和人生价值。学院坚持“世赛引领，以赛促学，以赛促教”，出台了《竞赛工作管理及奖励办法》，挂牌成立了 6 个以教师命名的竞训工作室，将每年 5 月定为技能竞赛月，推动技能竞赛常态化、长效化。全体教师和学生同台竞技，选拔技术高超的教师和学生参加省级和国家级竞赛，不断续写荣光。“十三五”以来，学院共获省级以上奖项 1019 项。近三届全国水利职业院校技能大赛中，学院荣获 1 个综合团体总分第一名，2 个综合团体第 5 名；3 人获中华人民共和国职业技能大赛优胜奖，1 人入选世界技能大赛国家集训队；1 人获全国工业设计职业技能大赛金奖，3 人分获山东省第一届职业技能大赛金、银、铜牌各 1 枚。学院现有全国技术能手 3 人、全国商业服务业技术能手 3 人、山东省技术能手 30 人、山东省“五一劳动奖章”获得者 1 人、山东省最美水利人 1 人、淄博市高校思政名师工作室 1 个、淄博市首席技师 1 人、淄博市突出贡献技师 2 人、淄博市青年才俊 1 人、享受国务院特殊津贴 1 人、中华技能大奖获得者 1 人。

他们都是从竞赛中一路过关斩将拼杀出来的英雄，成就了个人梦想，也实现了学院“让阳光洒在师生心坎里，把自信刻在师生骨子里”的愿想。

为突出工匠精神的榜样引领和示范作用，学院每年为竞赛获奖教师和学生制作专人展板，这些展板在行政楼和教学系部实训室陈列，他们就是令人瞩目的校园明星。获奖优秀师生会在每学期新生入学之际举办报告会，走进思政课堂，讲述自己成长成才的经历，激励学生们珍惜校园时光，为自己制订成长计划，早日成为工匠。

学院的省级技术能手

于福春书记曾说：“每年学院有两件喜事，一件是新生入学，像过年一样，我们要把学校装扮得漂漂亮亮，把屋里屋外打扫得干干净净，让孩子们开开心心来上学。另一件是‘讲好水院故事’暨教学表彰大会，每年为师生发放 100 多万元奖金，看到师生们自信阳光的样子，是大喜庆。”通过竞赛表彰，讲述师生竞赛过程中的种种经历，共感付出的艰辛、意志的坚定，师生的成就感、获得感、荣耀感和幸福感满满。

技能大课堂——水院好少年，匠心比天高

学院遴选历年来在国家级、省级技能大赛上摘金夺银的100余名优秀师生，将他们朝气蓬勃、昂扬向上的形象印制于道旗之上，将道旗沿主干道高高擎起，环绕于校园中，将“家国情怀、水利情怀、教育情怀”厚植师生内心。

学院打造“荣誉大道”，倡树师生匠心榜样，将百名师生形象高高举起

四、实训室——技能与文化同频共振

学院重视实训室建设，以企业和市场需求为导向，对接工厂化、车间化建设，购置高端精良先进设备，力争达到实训同车间、毕业即就业的技术设施标准，确保学生技术过硬，学到真本领。

水利工程系实训室

水利工程系的水工检测中心，外观是棕红色，内部地面为淡蓝，整体干净清爽，以玻璃为墙，透视感强。室内各种仪器设备整齐排列，一眼可见各种器具。教室以专业进行分割，含土质检测、水质化验、重力学等专业。建工车间一进去便似到了工地，钢筋水泥，各种机械化运作，便于师生掌握工地建设项目各环节，实现了车间化、工地化教学和实践。

智能制造系是学院设备最多的一个系，仅机床车间内，重型机床就有百余台，机器人手臂机多台。无人机实训车间内更是各类无人机兼备，从微型机到重型机，应有尽有。机电一体化实训室更是实现了车间化，各种线路穿插其间，达到机电一体化标准。泵站车间是设备重器之地，学院从水利相关单位购置了各种大修替换下来的水泵，进行教学再利用，使学生操作一手机器，直达工作岗。

交通工程系是学院起家专业，宽敞明亮的千米汽修实训车间和新能源实训车间高端大气，一排排高档汽车是实力与专业能力的展现。烤漆车间更是工厂化体现，喷涂烤工艺相当精湛，也是学院重头专业。

信息技术系紧跟网络强国、“互联网+”、大数据等国家战略，以职业发展与学生就业为根本，重点培养云计算、物联网等新一代信息技术产业紧缺人才，建有网络设备互联、信息网络布线、物联网技术、电子竞技、电竞解说、赛事转播等30余个专业实训室。

现代管理系是学院具有文艺特色的系部，学前教育、多媒体技术、美术设计、影视造型、高铁乘务、行政班等，以及音乐、舞蹈、形体、绘画、设计、陶艺、茶艺都集中在此，实训室更是高端大气、色调和谐，文化气息浓郁。

数控加工实训室

无人机实训室

汽车维修实训室

新能源汽车实训室

新能源汽车实训中心

物联网实训室

电竞实训室

机电一体化实训室

五、灯光——夜之目一盏明

学院注重灯光文化，在各种灯光汇聚的夜色里，水院的温度与光华并存。

（一）中华灯

学院南大门、北大门立有高耸的多头“U”形曲线中华灯，柱两端是金色，中间白色，高档大气，顶端十四个圆形灯盏端坐半空，如同朵朵含苞微开的莲花被高高捧起，等待夜色中的盛开，祥瑞安和。

（二）廊道灯

学子林的路灯形状可爱，呈灰色微“S”形弧线，线中间有灯带，顶端是红色心形，最顶处有一灯泡，亮起来时，边上有光，顶端红光，生动可人。它们在学子林排开，如透视的心一般，饱含满满爱意，表达着对学生的爱心守护。

七彩广场的廊道灯是柱式，灰色，中间亮，有灯形图案，排列在广场上，烘托着柳树和马兰草、书带草的绿意，是学生休闲娱乐的好去处。

（三）草坪灯

学院绿化地多，草坪多，满眼翠绿铺展绵延整个校园。夜晚，太阳能草坪灯发出微茫的光，在绿化带间，在丛林间，像开出的一捧捧花，点缀在夜色里，使绿植透着光，更加温馨。

（四）护眼灯

学院投资 160 多万元为每一间教室和办公室安装了无屏闪、防蓝光的护眼灯。宽阔的长方形护眼灯排列在教室里，保护着师生们的眼睛。明亮的灯光，照彻晚自习安静的教室，也照彻加班工作的教师，以光之明为他们守候、加油。

（五）道旗灯

学院内部路灯和道旗灯合在一起，上部是弧线路灯，中部是道旗灯。道旗灯高 1.2 米，宽 60 厘米，排列开非常醒目。道旗分两面：一面是红色调，展示全国和山东省技术能手、金牌技能标兵的形象；一面是蓝色调，展现校园文化核心理念和文明标语。道旗把师生们高高举起，也是学院把他们高高举起，让优秀师生闪闪发光，在众人瞩目中成为路标，成为榜样。

（六）亮化灯带

学院亮化工程在 2021 年教师节前夕完成，图书楼、大学生活动中心都是暖黄色灯带，亮色勾勒轮廓线，在夜色里温暖明亮。学子林台阶也是灯带，内部是射灯。萌源河两岸灯带蜿蜒如长龙，河边柳树、蔷薇透过灯更加翠绿可人，倒映在水中明亮异常。这一河灯，一河影，一河星光，仿佛都从梦中来。

安澜桥和同济桥是淡米黄色灯勾线。中间拱形陶然桥是彩色灯，变换着七彩光，红、橙、黄、绿、蓝、靛、紫在水波里闪烁，有着独特的美感。桥的台阶两边是角灯，把台阶烘托得明亮，照亮师生前行的脚步。

于福春书记常说："要让学校的夜晚明亮起来，每个人都应心向光明，自以为灯，照亮自己，也照亮别人。"

学院亮化工程全景

六、餐厅——晴暖相遇的美好

学院学生餐厅也顺应时代潮流进行了改造。以青绿和青橙色进行装饰，国风与现代融合，风格简洁大气，优雅舒适，处处渗透着美的元素。一楼餐厅以青橙色为主，青橙配色，冷暖相宜，尽显活力朝气，甜蜜美好。地面铺设米色亚光瓷砖，以木色装饰墙裙，配圆形吸顶灯，球形吊灯，电子屏显示图片菜品，同时配有文化标语，如"民以食为天，食以礼为先，人以俭为荣，饭以净为佳""惜香甜米，谢辛苦人""遵就餐礼，做文明生"等。南面墙上是袁隆平先生的线描头像，配有"人就像种子，要做一粒好种子"橙色字标语，醒目而郑重。中间柱子上配有青色标牌，以文明就餐语句为主。

学生餐厅文化设计

一、二楼楼梯中间整面墙是黄色调。晨曦中，阳光普照，安和宁静。左下角一农人在躬身插秧，右上角一农人与牛在耕犁，正中间是一顶天立地的白色光盘，中间大字书写“天地粮心，珍食莫蚀”，视之震撼人心，令人对粮食起敬畏心、爱惜心。

学生餐厅外景和内部环境

二楼餐厅以青绿色为主，青绿配色取从自然，清新清爽，轻松愉快。档口上方大字标示语是“每一粒食物都是土地开出的花”，中间柱子上配有绿色标牌，以文明就餐语句为主，西面窗子间处挂着 8 个绿色渐变标语牌，以节约粮食、光盘行动为主，色调清雅和谐。

三楼是休闲餐厅，多种风格组合混搭，一片一个风格。面积最大的是成排的古香古色的车轮形桌椅，给人以进入齐国古都的感觉。冬季配上小火锅，热气升腾，烟雾缭绕，仿佛进入齐国古人仙境；靠窗的沙发长椅，可鸟瞰篮球场；绿色桌椅像大自然一样清新。餐厅文化同样令人品味无穷——“饮水要思源，吃饭当节俭”“小份菜光盘族，节俭风健身心”“生命诚可贵，粮食价更高”。环境优雅舒适的餐厅，配上上百种名优小吃，谁能不爱呢？

学院每年春、秋季各举办一次校园美食文化节，师生们在运动场和七彩广场尽情品享校园美食，各种小吃名吃，还有淄博烧烤，令人眼花缭乱。师生节目展演更是精彩，无论是欢快的歌舞、猜谜还是套圈等，都使学院变成浸透着香味的欢乐海洋。

美食节活动现场

七、草坪——爱心在足下

2022 年暑期，学院整修校园，清除了路边的冬青篱丛，换成了平整的绿色草坪。视野立刻开阔起来，新鲜的草，新鲜的绿，满目青青醉人眼。

青草地，青草坪，还有青青子衿，青青学子，组成最美的青青校园。正午阳光，在青草地上跳舞，一层层掠过的光与风嬉戏着。树荫下，透过阳光筛下斑驳的影，随风晃动着、变换着，令人遐思不已。这样的静好时光，就是最好时光，是光影和青草合奏的校园之声。

这些新鲜的小草，清新、稚嫩，铺展着校园的美好。大美水院，处处美景。作为山东省省级水利风景区，学院注重环境育人功能，打造最美校园，润染、熏陶学生的审美情怀。提升美感，向美而生，与美同行。

每每看到这些草坪，便觉得这才是学校应有的样子，绿草如茵，绿意盎然。青春学子穿梭其间，昂然、矫健、活泼、可爱，一切美好都在这里！

草坪温馨提示牌

面对这些小草，每个水院人都会爱惜，不踩踏，不破坏，不损伤。草为德者绿，花为善者红。学院制作了绿色心形标识牌，大心加小心，小心上是笑脸，标牌用童萌体书写着耐人寻味的古意句子。这是低矮的文化，低到草地间，但也是绵长的文化，铺展在整个校园。绿满地，爱满地。

八、景观——松石合景容天地

山无石不奇，水无石不清，园无石不秀，室无石不雅。六十周年校庆期间，学院实施环境改造工程。于福春书记带着团队到各个石场和园林地考察，引入多种景观石，以自然之景添文化气息。

行政楼门前、德业楼与德馨楼中间以及德馨楼东侧的松石小景，以石为主，形如山，石上波纹密集，如水如云，纵意流畅。周围配以油松或黑松，三棵一组，大中小，前中后，错落排开，形成生动的小景观。

2021 年，学院环境升级改造中最引人注目的是引进南门的《水院赋》景观石，石长 8.68 米，宽 3.3 米，高 1.98 米。该景观石造型独特，整体呈山形，峰峦起伏，远中近三景错落，石凹凸处有绿植点缀其间，生机勃勃。最高处有一棵五角枫，独立峰巅，灵动有姿。石北面平整如墙，刻字《水院赋》，墨绿字红方印，古朴浑然，厚重有势。

另一景观石在西门，长 6 米，三座小山峰错落有致，绿植在石隙中摇曳。象形景观石在黄河路和管子路东北角，两只“海豚”在高台上舞动，活泼有趣。学子林西入口的泰山石，状如卧牛，石上行云流水，纹路清晰。这些随处可见的景观，处处见机趣，处处有真意。

行政楼南德馨楼东处松石小景

行政楼门前松石小景

川水石

《水院赋》景观石

海豚石

卧牛蓄势

九、石刻——字字箴言，铭智流长

石刻文化是以石之永恒铭记所示。学院石多，大大小小形状不一的石头散布在校园各个角落。最大的石刻坐落在大学生活动中心南侧，高近 5 米，宽 3 米。上刻有学院的校园文化主旨“正道而行　大道至简”。硕大的泰山石迎风而立，坚实笃定，代表学院正道而行，一往无前。字数最多的石刻当然还是《水院赋》石刻，768 个字，加上篆刻印章字，近 800 个字，正是水院人的风骨留存。四处散落的刻字有很多，可以说是随处可见，虽然石头坚硬，但文字温情，直入人心，与人同频共振。

文化刻石

“匠心”“仁者乐山，智者乐水”“上善若水”“山高水长”“春华秋实”“厚德载物”“有志者，事竟成”“读半卷书可养心，种数竿竹能却俗”“养青松正气，法竹梅风骨”“尚真”“善存”“美成”“静雅”“博识”……触摸一下，这些文字的要理要义便会传递到人的心中，给予人力量和能量。

第四节　水院风物知多少

大美水院，风景美、环境美、人文美，美在这里处处可见。学院负责绿化的赵承义老师，退休前将学院绿化植物按名称、种类、分布位置、种植时间、数量、规格、别名等进行分类列表，详尽记录了学院280多种绿化花草树木，再加上其他几百种野生植物，学院就是个大植物园。与校园环境相伴生的还有各种鸟，在每个黎明啁啾，水声、鸟鸣声处处可闻。

一、植物篇——水院花信风

学院有280多种绿化植物，数量最多的是梧桐，共有948棵，占据校园的每条道路，成为学院拳头形干道的标志。其次分别是白蜡765棵，樱花731棵，槐树（紫花槐、金叶槐、国槐、刺槐、龙爪槐）632棵，蜀桧542棵，紫叶李533棵，锦带花520棵，柳树459棵，海棠421棵，木瑾313棵，紫薇276棵，松树（雪松、华山松、白皮松、黑松、油松、赤松、景观造型松、大龙柏）248棵，五角枫192棵，银杏184棵，桃树169棵，柿树149棵，栾树131棵，女贞143棵，连翘652棵，牡丹423棵，芍药90棵，大花月季1035棵，紫荆240棵，红叶石楠152棵，欧石竹3344平方米等，它们分布在校园每个角落，各色花树满园，三季生机依靠这些植物相赠。人心与季节相应，才有鲜明的美好处处可见。

（一）牡丹国色又天香

学校萌源河南岸有片牡丹园，在四月的春风里，牡丹是最亮的一支曲子，它在百花丛中最鲜艳！硕大饱满的花团，滚动着展开，雍容华贵大气，仿佛把天地的欢庆都开出来，开到春之糜荼，开到尽兴尽欢。

正是“春风拂槛露华浓”，云裳花容，绚烂以极。每年校园牡丹花开得热烈喜庆，团团花簇，各色妍丽，国色天香，所有美好的词都可以用在牡丹花上。它们盛放在澎湃的气势里，蜜蜂嗡嗡地在这里寻蜜。牡丹花从将开的羞涩，到极盛的展妍，学院爱好摄影的老师用镜头为牡丹拍照留影。通过这些镜头，可让人们一睹校园牡丹的芳容！

牡丹花开满园

（二）海棠依旧

“海棠不惜胭脂色，独立蒙蒙细雨中。”

学院海棠种类繁多，有西府、垂丝、北美、王族、绚丽、高秆、贴梗，可谓海棠花开满园春。校园最多的是西府海棠，园丁林曾经大片种植，后移植到校园各处，以萌源河岸边居多。至善广场十多棵西府开得较早，开得最是绚烂，淡淡的粉色，与绿叶相合，正青春。垂丝海棠在图书楼门两侧各有五棵，冠宽枝矮，花明似火，照亮春的明。粉花小而薄透，灵动若铃铛，簇簇累累，垂挂枝头。

红粉至极的是北美海棠，在萌源河北岸、三合台西侧大片种植，花开时满树裹红，像一树树火炬，把春天开到深处。年年海棠依旧，而看海棠的人却年年不同。

海棠花开依旧

（三）樱花如霞

早樱赶早，开在春初，白色、淡粉色居多，花瓣薄透，在风里颤颤摇曳，仿佛被风一吹就离枝了。其实三五日，花真的就被风吹走了，满地花瓣成为春天的另一种美。早樱在行政楼东侧居多，北门东侧也有大片早樱林，开得春天一片锦绣。晚樱可谓花团锦簇，红粉色大花头在春尾轰然绽开，饱满的花朵，缀压着枝头，像棉花团一样，挤满了枝头。还有至善广场、樱花大道、宿舍区的樱花，把校园烘托得温馨温情。粉嫩娇艳，很是怡人，很是青春。

校园唯实楼西侧有棵樱花王，树冠宽，径粗壮，枝茂密，繁花累累压枝低，一树粉红爆燃春色，万千春光都展于其外、藏于其内，现已成为春花盛时的打卡地标。

樱花处处开

（四）蔷薇依偎

春天，蔷薇花占据校园每个角落。萌源河两岸，蔷薇如瀑，红绿垂波，叠影如画；桥头红粉，守望春光，迎送青春；沿河行走，一河花开得是满心满眼的喜悦。校园四面围墙更是蔷薇围拢，2017 年的蔷薇已然成势，高大繁茂，红粉花头高高举起，是倾城倾心的美。学子林南墙的蔷薇更顺势而上，有的爬到高大的银杏树上，把花开在 5 米以上的高处。无人机训练场那一墙百米浓厚的蔷薇花瀑更惹人醉。运动场西南铁丝网边更是蔷薇大开，把春天开得热热闹闹，开得四面笙歌。

蔷薇花开

（五）莲荷满塘醉

“斗指东南，维为立夏，万物至此皆长大，故名立夏也。”

五月，立夏时，万物长大，草木繁茂，百卉竞放，樱桃泛红，荷塘熏风。人生当如夏花之美，绚烂美好，是对生命深刻的讴歌。学院至善广场毓秀塘里，睡莲迎立夏时分而开，红白粉绿之间，一塘花色铺开，点缀着一方水域的悠然祥和。微风拂过，莲花浮动，夏水微澜，满塘醉怀。

六月炎炎，又迎来风荷满塘，红白粉黄，一片热闹。荷花浮出水，娉娉婷婷随风舞，清丽净洁。莲花贴于水，明净清幽。荷莲自古为世人所爱，喻为君子，自然为性，天然所在，水院风荷静莲，爱心随花开！看着它们仿如久别的故人，年年此时相逢，一期一会，照面会心，留影花颜，已无须多言。

睡莲满塘花醉

池光里倒映着主题雕塑“泉润”、行政楼和图书楼，锦鲤悠游，水中逐欢。师生们时常驻足观望、深思沉念——愿心如莲荷，安详、净美！

（六）金鸡菊遍地洒金

初夏，金鸡菊开满校园内外。校南门外，松龄西路五里长的金色花带绵延成金光大道，耀目闪眼。校园内更是金色满园，牡丹园南侧东边、篮球场西侧东边、萌源河北岸东侧，一片片金色花汇成金色海。明媚如歌，灿灿若霞，金色年华、金色时光都在水院里。

金鸡菊——遍地洒金

（七）欧石竹满目生霞

2021年，学院引进欧石竹，这种植物属石竹科，开粉色花，浓烈，灼妍，一小丛开起，如捧大小，连绵成片，灿然若霞，锦绣万千，天地生辉。学子林、黄河管子中路大面积种植欧石竹，特别是荣誉墙处，满满的红粉。它们把水院开成一片花海，人醉其间，陶陶然。

欧石竹满目生霞

（八）福禄考遍地绣春华

2021年学院景观改造大提升，引进新花色福禄考，也就是芝樱花，碎小的花朵开得密密匝匝，如织锦落霞一般，把春天的美从树枝的绚烂引向大地，轰轰然。粉色、淡紫色的花交叠连绵，一片片，一丛丛，把春天开得无边无垠。

福禄考绣春华

二、动物篇——悠游自在里的和谐

人水和谐，万物和融。校园里鸟禽数不胜数，喜鹊、戴胜、鸽子、白头翁等随处可见飞影、可闻声动。萌源河里更是一派悠游，水鸟在水中漫游、嬉戏、滑翔，使平静的水面增添无限生机生趣，也引得途经者驻足拍摄，留影片刻美景。萌源河上游的青荷塘相对封闭独立，少有行人过，便成了鸟儿的乐园，里面水鸡、野鸭、䴙䴘、白鹭、灰鹭、翠鸟等聚集在这片水塘，自在和乐，水面时常满是游动的身影，在晨光里让人沉醉。每年春天，万物生长生养，可以看到一窝窝新生的水鸟。鸭妈妈带着鸭宝宝巡游，鸭爸爸在后护航，一家子其乐融融，有着生命和静的美好。水鸡也一样，三两只小水鸡在水鸡妈妈的带领下觅食，在睡莲叶上行走，时常几只小水鸡在大水鸡的背上，坐船一般游来游去。时闻野鸭、白鹭和夜鹭在河上掠过，嘎嘎的叫声响彻校园，令人想起“落霞与孤鹜齐飞，秋水共长天一色”的诗句。萌源河里鱼儿多，鲤、鲢、草鱼等悠游来去，大者近米长，小者如米粒，机敏灵动，一群群搅动水波，漾开一圈圈散远。

水鸡亲情

水鸡和野雁

野雁休憩

水鸟

鸊鷉

第九章　塑魂长调

近年来，学院把抓好党建作为最大政绩，实施“党建与业务融合”突破项目，以党建品牌为融合着力点，多次召开党建品牌创建推进会，确立了党建品牌“要坚持与党的大政方针相结合，与学院校园文化核心理念相结合，与日常工作相结合”的创建路径，深度挖掘全体师生日常工作中一丝不苟的工作态度、精益求精的工作要求、追求卓越的工作精神，打造一支部一品牌，创建“讲好水院故事”“以爱为源·阳光育人”“家访报喜·爱出爱返”“向老师问好”四个院级品牌，让阳光洒在每一名师生的心坎儿里，让自信刻在每一名师生的骨子里。党建工作的创新开展，有效保障了学院各项事业的快速发展。

第一节　讲好水院故事：传递水院正声　展现水院形象

2016 年，习近平总书记在党的新闻舆论工作座谈会上指出，要讲好中国故事，传播好中国声音，展示真实、立体、全面的中国，提高国家文化软实力……

故事的魅力在于影响力、感染力和传播力。讲故事就是讲事实、讲形象、讲情感、讲道理，讲事实才能说服人，讲形象才能打动人，讲情感才能感染人，讲道理才能影响人，使人想听、爱听，听有所思，听有所得。

一、品牌创建历程

从 2017 年技能竞赛表彰大会肇始，到 2018 年承办全国水利职业院校大赛，进行技能竞赛暨校庆工作表彰，再到 2019 年、2020 年“讲好水院故事”暨技能竞赛表彰大会的实践探索，直至 2021 年“讲好水院故事”暨教学表彰大会和《“讲好水院故事”党建品牌 2022 年工作推进方案》的制定发布，历时几载光阴，以“传递水院正声，展现水院形象”为主旨的“有思想、有品位、有情怀，有力度、有高度、有温度”的“讲好水院故事”党建品牌最终形成，现已成为广大师生凝心聚力、对标先进、建树自信的重要载体，成为助推学院“加速转型、跨越发展”的不竭动力。

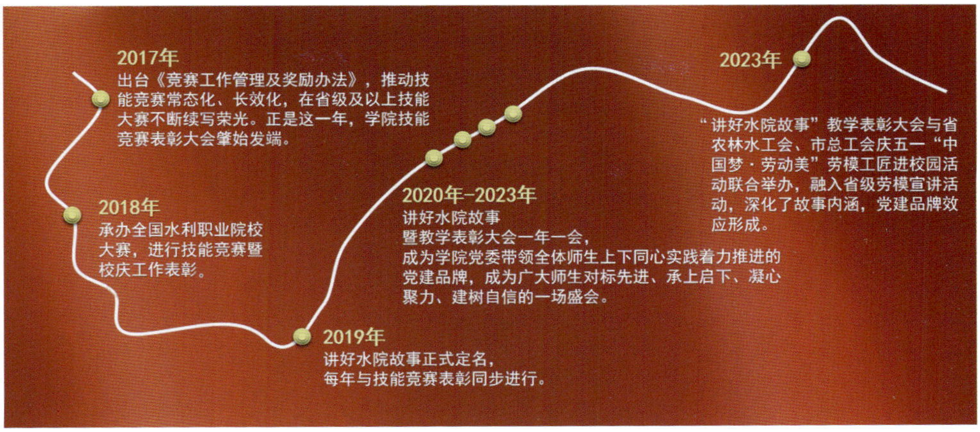

“讲好水院故事”创建历程

(一)品牌源起

学院创建于 1958 年，曾“四易其址，六更其名”，历经六十五载沧桑砥砺和风霜洗礼，演绎了无数可歌可泣的热血故事。这些故事的底色，是水院人“艰苦创业、自强不息、敬业爱岗、勇于奉献”精神的渲染，是水院人集体创作的芳华隽永的篇章的铺陈。

2018 年，学院圆满完成了六十周年校庆系列工作和全国水利职业院校“鲁水杯”技能大赛任务，省级以上技能竞赛成绩再次刷新历史纪录。为了表彰先进、对标榜样、鼓舞士气、提振信心，营造比学赶帮超的良好氛围，学院党委决定将技能竞赛表彰和校庆工作表彰合而为一举办表彰大会，除文艺汇演外，穿插选取部分教师和参赛选手代表发表感言，新颖的形式和励志的节目，获得了社会各界的广泛赞誉。由此，学院党委决定此后每年举办一次技能竞赛表彰大会。

2018 年全国水利职业院校技能大赛学院获奖师生合影和校庆工作表彰大会师生代表发言

(二)品牌探索

2019 年，学院师生参加了 40 个省级及以上技能大赛，获得一等奖 33 个、二等奖 36 个、三等奖 28 个，3 名学生入选第 46 届世界技能大赛山东省集训队，3 名老师参加山东省“技能兴鲁”职业技能大赛并获得各自参赛项目的第一名。

院领导在表彰大会筹备会上指出，技能竞赛成绩已经成为衡量一所职业院校教学质量的一把重要标尺，这些获奖的优秀老师、优秀学生，就是学院将来成为国家级重点技师学院的四梁八柱；他们的优异成绩，就是学院将来成为职教名校的奠基石；他们的感人故事，就是学院一堂堂立体的、行走的思政课，必须大力挖掘，积极弘扬。

“讲好水院故事”暨技能竞赛表彰大会片头

院领导的讲话，为表彰大会的举办指明了路径和遵循，即深挖学院教育教学中的先进事迹和师生技能竞赛成绩背后的感人故事，合而为一，同步展现。

经各部门、各支部的踊跃推荐，大会筹备工作组进行了多轮筛选，最终 8 个取材于学院真人真事、由师生共同演绎的节目，成为此次表彰大会的表演内容。同时，确立了“‘讲好水院故事’暨××年技能竞赛表彰大会”的冠名形式。

（三）品牌初具

2020 年，学院技能竞赛获省级以上奖励 93 项，多项成绩创历史新高。其中，国家级竞赛一等奖 2 个、二等奖 10 个、三等奖 5 个；省级竞赛一等奖 27 个、二等奖 30 个、三等奖 19 个。10 名师生荣获“山东省技术能手”称号。时任山东省水利厅厅长的刘中会同志专门发来贺信予以祝贺。

“讲好水院故事”暨 2020 年技能竞赛表彰大会合影

在年终如期召开的“讲好水院故事”暨2020年技能竞赛表彰大会上，院领导在致辞中指出，学院“讲好水院故事”暨技能竞赛表彰大会所秉持的宗旨，正与“劳模精神、劳动精神、工匠精神”的深刻内涵一脉相承。经过精心编排的8个取材学院真人真事的节目，均颇具代表性和典型性，让师生切身感受到奋斗的青春最亮丽、团结的力量最宏大、无私的关爱最温暖，真实展现了学院师生砥砺奋进的精神风貌，再现了学院勇毅笃行、硕果丰盈的2020年。师生看后纷纷表示，节目编排可赏可感可学，令人印象深刻，感动良多，从而斗志满怀，定当再创佳绩。

（四）品牌确立

2021年，学院在山东省教育厅对省属技师学院绩效考核中综合排名第三，并获得“全国水利行业技能人才培育突出贡献单位”“全省技工教育先进集体”“全省职业技能竞赛表现突出单位”等荣誉称号。在国家级、省级技能竞赛大比武中，全体师生有161人(次)获奖，其中一等奖33个、二等奖51个、三等奖59个，5位教师荣获“山东省技术能手”称号。

基于学院取得的优异成绩和呈现的可喜变化，学院党委经研究，决定将“技能竞赛表彰大会”更名为“教学表彰大会”，彰显学院的教学成绩已由技能竞赛一枝独秀扩展到方方面面的枝繁叶茂。

2021年“讲好水院故事”暨教学表彰大会合影

与大会名称一起改变的，还有节目内容的设置。除了5个含金量足、燃情点高的讲述节目外，党委书记带领学院新党员进行入党宣誓的环节成为此次活动形式的一大创新和亮点，既为活动平添了庄严隆重的底色，也成为聚焦最多目光的关键环节。院长为竞训工作室授牌环节，是活动的又一大亮点所在，同样激人奋发，励人前行。上述活动一经各权威媒体报道，便获得了热烈反响。

“讲好水院故事”党建品牌2022年工作推进方案、标识及释义、栏目推进发布

（五）品牌深耕

2022年，学院在山东省教育厅对省属技师学院绩效考核中获优秀等次，学院在转型跨越的发展巨变里，再次积聚力量，迸发能量。学院制定了《“讲好水院故事”党建品牌工作推进方案》，成立了工作协调小组，确立了品牌标识，确定了品牌素材选取途径、品牌传播途径和方式，制订了品牌宣传计划和三年工作规划。2023年，学院在山东省属技师学院绩效考核中再次获得优秀等次，“讲好水院故事”品牌再度深化。

二、“讲好水院故事”党建品牌的实施举措

（一）广选素材全媒传播，形成和声合奏

故事的魅力在于影响力、感染力和传播力。学院开辟了“学子楷模”“名师高徒”“教师伉俪”“优秀校友”四个专栏，每月一期，四个专栏内容同步推出，通过校园融媒体（官微、官网、院报、校园广播、抖音、快手等），人民网、光明网、大众网等主流媒体，以及讲坛、课堂、班会和情景剧表演等途径，进行全媒体平台系列化、立体矩阵式推送发布，形成水院故事的和声合奏。

“讲好水院故事”开辟了“学子楷模”“名师高徒”“教师伉俪”“优秀校友”四个专栏

官微、官网、院报、校园广播、抖音、快手等融媒体全网发布

（二）融合思政，丰富载体，合力协同推进

一是线上线下同步开展优秀学子和校友先进事迹分享会。榜样就在身边，楷模给予力量。优秀学子勤勉向学频迎高光时刻，成为同学们对标的榜样；优秀校友砥砺奋进勇于干事创业，成为服务社会的精英。他们都是水院故事里的主人翁、水院励志的活教材。

优秀学子和校友先进事迹分享会

二是编排“讲好水院故事”思政情景剧。甄选“讲好水院故事”典型案例，引导学生通过采访故事主人公、撰写剧本，自导自演排练情景剧、小品等形式（每学期至少一个），开展互动式、体验式思政课情景剧成果汇报展演，融情于景，寓教于剧，让思政课堂变得鲜活生动起来。

“讲好水院故事”思政情景剧

三是开展先进典型讲授思政课活动。遴选优秀师生开展先进典型讲授思政课活动，马克思主义学院（筹）根据思政课教学计划，安排优秀师生走进课堂，通过讲述自身的成长奋斗故事，有针对性地为学生讲授思政课。

开展先进典型讲授思政课活动

（三）深化内涵，拓展外延，持续扩大影响

一是开展感动水院人物评选。

二是订制专属“讲好水院故事”大礼包，配合家访送喜报活动赠送。学生韩子正是学院党委书记和院长分别到家送喜报的唯一的一名学生。寒冬大雪天，学生李富水家长为迎接送喜报的教师，扫雪两里多路，正所谓“教师冒严寒，辗转千里送春风；家长燃希望，热情扫雪两里路”，成就了一段家校的深情佳话。

学生韩子正成为学院党委书记和院长分别到家送喜报的唯一的一名学生

“讲好水院故事”专题片

三是汇编图书《讲好水院故事》，制作年度专题片。2023 年 3 月 29 日，“讲好水院故事”暨 2022 年教学表彰大会如期举办。党委书记于福春动情地发表感言：“‘路虽远，行则必至；事虽难，做则必成’。我们有着讲好水院故事的丰富资源：一直以来以奋斗姿态挺膺担当的教职员工，生发着取之不尽的故事；一直以来以奋进信念激扬青春的莘莘学子，书写着日新月异的故事。举起他们，水院的荣光方可绵延赓续；举起他们，水院的脚步自然铿锵有力；举起他们，水院的未来定能行稳致远。”此次活动创新了传播形式，通过腾讯会议现场直播，实现了师生和家长线上线下同步观看互动。广大师生通过沉浸式情景讲述，共同演绎了 8 个均取材于学院真人真事的感人故事，再现了学院“历尽天华成此景，人间万事出艰辛”的感人历程，被师生们誉为学院有史以来最为精彩、最为振奋人心的一次盛会、一堂思政大课。2023 年，学院拍摄制作党建品牌视频《传递水院正声　展现水院形象》，赢得校内外广泛赞誉。《传正声　聚正能　弘正道——学院以党建品牌“讲好水院故事”凝聚转型跨越力量洪流》参加第三届全国水利院校优秀德育教育成果遴选活动，获得三等奖。凭借典型党建品牌创建经验，水院在山东省水文系统工作会议上进行交流发言，获得一致认可与好评。

图书《讲好水院故事——山东水利技师学院党建品牌创建案例》

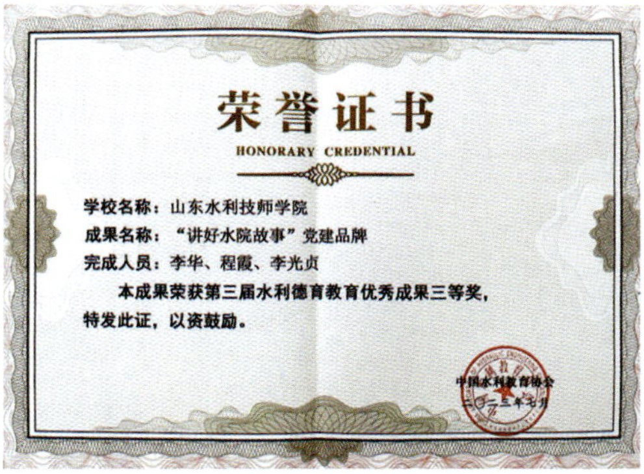
荣誉证书
HONORARY CREDENTIAL
学校名称：山东水利技师学院
成果名称：“讲好水院故事”党建品牌
完成人员：李华、程霞、李光贞
本成果荣获第三届水利德育教育优秀成果三等奖，
特发此证，以资鼓励。
中国水利教育协会

党建品牌“讲好水院故事”荣获第三届全国水利院校优秀德育教育成果遴选活动三等奖

全省水文系统工作会议上介绍“讲好水院故事”党建品牌创建经验

三、“讲好水院故事”的启示与意义

“讲好水院故事”历经七载，自身已然成为一个精彩的故事。学院党委是故事讲述平台的搭建者，师生是故事的亲历者、见证者、讲述者。现如今，学生家长、学生家乡、社会媒体也逐渐成了水院故事的讲述者、传播者。

（一）水院故事讲什么

水院故事不仅呈现在“讲好水院故事”的舞台上，学院的每个角落都有故事发生。水院故事是成长的故事，是成才的故事，是奋斗者的故事，是昂扬青春的故事。这些故事的背后还有更多的“故事”在演绎——它们是理念，是文化，是情怀，是大爱！

水院故事，呈现的是尊师重教。一进水院的大门，就能感受到扑面而来的水院气息。

校园一条条荣誉大道路边高高举起百面道旗，一位位师生明星朝气蓬勃、昂扬向上的形象被高高举起：从省技术能手到省五一劳动奖章获得者，再到全国技术能手，从学院金牌技能标兵到省赛冠军，再到国赛翘楚……什么是新时代的“四有”好老师？什么是尊师重教？这就是最具象、最深入的践行。

水院故事，彰显的是学生至上。“学院的一切资源归学生所有，学院的一切资源为学生所用。”学院不惜教育成本，让学生在校“学得好”“住得好”“吃得好”“玩得好”“身心好”。智能制造系毕业生孙汇鑫，2021 年参加国家特种设备安全管理和作业人员特种设备焊接作业考试，取得“核电级压力容器职业资格证”“管道及压力器职业资格证”，成为当年全国考取《中华人民共和国特种设备安全管理和作业人员证》的仅有的 20 人之一。都说神枪手是子弹“喂”出来的，那孙汇鑫同学就是学院用焊条“喂”出来的。他知恩图报，毕业后主动回校免费指导学弟学妹们一年，以报答学院的栽培。

水院故事，书写的是教书育人。教育教学是立德树人的系统工程，简单说就是“教书育人”。捧出一颗心，投入炽热的爱，拿出真本事，做出好示范。学生胡玉立、张汝康、李富水在水院书写青春，同在 2022 年正式入职留校任教，实现了由“生”到“师”的华丽蝶变。除了自身努力，也离不开教他们做人做事，在节假日、在严寒酷暑中、在深夜陪伴他们、指导他们学习知识、锤炼技能的师长们。

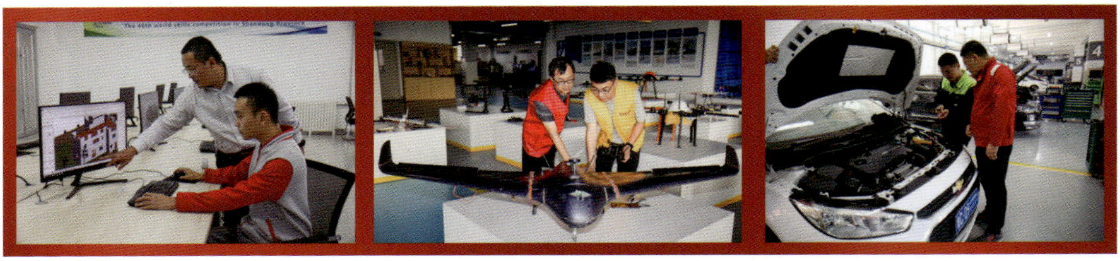

胡玉立、张汝康、李富水和他们的指导教师

2023 年“讲好水院故事”现场于福春书记与家长视频连线

水院故事，传播的是正能量。2023 年 3 月，在“讲好水院故事”的节目现场，于福春书记俯身向台下深鞠一躬，动情地说：“感谢各位老师一以贯之的辛勤付出。新征程上，让我们勠力同心，陪伴我们的孩子成长成才，我谢谢你们！”获奖学生韩子正的家长在现场连线中，深为孩子获得全国工业设计职业技能大赛第二名而激动。他也对着会场深鞠一躬，感谢学院的培养和老师的教导。两个深鞠躬，传递着情怀、信赖、期待和希望，连接起学生、家长、教师和学校，成为学院全环境育人、播撒教育大爱的生动范例。

水院故事，蕴含的是“正道而行　大道至简”。“正道而行　大道至简”是学院的文化主旨，是“讲好水院故事”的灵魂。学生入校时，经历了应试教育太多挫折，缺乏自信。在学院这个大家庭里，全体教职工的努力唤起了他们那颗积极上进的心，激发出他们那股不服输的劲头，唤醒了他们那种强烈展示自我、成就梦想的渴望，从而在技能竞赛战场上拼搏，在才艺舞台上绽放，在一声声“老师好”中受到文明礼仪的熏陶，成为水院最可爱的学子、最出彩的骄傲和最美好的未来。一言以蔽之，走正道扬大道，他们一样可以成为国之栋梁。

（二）水院故事怎样讲

把“水院事情”干好，成为有故事的人。先干再讲，干好才能有讲好的基础。“学校有学校的样子，领导有领导的样子，老师有老师的样子，学生有学生的样子。”师生们各司其职，各安其岗，各尽所能，协同奋进，书写前进的篇章，都努力成为故事的主角，成为有故事的人。

把“水院故事”讲好，就要用事实说话。事实本身自带力量。在每一次“讲好水院故事”的舞台上，一件件事都真切地发生在师生们身边。当把它讲出来时，人们内心依然会感动，它是真实的，是与每个人相关联的，值得信服，值得纪念。

形式多样地讲好水院故事

把“水院故事”讲好，就要形象、情感皆动人。形象的表达能让故事更生动，引起更多的关注和聚焦。讲好水院故事着力探索更多的表达方式，除了讲述，还有场景表演、舞台剧、抒情诗歌、三句半、快板等形式，情感充沛、情动于衷、情寓于事，引发师生共鸣。

感人至深地讲述水院故事

（三）水院故事为什么能讲好

2023年“讲好水院故事”节目报名时，师生爆发出了前所未有的参与热情，争先恐后地想上台，说明大家更敢于表达自己，更愿意表达自己。

学院领导为技能竞赛获奖师生颁发奖金牌

从现象看，是整体实力的增强。经历了三年疫情，师生们见证了学院的不断发展上升，感受到了在山东省属技师学院年度绩效考核中年年登高的自豪感和收获感。2022年、2023年连续两年考核优秀，任何一个努力的“我”和“我们”都会倍增自信。

从本质看，是认知水平的提升。于福春书记经常教育提醒中层党员干部，既要脚踏实地，又要仰望星空。“讲好水院故事”就是师生们身边的“星空”，它是一个舞台，也是一面镜子。把工作做好，还要把工作讲好。从“做好”到“讲好”，是一种思想和认知的突破。看到越来越多的参与者、讲述者从讲述身边人到敢于讲述自己，都是一种勇气和认知的提升。

从纵深看，是久久为功的必然。毕七年之功，终于将“讲好水院故事”打造成有广泛社会影响力的党建品牌，这是学院党委高瞻远瞩和久久为功结出的硕果。每一名师生，都在故事中受到熏陶、受到激励，在故事中点燃梦想，从听众、观众到主角，演绎着向上、向善、向美的人生乐章。

七载奋斗光阴，六场水院盛会，无数的典型故事串成水院绵长壮气的党建工作，展现了学院师生踔厉奋发、勇毅笃行的实干精神和踵事增华、光前裕后的奋斗成就。

故事在传颂，师生们在努力……

学院召开“讲好水院故事”·2019年技能竞赛表彰大会

山东水利技师学院召开“讲好水院故事”暨2020年技能竞赛表彰大会

实干圆梦想　奋进赢未来

踵事增华向未来
——学院召开讲好"水院故事"暨2021年教学表彰大会
讲好水院故事

华章赓续铸荣光
——学院召开讲好"水院故事"暨2022年教学表彰大会
举起他们　水院的未来定能行稳致远

讲好水院故事校报

每年的"讲好水院故事"都会有一个主题：拍摄三张大合影，一张是主题合影（舞台），一张是教学表彰（技能竞赛舞台）大合影，还有一张室外大合影。三张大合影，留念这一共贺同喜的盛会，定格师生欢欣鼓舞、无限荣光的高光时刻。每次看到这些合影，大家依然心潮澎湃、热血沸腾——只要故事来自情怀、真挚和热爱，葆有初心，葆有感动的能力，保有生命的热情，就会有好故事，就会有源源不断的传颂……

“讲好水院故事”历年大合影

第二节　家访报喜　爱出爱返：倾听关切心声　彰显育人担当

有一种坚守，贯七载岁月；有一种情怀，叫以爱为源；有一种奔波，赴万里关山；有一种追求，是立德树人；有一种大爱，即爱出爱返。

2017～2023年，学院历经七年的不懈坚守，由主要领导带队，党员职工踊跃参与近300人次，线上线下家访数千户，行程逾万里，书写了一个个鲜活真切的爱心育人故事，形成了鲜亮动人的“家访报喜，爱出爱返”党建品牌，彰显了学院“学生至上，以学生为中心”的育人理念，有力助推了“学生信赖、家长满意、社会认可”办学目标的实现，为学院转型跨越打下了坚实基础。下面一个个暖心又感人的片段，就是“家访报喜，爱出爱返”党建品牌创建的一个个生动的注脚。

一、书记院长，家访报喜

每一年的家访报喜，都是学院寒假期间的重点工作。学院党委书记于福春和院长孙桐传都亲自带队，顶寒风冒雨雪，做家访送喜报，并深入村居做调研。

第46届世界技能大赛汽车喷漆项目一等奖的获得者黄超群同学的家，在莱芜区和庄乡下洼村，是于福春书记2020年率队做家访送喜报的第一站。一路上锣鼓开道，招生处处长刘延华举着15000元的奖金牌走在前头，村民纷纷驻足观看。在黄超群家中，于书记与黄超群的父母促膝长谈，对黄超群的人生规划提出建设性意见。2019年，黄超群经过不懈努力，以全省第二名的成绩入选世界大赛集训队。学校一直关注他的成长，为其成长提供最佳支持和帮助。黄超群的姨父分享着外甥的喜悦，开心地说：“这孩子小时候特别顽皮，但脑瓜活。超群你要好好学，记住天才是干出来的！”此外，于福春书记这些年还亲赴获得全国水利职业技术院校技能大赛工程造价一等奖的水利工程系 2018 级曹鑫达同学，获得全国第五届计算机大赛短视频编辑和新媒体排版设计第一名的信息技术系计算机网络 2019 级王国旭同学，获得全国工业设计职业技能大赛灯具设计金牌奖的智能制造系 2018 级韩子正同学家中送喜报做家访。

于福春书记带队为黄超群同学送喜报

于福春书记带队为韩子正同学送喜报

孙桐传院长带队为吴沛儒同学送喜报

边敦典院长带队为李梦瑶同学送喜报

在全国第一届职业技能大赛优胜奖获得者吴沛儒同学家中，孙桐传院长亲手将 3 万元技能竞赛表彰奖金送到吴沛儒父母手中，在祝贺吴沛儒取得优异成绩的同时，向他们一家致以新春的问候。吴沛儒母亲感动地说：“学院的领导老师都辛苦了，孩子能取得优异的成绩，全在于你们以爱为源的教诲和培养，我代表全家向学院领导和老师致以最真诚的谢意。”孙桐传院长欣慰地说：“学院在国家级技能大赛取得好成绩的同学，都已被相关事业单位和优质企业虚位以待，沛儒同学的前途不可限量。希望沛儒同学在今后的工作和学习中更加刻苦自觉，力争将来一踏上工作岗位就能独当一面。学院以你为荣。”

家住淄博市博山区白塔镇南万山村的韩子正同学，在第二届全国工业设计行业职业技能大赛（国一类）灯具设计师赛项中斩获金牌，获得一等奖，开创了学院历史。他是于福春书记和边敦典院长分别上门送喜报的唯一一名学生。当边敦典院长率队抵达韩子正居住的小区时，韩子正的父亲握着边敦典的手感激地说：“子正到水院读书后，不仅整个人懂事了，更没想在学习上能取得这么大的成绩。感谢水院的培养和教育，水院的老师就是孩子一生的贵人。”老师们送上了大红喜报和 21000 元的奖金牌，说：“年轻人就应该也必须有拼搏精神。韩子正取得这么好的成绩，委实可喜可贺。”边敦典院长欣慰地说道。他随之勉励韩子正：“设计工作要求的知识非常全面，以后要多接触一些实际项目，参与到指导老师的技术服务中，把学习能力转换成工作能力，不断提升自身综合素质。”在韩子正家一番交谈后，边敦典院长一行还将大红喜报送到了南万山村村委会，共享这份沉甸甸的荣耀。

二、千米扫雪，热情迎客

淄博市沂源县中庄镇耿庄村是智能制造系学生李富水的家乡。2019 年，他考取了中国民用航空局颁发的多旋翼无人机教员证（当年全国仅 1000 多人持有）。

下大雪了，沿着山间的小道，家访报喜队伍一路摸索前行。进了村，车停在一个湖边，李富水的家在湖对岸山坡最高处。师生们下了车，车旁边，有两个人拿着大笤帚在扫雪。原来是富水的爸爸和叔叔，他们说路上不好走，来扫雪迎大家。看着他们的头发上、身上落满了雪花，寒风中，师生们的心里涌出一股暖流。“小桥上、山坡的小路上，早几天的雪还没有化掉，新下的雪盖住了硬实的冰块，一不小心就会滑出一大脚”，他们不断提醒着。从山下到山上，有二里的路，锣鼓队的同学们一路敲锣打鼓，很是欢快。

“他们用最朴素的方式隆重欢迎家访报喜的师生们，这是最质朴的情感、最朴实的表达。倾我所能，表达我心。村书记、村主任，富水的叔叔、舅舅来了，邻居们来了。围坐在客厅里，聊聊孩子、聊聊学校、聊聊家里的情况，感觉就是一家人。”这是一位老师写下的感悟，真情再现了当时的感人场景。

三、一面锦旗，十分信赖

为了表达对学院的感恩，对老师的感激，家访报喜过程中，学生和家长时常会赠予锦旗以表衷肠。锦旗的分量虽轻，但在学院领导和老师心里的分量却很重——那是家长的由衷信赖，那是孩子奋进的动力，那是对水院干部职工的激励。

“真没想到国旭去水院之后转变会如此之大，还取得了这么好的成绩，于书记又亲自来到家中给我们送喜报拜年，我们非常感动。给学院献上这面锦旗，祝福学院取得更好更优异的成绩，也希望孩子在学院领导和老师的关怀下能够实现更好的发展。”2022 年，信息技术系学生王国旭获得了一个国赛一等奖、一个省赛一等奖的优异成绩。在他家中，他的父亲如是由衷感言，并将一面写有“以爱为源，授教有方”的锦旗送到于书记手中。

王国旭家长为学院送上锦旗

曹鑫达家长为学院送上锦旗

“你们来就是对孩子最大的鼓励，请收下这面锦旗！”在淄博市张店区曹三村，获得全国水利职业院校大赛水利工程造价一等奖的曹鑫达同学家中，曹鑫达妈妈感恩地对于书记说，“学院做到‘教书育人，爱生如子’才能使孩子成为优秀的人。感谢学院领导及老师对孩子的付出和栽培。”在居委会，陈主任说：“鑫达这孩子是我们从小看大的，现在越来越出息了，全靠学校培养得好。”

“非常感恩学校、感谢老师，把王晨培养得这么好！从没想过以前在老师眼中的差学生，到了山东水利技师学院还能够获得大奖，真是完全变了个人！”王晨家长一语道出感激之情，并将一面绣有“育人育德育正气，培育恩泽厚如山”的锦旗送到老师们手中。

“学院秉持‘以生为本、以爱为源’的育人理念，通过分享学生获奖喜悦，倾听家长心声建议，传递教育爱的温度，充分将高校服务社会的功能与实践紧密相融，着力提升学院招生力度、影响力和美誉度，着力完善学校、家庭、社会‘三位一体’的教育体系，助推学生成长成才，收到良好成效，现已成为助推学院校园文化建设的一个亮丽品牌和学院对外展示良好形象的一扇重要窗口。”孙桐传院长由衷感言。

七年来，多家国家级、省级主流媒体对学院家访送喜报活动进行了报道，“家访报喜，爱出爱返”党建品牌的社会影响力与辐射作用也越来越大，成为学院每年党建工作的亮点。特别是2022年7月，学院印发《“家访报喜　爱出爱返”党建品牌2022年工作推进方案》，将该党建品牌向着更丰富、更深刻、更具体的目标扎实推进。

“家访报喜　爱出爱返”院报

第三节　以爱为源　阳光育人：浇花要浇根　育人先育心

2021年11月30日，山东省水利厅直属系统党建品牌创新大赛决赛在济南举行，来自18个基层党组织的党建品牌同台亮相。最终，学院党建品牌“以爱为源，阳光育人”一路过关斩将，一举夺得二等奖。其展示的，正是学院聚焦育心育德，助力学生成长，着力打造“准军事化管理＋专职辅导员队伍”学生管理特色，构建全方位、全天候、无缝衔接、责任可追溯的学生管理网络体系的经验及成效。

荣获山东省水利厅直属系统党建品牌创新大赛决赛二等奖

一、立足技工教育，创新学管模式

2015年8月，结合技工院校学生特点和学院实际，学院党委坚持立德树人根本任务，在守正中创新，着力打造“准军事化管理＋专职辅导员队伍”学生管理特色，借鉴军营模式，做到“一日生活条令化，班级运转连队化”。学院成立了专职辅导员队伍，建立起严格的辅导员工作制度，辅导员24小时在岗，与学生同吃同住，严格执行“六必到”（早操、课前、晚自习、晚就寝、集体活动、突发事件必到）、“六必做”（每天必须有计划有总结、检查学生出勤和卫生、进行晚查寝、检查学生行为规范、与学生谈话、掌握学生行踪），构建起全方位、全天候、无缝衔接、责任可追溯的学生管理网络体系。

学生教导队训练

军训

早操

集合带队行进

二、强化五个抓手，健全运行机制

学院坚持“三会一课”，提高政治站位，统一思想认识；坚持每日晨会，分析问题部署工作；坚持以赛促建，每年开展“辅导员职业能力大赛”和“全员课程思政比赛”；坚持以考促评，完善考核机制；坚持总结反思，聚焦学生工作突出问题，凝练充实《于瑛阳光育人法》。

三、传承红色基因，增强理想信念

学院出台了《关于规范组织重大节庆仪式（活动）的意见》，将中华优秀传统文化和红色精神谱系融入师生思政教育中，利用清明节、端午节、七一建党节、国庆节、宪法日、国家公祭日等开展主题党日活动；利用红色教育资源，走进莱芜战役纪念馆、焦裕禄纪念馆、马鞍山抗日遗址、淄博煤矿博物馆等红色教育基地开展党性教育，在重温党史中坚定理想信念，在缅怀先烈中永葆党员本色，切实将师生的爱党之情、报国之志转化为推进教育教学改革的实际行动，让学生坚定不移听党话、跟党走。

四、打造特色载体，倡树多元发展

浇花浇根，育人育心。学院在2020年出台了《关于深化思想政治理论课教学改革的若干意见》，深化思想政治教育工作改革，坚持每月有主题、每周有活动，淬炼出成人礼、思政晨读、任务型晚自习、集合带队、诗词大赛等校园思政特色载体。同时，秉承“快乐学习，多元发展”的学风，2021年学院修订了《学生社团管理办法》，活跃“第二课堂”、丰富“第三课堂”，指导学生社团活动和公益实践服务，挖掘每一个学生的兴趣所在，让学生在兴趣实践活动中被认可、被关注、被肯定，助力学生自信成长，激发校园创新创造活力。正是在这一系列沉浸式的教育活动中，学院“思政课程＋课程思政”“课内思政＋课外思政”“校内思政＋校外思政”的“大思政”格局内涵才不断丰富，“人人思政、事事思政、时时思政”的氛围逐渐形成，助推师生于潜移默化中启智润心，激扬斗志。

丰富多彩的第二课堂、兴趣小组、社团活动

五、培养劳动精神，提升综合素养

学院抓住劳动教育是“五育”融合的关键枢纽，构建起具有职教特点的“四个融入”劳动教育模式，即将劳动教育融入价值引领，以劳树德；融入日常生活，促进以劳健体；融入实习实训，促进以劳强技；融入校园文化，促进以劳育美，并积极践行。如在萌源河东北处设置学农基地，让学生体验耕作劳动过程，感悟田园劳动之美；利用每周二、周四下午第五、六节课，组织全院学生参与环境卫生区保洁和绿地养护劳动；着力打造“学生公寓自主保洁”模式……让学生在学习、生活中养成劳动习惯，提高劳动技能，涵养劳动品质，不断增强劳动荣誉感和幸福感。

学院坚守信仰，用真理、真言、真行教化学生，用真情、真心、真诚感化学生，人人争做学院思政工作的主攻手、学生管理的主力军、学生成长的主心骨，让学生“乐其师，信其道”，把真、善、美的种子深植学生心田，这就是“以爱为源，阳光育人”党建品牌的旨要所在，这就是“水院铁军”——辅导员队伍的终极追求。

爱心辅导员

第四节　向老师问好：一声“老师好”　一生“好老师”

从3岁上幼儿园到小学，进中学，我们每天见到老师都会礼貌地问候一声“老师好”。每日上课前，班长都会在老师走进教室的刹那大声说：“起立！”学生站起来齐声道“老师好”，老师笑着回应“同学们好，请坐”。在这声声“老师好”中，我们开启了知识与智慧之旅。

老师好！一个“好”字，传达了对教师的尊重与敬爱。国人尊师重教久矣，美誉良多：“师者，传道、授业、解惑”“一日为师，终身为父”“教师是人类灵魂的工程师。”如今，向老师问好，像一朵朵馨香的花，在学生唇齿间生香，香满校园；又像落在教师心田的果，流溢甜蜜。向老师问好，已然成为学院阳光育人的品牌，众口铄金，光芒暖心。接下来，就让我们一同回看学院这一品牌推动与倡行的历程。

一、源起：一声问候践行礼节

一所学校，有“老师好”的声音，才能体现出师生互动的亲切和情义。于福春书记一贯重视学生的品性和礼仪教育，殷切期待学生成为有智识修养、知书达礼的人。2016年秋季新生开学之际，于福春书记与学工处副处长徐加山交流新生入学教育事宜。很多学生中学时成绩一般，自信心普遍不足，需要让学生自信阳光起来。于福春书记深知把好入学关口是教育学生的重中之重。他语重心长地说：“加山，能不能在学生中开展向老师问好的活动？我认为很有意义，你们试试看。”于是徐加山处长在辅导员中开始推行“向老师问好”这一举措，教育每个学生见到老师要主动问好，从日常问候语开始，教育引导学生尊师重礼。礼貌是一个人进入社会的“通行证”，是社会交往的“通行证”，是人际关系的“通行证”，要让学生们知礼行礼，主动问候老师，成为阳光自信、有益于社会的人。

从此，新生入学教育便从“向老师问好”开始，学生的声声“老师好”和教师回应的“你好”“你们好”在校园里此起彼伏，流动回转在师生间，温暖着师生们的心田。很多外来单位的人来校办事，学生们遇到时同样友好亲切地问候一声“老师好！”，令其感动和感慨，纷纷赞扬“学校的学生真懂礼貌，有修养！”时常出现这样的情况：学生们列队行进，一整队人从身边路过，教导员率先喊一声“老师好！”，队伍里的学生们便齐声高喊“老师好！”，声如洪钟，响彻校园。这洪亮的“老师好！”有分量、有力度，是全体学生的内心认同，令人动容。向老师问好更是对老师的激励和鼓舞。声声“老师好”，就是声声大爱，更是师生的互敬互爱。

学生集体做游戏

教师参加快闪

二、推进：声声问好集珠成串

2017 年 6 月 28 日，于福春书记在“笃行班”调研座谈时曾说：“何谓品性醇厚？所有同学都需要在学习和生活中加强品德修养，在增强自己技能的同时修炼品性。‘品性’并不是虚无缥缈的，在校园里见到老师问声‘老师好’，踏入社会后见到年龄大的人问声‘叔叔阿姨好’，看似很普通再简单不过的一件事，却是品性醇厚的一个重要表现。”

2017 年 9 月 10 日，于福春书记在庆祝第 33 个教师节大会上作了题为《做“学生信赖、家长满意、社会认可”之师　办“省内一流、国内知名”之校》的报告。他说，7 月的师德师风演讲中，李华老师演讲的题目是《师德之路》，其中有这样一段话：如今每天在校园里，听到最多的声音是“老师好”，学生们无论是教过的还是没教过的，无论在哪里遇到，面对老师时都会礼貌地说一声“老师好”。那么这句学生们天天挂在嘴边的“老师好”，我们能不能让他们真正体会到，这不仅是一声问候，而且是一声发自内心的话语，是对老师真正的尊敬和喜爱？而我们能做的就是力行一个“好”字，以师德树师好。

2019 年 9 月 10 日，于福春书记在庆祝第 35 个教师节大会上作了题为《没有局外人　不当旁观者　水院的发展离不开每一位教职工》的报告。他说：“愿我们的每一位老师都成长为‘有理想信念、有道德情操、有扎实学识、有仁爱之心’的好老师，愿我们的学生口中喊出‘老师好’的那一刻，心中默念的是‘这是一位爱我的好老师！’”

2019 年 9 月 28 日，于福春书记在听过郑和玉老师的思政课之后，撰写了文章《听郑和玉老师思政课的体会与思考》。他说：“郑老师这堂思政课，提到一个问题：课前课后同学们为什么要站立说一声‘老师好’，郑老师将这一行为定义为一种仪式。是的，仪式感是人们表达内心情感最直接的方式，仪式感无处不在。法国童话《小王子》说：仪式感就是使某一天与其他日子不同，使某一时刻与其他时刻不同。一言一行皆教育，课堂上的起立问候对师生而言是一种重要仪式，提醒学生和老师此刻与前一时刻已经不同，要用全新的自我迎接新的开端。”

三、反馈：好语感怀师心暖

2019 年 9 月 29 日，李华老师参加淄博市教育系统教育征文比赛，以文章《从“老师好”到好老师——我的教育初心感思》获得第二名。文中有言：“现在每天在校园里，听到最多的声音是‘老师好’，我常常思考这不仅仅是一声简单的问候，还是一声发自内心的话语，是对老师真正的尊敬和喜爱，而我能做的就是力行一个‘好’字，成为一名好老师。”

2021 年 4 月 26 日，马金香老师在学院官微发表的文章《老师的幸福》中写道，现在走在自己的校园里，认识的不认识的，不分场合，见到老师只有一句话“老师好！”。如果遇到和很多学生相对而行，我就成了复读机，一直“你好”下去，来回应学生的问候。看着孩子们的成长，我的心里很踏实。老师的幸福很多，老师的幸福也很简单。

教师插花

社团活动合影

2022 年 7 月 2 日，田新宇老师在学院官微发表的文章《面对声声“老师好”》中写道，穿行在如画的校园，耳边不时飘来声声“老师好”。这声音或高或低，或急或缓，或怯怯的或极洪亮的，似一个个灵动的小音符，在校园的上空飘荡着。“老师好”，学生们以此表达对老师的尊重。作为老师，我该如何更好地回应这份尊重？

学生问候“老师好”

2022 年 9 月 20 日，程霞老师在文章《一声老师好，一生好老师》里写道，秋日的校园里，常常听到“老师好！”，或清亮、或干脆、或甜糯、或阳光，这是学院的一道风景。“老师好”这三个字，温暖、亲和、有敬、有爱。“老师好”，形成的是习惯，带来的是自信；展示的是品性，带来的是成长；体现的是敬意，寄托的是期待；听到的是问候，蕴含的是育人情怀；体现的是礼仪，呈现的是育人格局；实践的是小事，结出的是硕果。为了这句“老师好”，成就了一群好老师，形成了一个好队伍，带出了更多好学生，听到了更多“老师好”。

2022 年 10 月 22 日，王田田老师在文章《暖心、诚心、细心——我与学院共成长》中写道：“如今走在校园的路上，朗朗的读书声，响亮的口号声，两人成行、三人成列随处可见。一声声‘老师好’，是世间最动听的语言。”

四、成效：以礼成行，立德树人

如今，“向老师问好”已经成为学院影响深远的党建品牌，在校园里日日耳闻，人人感怀。一滴水能够折射太阳的光辉，三个字足以体现养成的美德。“向老师问好”，看似简单的一件小事，却折射出学院德育工作中的一桩大事。倡行学生向老师问好，是对学生进行德育作出的正面引导，也是立德树人的根本。中华民族自古重视“礼”“礼仪”“礼教”，以“礼”立身、立德、立行。礼仪教育作为道德教育的基础，旨在建立和谐的人际关系和社会环境。周公“制礼作乐”，并十分注重以礼教推动礼制，一生呕心沥血，兢兢业业，留下“周公吐哺”的美谈，堪称遵礼的典范。春秋时期，儒学创始人、教育家孔子，积极提倡礼仪及教育。儒家十三经中，讲述礼仪的精神实质与行为规范的就占了三部，即《周礼》《仪礼》和《礼记》，通称“三礼”，这也成为历代读书人必读之书。孔子认为，礼是一个人的立身之本，“不学礼，无以立”，而孔子所设定的具有道德理想人格的“士君子”，更是应“兴于诗，立于礼，成于乐”。另一儒家代表人物荀子也非常重视礼仪教育。荀子说：“人无礼则不生，事无礼则不成，国无礼则不宁。”

师生在一起其乐融融

“老师好！”形成的是习惯，带来的是自信。从入校时的怯怯、青涩到大方、自然，由小声说到大声喊，“老师好！”简简单单的三个字在老师面前叫出来，对有些学生而言，一开始可能没有那么容易。时光流淌，一天天，一月月，等形成了一种习惯，会自然主动地向老师问好。这个转变的过程，对不爱张口、羞于张口的孩子来说，可能经历了如翻山倒海的内心挣扎，这挣扎，也许是蝶变的开始；也许这短短的问好，会让他听到自己内心的声音，激发起内在的信心。

“老师好！”展示的是品性，带来的是成长。“老师好！”体现的是敬意，寄托的是期待。“师者，所以传道、授业、解惑也。”在传播大道上、在学业成就上、在心灵抚慰上，面对学生的敬爱、期待，要做些什么，该做些什么？“老师好！”余音绕耳，怎敢有丝毫懈怠？指导学生竞赛，不论寒暑与假日，成就学生技能成才梦；早晚陪伴，阳光育人不辞辛苦，身心兼顾促学生健康成长；深钻细研业务，潜心提升专业能力，技能比武成绩斐然；以身示范，追求工匠精神，技能大师脱颖而出。“所谓大学之大，非有大楼之谓也，乃有大师之谓也。”“老师好”里，不是也蕴含了希冀吗？谁不因自己能有名师、良师栽培而骄傲？又有几位老师不愿意成为这样的好老师？为此，唯有不辞辛苦，唯有不断登攀。

一起比心共爱水院

“老师好！”听到的是问候，蕴含的是育人情怀。“老师好！”“你好！”“同学们好！”，在相互问候中传递着温情，这种双向奔赴的仪式，在潜移默化中影响着彼此。仪式里，传递着教育情怀。

“老师好！”实践的是小事，结出的是硕果。每日、每月、每年，在“老师好”的声音中，一届届的学生毕业，一级级的新生到来，那声“老师好”一直在，在长江路，在黄河路，在闻韶路；那声“老师好”一直响亮，在教室里，在实训室里，在车间，在食堂，在宿舍；学生所在，就是老师所在；老师所在，就有“老师好”。“老师好”让来校支教的大学生也很有感慨。他们说这使其更深地理解了“教师”这个职业的使命感和光荣感。

因为这样一个习惯，学生懂得了礼仪，学会了尊重，懂得了感恩，提高了素养。一个打招呼怯怯的学生，变得能大大方方地问好，一个懵懂少年变得知书达理，他们的变化，是看得见的成长。这是对“正道而行，大道至简”校园文化主旨的践行，把简单的事情做得不简单。我们的每一份坚持，都会有多米诺骨牌效应，不一定所有的孩子都能成为高、精、尖的人才，但是我们会努力让每一个孩子知礼明达、品性醇厚、有责任担当并相信努力和平凡的力量，这将惠及一代又一代人。

“老师好！”体现的是礼仪，呈现的是育人格局。中国传统礼仪教育有效地实现了礼仪在全社会的推行，使礼仪文化深入人心，同时也保证了礼仪在历史上的连续传衍，“礼仪之邦”的美称也正是由此产生。因此，学院把打造“向老师问好”党建品牌作为德育工作中的一桩大事，久久为功，一以贯之。

一声“老师好”，一生好老师，为了这句“老师好”，一生努力当个好老师——有理想信念，有道德情操，有扎实学识，有仁爱之心，传播大道，精湛技艺。这句“老师好”会成就一群好老师，形成一个好队伍，带出更多好学生，听到更多“老师好”！

第十章　初心在上

习近平总书记强调，各级各类学校党组织要把党建工作作为办学治校的重要工作，把抓好学校党建工作作为办学治校的基本功，把党的教育方针全面贯彻到学校工作各方面。学院党委不忘初心，牢记使命，把初心落在行动上，把使命担在肩膀上，以立德树人为根本任务，为党育人，为国育才，六十五年来为社会培养了六万多名高技能人才。

第一节　抗美援朝精神　红色基因在校园薪火相传

“看了《长津湖》这部电影，作为当代大学生，我们虽然不能扛枪上战场，但也要用我们的本领建设好伟大的祖国……”在学院“致敬抗美援朝，争做时代新人”主题活动中，一名学生分享了自己的感受。

2021 年 10 月的一个下午，学院机关第一党支部、水利工程系党支部和信息技术系党支部，联合开展党史学习教育暨《长津湖》观影主题党日活动。观影过程中，党员们无不被先烈英勇向前、不畏牺牲的伟大精神所深深折服，情到深处，潸然泪下。光影交错间，是永志不忘的历史记忆；泪水背后，更有同志们对历史的感悟、对未来的思索。

“本来还为周末的通宵加班委屈，现在想想根本不算什么！”“跟他们比，我们生活在和平年代真是太幸福了！”“周末我得领着孩子再来看看这个电影，让孩子也接受一下爱国主义教育！”“这车水马龙的繁华盛世，都是无数先烈用鲜血换来的啊！”……观影完毕之后，同志们感慨万千，议论纷纷。

观影片、谈体会，致敬抗美援朝英雄。学院将弘扬伟大抗美援朝精神与立德树人相结合，用伟大抗美援朝精神点亮思政课，融入思政课教学、校园文化活动和党史学习教育，将伟大抗美援朝精神深深地烙在了师生心里，激励广大师生铭记革命历史，传承红色基因，奋发砥砺前行。

学院三位抗美援朝老兵(从左至右依次为蒋足山、王顺模、戴慎宗)

尤其令学院师生自豪万分的是,在学院的退休职工中,就有三位参加过抗美援朝的老兵,他们分别是王顺模、戴慎宗和蒋足山。战争年代,他们奔赴战场,为了保卫祖国安全和尊严视死如归;和平年代,他们积极投身学院的教育事业。伟大的抗美援朝精神在这座校园里跨越时空,历久弥新、永续传承、世代发扬。

历史凝铸记忆,精神力量永恒。抗美援朝已经过去七十多年,但是,志愿军战士们留下的英雄精神却始终没有走远,那些在抗美援朝战争中存活下来的老兵,更应该值得每一位国人尊敬。2021 年,淄博市电视台以“致敬抗美援朝老兵,传承英雄红色精神”为题,采访了学院的蒋足山老师,令大家重忆了那段难忘的峥嵘岁月。

学院宣传部协同淄博市电视台采访学院抗美援朝老兵戴慎宗老师

采访学院抗美援朝老兵王顺模老师

王顺模(右一)抗美援朝时的留影

王顺模老师(前排左四)与学院 1964 届毕业生合影

抗美援朝老兵蒋足山拿出自己领到的“中国人民志愿军抗美援朝出国作战 70 周年”纪念章说，作为一名抗美援朝的老兵，这枚纪念章让他感到骄傲！“这个奖章说明我们党、国家领导和全国人民没有忘记这些抗美援朝的老兵。所以说，我最珍视它。”

时间回溯到 70 多年前。1951 年 3 月，18 岁的蒋足山报名参加中国人民志愿军，并于当年 12 月奔赴朝鲜战场。回忆起刚刚到达朝鲜的情景，蒋老说，他见到的大部分朝鲜人都是老年人，青壮年很少，他们对中国志愿军的到来都非常热情。但与朝鲜人民的热情相比，一个无比冷酷的现实是，敌人的飞机大炮有很多，朝鲜山区地形复杂，战争条件非常艰苦，志愿军渴了就喝雪水，饿了就吃炒面。尽管环境恶劣、条件艰苦，蒋足山和战友们的士气仍非常高涨。

“我们那个时候是打攻击战，光攻，一直攻一直攻，攻到‘三八线’以南。到了 1952 年，我们就不打进攻战了，彭德怀总司令下命令打防御战。我方转入战略防御阶段以后，阵地也由一般的野战工事发展为坚固的筑城阵地，特别是形成了以坑道为骨干的防御体系。我和另外三名战友的任务就是白天挖坑道，夜间侦察敌方情况。有一次我们打坑道回来，住进山洞，却被敌人发现了。”

蒋老回忆说，通过听炮弹的声音判断，敌人的炮弹离他们越来越近。当炮弹离他们住的山洞只有两三百米时，他为了保护其中一位战友，赶紧扑过去和这位战友抱在一起。但炮弹却落在倾斜的方向，这位战友还是被弹片击中心脏，当即牺牲。事后，蒋老和其他战友把这位牺牲的同志就地掩埋了。说到这里时，80 多岁的蒋老好几次热泪纵横。由于长时间住山洞，见不着阳光，再加上营养不良，蒋老的视力常常模糊，看不清东西，后来才知道得了夜盲症。但他说，与那些在战场上流血牺牲的战友相比，他的这些疾病根本算不上什么。

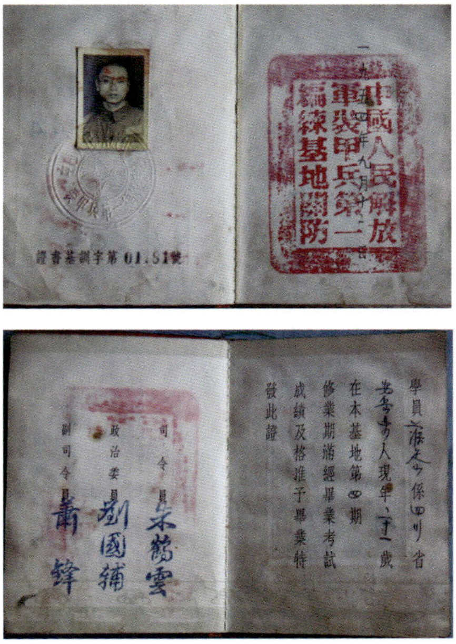

蒋足山的部队工作证和毕业证

蒋足山胸戴纪念章接受电视台采访

1953 年 7 月，随着《朝鲜停战协定》的签订，抗美援朝战争胜利结束。1958 年，蒋老被分配到当时的山东省水利技校工作。不管在哪里，他都时刻保持着一名军人的本色和乐观、坚毅、自信的品格，同时也把踏实、肯干、不怕苦、不怕难的工作作风传递给了自己的子孙后代。

蒋老说，党和政府没有忘记他们这些抗美援朝老兵，这让他非常感动、非常欣慰。采访即将结束的时候，蒋老给我们唱起了他最熟悉的那首《中国人民志愿军战歌》："雄赳赳，气昂昂，跨过鸭绿江。保和平，卫祖国，就是保家乡……"他那洪亮而又激昂的声音，在客厅里久久回荡，也回荡在现场每个人的心中！

学院校史馆展示抗美援朝 70 周年纪念章、"光荣在党 50 年"纪念章和中华人民共和国成立 70 周年纪念章获得者影像

回望抗美援朝的历史，老兵的战斗精神、牺牲精神和大无畏的英雄精神，让人崇敬，令人感喟。即使抗美援朝已经过去 70 多年，但是保家乡卫祖国的英雄精神，却会一代一代永远地传承下去，厚植于每个水院师生的灵魂深处。让我们一起，向老兵致敬！向英雄致敬！向最可爱的人致敬！

2021 年学院建设新时代雷锋精神文化馆和校史馆时，抗美援朝老兵的光辉形象被展示在展馆显要处，展示学院与国家民族同呼吸、共命运、一脉相承。

第二节　让党旗在水利工程现场高高飘扬

每年，学院都会按照上级安排，派出领导干部担任驻村第一书记，参与各种省派工作组。尽管工作组的主题和任务有所不同，但相同的是，不论岗位是在火热的乡村振兴现场，还是在加强基层党组织建设的阵地，只要是派出去的干部职工，都谨记自己代表的是山东水利技师学院，始终保持工作激情和热情，始终发扬精益求精、一丝不苟、追求完美的工匠精神，真抓实干、埋头苦干，为地方经济社会建设发展注入新活力。

2020 年的阳春三月，正是水利施工的黄金季节，山东省水利重大项目、重点工程掀起复工复产的热潮。3 月 5 日，万名干部"四进"攻坚行动淄博市桓台县对接会在桓台县会务中心举行，学院党委书记作为山东省里派驻淄博市的"省水利厅工作组"组长，出席会议并发言。

于福春书记表示，按照山东省委、山东省政府有关要求，实施"四进"攻坚行动，各帮包干部要当好学习者，多向基层学习、向群众学习，提升能力；要当好战斗员，主动作为、靠前服务，到位不越位，帮忙不添乱；要当好联系员，充分发挥职能优势，做好上下沟通工作；要当好宣传员，及时发现推广桓台工作的好经验、好做法，圆满完成各项任务，交出一份合格答卷。

于书记是这样说的，更是这样做的。

第二天，工作组就进驻了项目工地。工作组成员积极深入基层一线开展调研摸排，以“四不两直”方式开展暗访，听意见、摸实情、找症结、理思路、想对策，协助解决在疫情防控、复工复产和民生保障中存在的问题和困难。

然而，一个现实问题摆在了工作组的面前，这也是让施工单位最头疼的问题：对于干流大堤加高培厚，按照原来的方案，需要将旧石子路面清除、外运，再铺新土，费时费力还费钱。一些施工单位明确表示不想干，显然，这样“窝”工时间长，不经济。得知这一情况，于福春带领工作组立即赶到现场调研、勘查，连夜研讨会商。鉴于小清河干流堤顶现有泥结石路面基础高程高于设计洪水位，且经过多年运行后较稳定，建议不予拆除。为使新旧结合面衔接好，施工中需先对泥结石路面表面进行刨毛、清理，再填土或铺设水泥稳定层后碾压。这些建议解决了因受小清河复航工程影响筑堤土方不足、弃土占地等制约工程建设的问题，能够做到不增加项目投资，甚至在一定程度上还能节省投资，大大加快工程实施进度。

“四进”工作组在小清河现场调研、勘查、讲解、会商

无论是担任驻村第一书记，还是参与省派工作组，大家都有着同样的共识：不是为了给工作履历“绣花添锦”，而是要扎扎实实向基层学习，充分认识到实践生活才是源头之水，从而通过在基层的历练造就一个能力过硬、本领高强的“宽肩膀”“铁肩膀”，关键时刻才能顶得住，扛得了重担，经得住磨难，才能聚焦难点，打好主动仗。小清河干流大堤向北500米，是小清河分洪道子槽。在小清河防洪综合治理工程中，这个子槽要加宽。不过，项目施工中遇到了一个问题，即近年来在不行洪的时候，子槽借作南水北调的干渠，当前正向胶东输水，装了满满当当的水，影响了加宽工程的进行。于福春书记基于曾任山东南水北调工程建设总工程师的履历优势，针对这一现场情况进行调研，并协调南水北调运行管理单位，提出了“调水新方案”：调整干渠节制闸水位，抬高下游博兴县城南节制闸，由“高水位、低流速”调整为“低水位、高流速”，缩短调水时间，每天可多挖2/3的土方，为施工单位多争取20天施工工期。这不但为施工企业支招解决了难题，也用工程实例给跟岗实习的学生们上了一堂生动的现场教学课。

大家坚持沉下心来推进工作，心无旁骛钻研业务，在补短板、强弱项、固底板、扬优势上下功夫，通过深入基层、深入群众、深入实际，用心用情打造更多有品质、有温度、沾泥土、带露珠的水利工程作品。针对小清河综合治理工程建设时间紧、任务重的现实，在省里派驻淄博市的“四进”工作组的牵线协调下，学院水利工程系迅速调整学生跟岗实习方案，优先安排110名学生到小清河综合治理工程建设一线，为施工单位解了燃眉之急。从技术支持到协调保障，工作组进驻的20多天里，桓台段累计完成投资由5410万元增至3.95亿元，进度由3.5%上升至约25%。

工作组现场实习

时至今日，师生们仍忘不了桓台县小清河畔那绵延十几里的工程建设工地上几十台挖掘机屈伸着长臂作业的场景，忘不了学院跟岗实习学生在机器轰鸣的工地上穿梭忙碌的身影。“复工复产，离不开人才，尤其是技术人员。水利技师学院派来百十号学生兵，真是帮了我们的大忙。”项目负责人、桓台县水利建筑安装工程总公司经理刘明说。“在课堂上所学的内容究竟能不能用得上，一直心里没有数。这次来施工现场实习，才发现以前学的知识都能用得着。这次到岗实战，以前书本上学过的GPS（全球定位系统）等测量技术都派上了用场。”学院水利水电工程施工专业16451班学生康宝睿兴奋地说。

水利“小工匠”在施工一线作业

向基层学习、向群众学习、向实践学习，学院的“小工匠”们用实际行动在施工一线作业中锤炼技能，为复工复产贡献青春力量。他们扛起责任、勇挑重担、不负重托；他们深入基层，找准定位，锤炼善作善成的过硬本领；他们闻风而动，目光炯炯，时刻保持水利人的职业敏锐度……

第三节　校领导思政课里的家国情怀

我们都是读书人！读书人应该具备家国情怀！

我们要重新审视读书人的精神，提高自己的人文素养，把缺失的重要一环补回去！

于福春书记这场名为《我们都是读书人》的讲座，不仅给师生带来眼前一亮的感觉，听完之后，更是让他们感觉到，作为学院的一员，只有用读书人的拼劲、钻劲、韧劲，才能把工作做好，才能更好地为学院高质量发展贡献力量。

“我们都是读书人”，这不仅仅是一名学院党委书记对自身的定位，也是对全体师生的一种关怀和要求。听了这场讲座，所有人都会自然而然地爱读书、读好书、善读书，在阅读中增长智慧、感悟人生、追寻初心，厚植干事创业的“精气神”。

于书记说，自己讲的这堂课不是心灵鸡汤，他更愿意和大家谈论价值取向和认知问题，更愿意广大师生能够把道理实实在在铭记在心。一开篇，于书记就谈到了当下的职业教育新形势、新变化，这是广大师生最关心的问题。这就注定了于书记讲述的这堂课，不仅带有浓厚的思辨意味，更蕴含着沉甸甸的现实思考。

《我们都是读书人》讲座

“2022年以来，水院将力争转设高职。”无论从哪个方面来说，这条在校园里不胫而走的消息，都给学院带来了更有想象力的发展空间，不论对于学生，还是对于老师，抑或对于学校的决策层，学校的未来和明天都让他们充满期待！但这绝不是一条简单容易的平坦道路。于书记坦言：“转设高职之前，我们首先要转思想，要提升内动力！”

人不学不知义，书不读不知香。多读书，转思想，提升内动力，是于书记给当下水院开出的一剂药方。

“从孔子的读书说起”，于书记娓娓道来，“立德、立功、立言，一直以来都是中国文人志士的最高人生追求。”于书记以自己独到而深刻的认知，为大家精彩阐释了北宋思想家、文学家张载的经典名句“为天地立心，为生民立命，为往圣继绝学，为万世开太平”的深刻内涵，另外还详细列举了范仲淹、辛弃疾、李清照等名人的事迹及其文章，并鲜明指出，读书人要顺应天道、人心、民意，要有责任和担当，要为他人、为万物、为后世多做有益的事情。

“很多时候，我们都在抱怨我们的学生，但我们却永远不知道反思自己，总认为自己做的永远都对，这不是读书人的品质。”于书记启发大家思考的问题，直抵人心。讲座中，于书记对中国古代文人的追求、情怀、担当和价值观作了精辟阐述，并结合自己担任山东省南水北调总工程师和学院党委书记的工作经历，总结出做人、做事、做学问的几点透彻感悟，语重心长地寄语山东水利青年人，无不体现着读书人的担当与情怀，无不浸透着一名师者和长者的殷殷希冀。

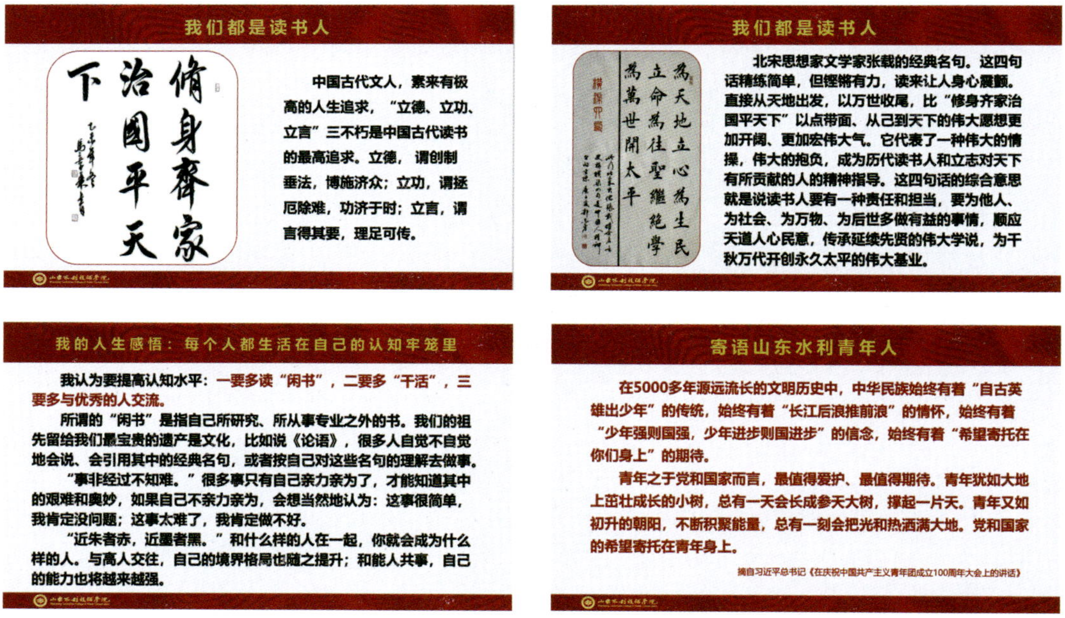

《我们都是读书人》讲座内容

“我们都是读书人，我们要爱读书、读好书、善读书，真正把读书学习当成一种生活态度、一种工作责任、一种精神追求，自觉养成读书学习的习惯。我们要在读书中认识自我、改变自我，只有这样，才能超越自我。”讲座中，于书记结合自己的切身体会，以“度”与“悟”的辩证思维，提出了突破“认知牢笼”，提高认知水平的“三大法宝”：一要多读“闲书”，即自己所研究、所从事专业之外的书。在当代中国，中华优秀传统文化是治国理政的重要思想文化资源，同样也是我们治学治教的重要资源，能够为我们提供经验借鉴和智慧启示。二要多“干活”。事非经过不知难。很多事只有自己亲力亲为，才能知道其中的艰难和奥妙，才能真正享受学习和工作带来的乐趣和价值。三要多与优秀的人交流，即“近朱者赤，近墨者黑”。和什么样的人在一起，你就会成为什么样的人——与高人交往，自己的境界格局也随之提升；和能人共事，自己的能力也将越来越强。

《我们都是读书人》讲座上学员提问

于书记的讲座，总给人一种豁然开朗的感觉。校园里，常常听见这样一句话：大美水院。水院为什么大美？细细想来，大美水院不仅要有大美的风景、著名的大师，更要有一种大气。学院的大气，就是无处不在的书生气、无时不存的书香气、无人不有的书卷气。学院反复强调立德树人，重点就在于让学生崇尚读书，让老师引领读书，让师生读书明理、知书达礼。“读好书、善读书，我们都是读书人”，一句话道出了校园育人文化的真谛。

讲座中，于书记结合求学、生活、工作经历，希望山东水利青年人要研究“中国式哲学”，坚持原则性与灵活性相结合，这样才能更好地工作和生活；要多读书、读好书，不断提高综合素养；要树立向善向美、至善至美的人生追求，始终保持昂扬的进取心、一流的工作标准，努力活出精彩的人生。聆听了于书记的讲座，广大教师表示，要更加坚定为党育人、为国育才的信念，以主人翁的姿态，以孜孜以求、夙夜在公的精神，以厚积薄发、抓铁有痕的干劲，投身水利事业和教育事业。

对广大教职工和党员干部来说，读书可以让思路更开阔，还可以提高自身素质、提升业务能力。读书可以提升本领，汲取智慧、获得力量，更好地解决实际问题。对于学生来说，读书更是能够培育他们一种读书人的情怀。置身水院校园，可能很多学生会说，自己不考大学，不用读那么多的书，其实这种想法是错误的。比如说，我们很多学生将来可能要进入水利工程领域工作，如果我们读的书多了，我们参与设计、建设的工程会更有文化气息和审美眼光；我们还有很多同学会进入汽车制造和汽车销售领域，如果我们读的书多了，我们设计出的汽车会更加与众不同，我们在推销汽车产品时也会把汽车的舒适感用一种很时尚的方式表达出来；就算我们的学生将来成为一名厨师，如果读的书多了，也会把菜品做得既营养可口又有文化味。这一切都是读书的功效和文化的魅力。

《我们都是读书人》讲座现场

记得有好几次，在行政楼大门前遇见于书记，每次他的手里或拿着一本书，或拿着一沓厚厚的材料，虽是独自一人，但畅游书海之中的人总不会有任何的孤独感。无数个风清月明的夜晚，于书记从办公室离开，走在校园熟悉的道路上，路灯微亮，夜愈深沉，但于书记的心中一定投进了一束光。这束光，正是来自那一张张在阳光下和月光下翻动的书页……

从这个角度来说，我们能感受到于书记这堂思政课的深意。我们的确都应该是读书人！我们每一位想把工作干好的人，都应该是读书人；我们每一位想为学校做点贡献的人，都应该是读书人！读书，与文化有关，与美学有关。所谓“躺平”“无欲无求”“明哲保身的老好人主义”，都不应该成为一名读书人的人生追求。读书人要坚定信念，不被苦难所左右，不要前怕狼后怕虎，应该有一种宝贵的少年感，有一股不顾一切往前冲的劲头，这就是于书记眼中一名读书人应该具备的情怀。

第四节　为教师亮灯　校园的那一瞬间最美

金秋九月，当缤纷多姿的灯光扮亮整个校园，一年一度的教师节便向我们款款走来了。每年的这个节日，祝福的形式各种各样，但2021年教师节的那一瞬间总让人难以忘记。

夜色中的图书楼和大学生活动中心

一进入校园，首先映入眼帘的是学院的图书楼。楼前湖面蒙雾，在校园亮化工程的助力之下，砖红色的图书馆倒映在眼前。每逢风雷微雨，水帘蒙蒙，笼罩着校园，润泽着这方水土。灯光交织着水气，微茫又热烈，辉煌也烂漫，清润润、湿淋淋、油亮亮，如一帧帧写意油画。

往右手方向看，就是学子林。学子林从一片普通的林地改造得具有现代感、时尚大气、富有网红打卡聚光特色、寓意丰富、造型新颖，红、黄、蓝、绿铺设的地面给人一种艳丽、丰富的视觉体验。这几年，学子林早已经成为学子们阅读和休闲娱乐的好去处。在学子林中央，在灯光映照下的“追梦”雕塑，代表着广大师生淬炼技能、成就未来的共同梦想。

教师节向老师致谢

9 月 10 日夜晚，校园里的灯光，要为老师点亮！

晚上七点半，近 200 名学生自发来到学校操场，他们打开手机灯光，自由变换着队形，不一会儿，一幅“9.10 I Love You”图案就呈现在了航拍机的镜头之中。尤其是当“教师节快乐”的祝福声音划破深邃的夜空时，我们仿佛看到了在校园里爱生如子的老师们。他们是一群这样的人：为了做好疫情防控，保证学生顺利开学，他们牺牲了整个假期；为了备战技能大赛，他们携老托幼搬进了校园；为了完成校园改造施工，他们把熬夜当成一种习惯……他们是这所校园里最可爱的人！

此时此刻，走在校园里，无论是平视、俯视，还是大景、小景，步步皆景。这一刻，校园里的灯光为他们而亮，校园的这一瞬间堪称最美！这一刻，用祝福擦亮星空；这一刻，用灯光温暖校园；学生们把美好的祝福装进厚重的秋天，用崭新的姿态书写新一学期的水院故事。

以灯传灯，心灯不灭。“饮其流者怀其源，学其成时念吾师。”校园里的萌源河畔，小桥流水，水岸光影，这是一个平静的夜晚，湖面泛起粼粼微波，月光和灯光交织沉醉，绚丽的灯光倒映在河水之中，两岸植物在灯光映照下尽显翠绿生机，打造出如诗如画、积极向上的青春校园。三座桥——同济桥、陶然桥和安澜桥，架设着光彩。尤其是陶然桥变换的五彩灯光，人在桥上，雨落水中，氤氲之息画意天成。还有造型独特、弧线流畅的大学生活动中心，一组组变幻的灯光，把半边天照亮。水光、灯光交织在一起，人行过，剪影叠叠又重重。一幅幅迷人的画面，使校园展现出最美的一面。

萌源河亮化工程

“我们的校园，越来越有‘颜值’，越来越有历史感和人文感了！”一名正在校园里拍照的学生说。“现在在校园里散步，既能感受到水院的自然风光，又能感受到这所校园的人文之美。”一位住在校园里的教师家属说。校园，与同学们共同度过了桃红柳绿的春天、花繁叶茂的夏天、枫红菊香的秋天、松青雪白的冬天。无数次，师生们在校园里相遇，校园的每一个瞬间都值得定格、收藏。

尤其是学校的亮化工程，用光展示了校园的文化内涵，既亮又美。在这里，师生们看到了技术与艺术的结合，看到了光影艺术与人文气息的融合。萌源秋水，水院夜色，缤纷灯光亮化之后的校园，不仅照亮了莘莘学子的求学足迹，也让校园在夜晚成为一道亮丽的风景线。

学子林亮化工程

当灯光点亮温情的校园，师生们仿佛置身于温馨的港湾，这里承载着师生的点点滴滴，为学子保驾护航，解教师后顾之忧，这是一座有温度的校园。不忘教育初心，牢记教师使命。一盏灯既是夜明灯，也是心灯，照亮长夜，指明前路，点亮人心，光明在前。

第五节　党委书记的三次鞠躬

鞠躬，是中华民族传统文化中重要的礼仪，是对长者尊者的敬重和感激。《礼记》有云："执圭，入门，鞠躬焉。""鞠躬，谨敬貌。""弯身行礼，以示恭敬。"而深鞠躬便是行大礼，执大敬。

师者，传道、授业、解惑，是人类灵魂的工程师。师者大爱仁心，承担育人的重大责任和使命。学校是师者行道施爱的天地，学生作为受教者，是国家、民族和家庭的希望与未来。学院倡行"以爱为源，因材施教"的教风和"快乐学习，多元发展"的学风，师生共奋进、同成长，涌现出诸多工匠名师、技术能手和技能标兵。学院党委书记于福春尊师重教，爱师爱生，曾三次在主席台上为师者深鞠躬，饱含深情地向师者致谢，令人动容。

一、第一次鞠躬，致敬红心向党的王立新教授

王立新教授是山东省委党校党史教研部主任、硕士生导师，从事党校教学和干部教育工作 30 余年，先后 19 次获得山东省党校系统和山东省委党校优秀教学奖。2018 年 3 月 15 日，王教授受邀到学院讲授专题党课《正确认识党的光辉历史》。

王立新教授讲座现场

当日全院师生 1600 余人在大学生活动中心聆听了王教授的党课，于福春书记主持。王立新教授讲授的党课，故事性与现实性相结合。他旁征博引，论述深刻，观点鲜明而富有时代特征，语言生动幽默，内容深入浅出，令师生们折服。王立新教授用博大精深、波澜壮阔、艰苦卓绝、丰功伟业四个词，回顾了党的光辉历程，深刻阐述了中国共产党"为中国人民谋幸福，为中华民族谋复兴"的初心与使命。特别是王教授的一句"现今中国共产党人让 14 亿人吃饱饭，让 56 个民族不打仗，这样的党，我们要用行动表达我们的诚心"，师生们深受触动，掌声雷动。讲课完毕，于福春走到王立新面前，深深地鞠了一躬，诚恳地说道："王教授，谢谢您带给我们的精彩授课，让我们回顾了党的光辉历史，给我们指明

了前进的方向，更加坚定了我们的信念。”

随后，于福春书记与师生进行现场交流：为什么王立新教授讲的课这么好？是因为他为了讲好党课，曾走了一遍长征路，一路走一路学，一路采访一路记笔记，他讲课生动鲜活是有历史和现实依据的。王教授身上透露出的是教育工作者的教育情怀和钻研精神。于福春书记勉励学院教师向王立新教授学习，从党史中汲取营养、打牢根基，不忘教育初心，勇担教育使命。

二、第二次鞠躬，致意学院优秀教师王玉峰

2019 年 11 月 8 日，在学院学术报告厅召开“不忘初心、牢记使命”主题教育先进典型交流发言会。

水利工程系教师王玉峰是一名高级讲师、造价工程师、房地产估价师，主讲工程造价专业技能课。王老师从教三十余年，始终将“一切为了学生，为了学生的一切”作为工作的立足点，践行“以爱为源，因材施教”的教风，无愧学生成长成才道路上的“引路人”身份。

王玉峰老师交流发言现场

会上，王玉峰以《感恩》为题作交流发言，讲述了她带集训队、开展技能辅导、陪伴学生成长的点点滴滴，即使在身体状况欠佳的情况下，她依然全力以赴，最终取得全国水利职业院校大赛工程造价赛项团体一等奖的佳绩。讲述中王玉峰几次哽咽，热泪盈眶。她一直以“感恩”二字表达情怀，感恩领导的支持，感恩学生的信任和坚持，感恩集训队的所有指导老师和同学。“大家都是一家人，家人的支持是好成绩的保证。”“指导学生参加竞赛，是以最近的距离，最长的时间关注学生的成长。”王老师经常这样说。学生的成长是一辈子的事情，教师对学生的爱持久留香。

师者仁心，王玉峰大爱无私的行动感动了全体在场人员。在主席台上，于福春书记向王玉峰深深地鞠了一躬，说道：“王玉峰老师，谢谢你，培养出优秀学子，为学校争得荣誉！”他以此表达对王老师的敬重和深深的谢意，全体师生感怀至深，心潮起伏。

三、第三次鞠躬，敬谢全体教师陪伴学生成长成才

“讲好水院故事”暨教学表彰大会是学院一年一度的盛会，是学院历时七载打造的“有力度、有高度、有温度”的院级党建品牌，现已蜚声校内外、驰誉行业间，凝聚起了助推

学院“加速转型、跨越发展”的力量洪流。每年活动都采取“讲好水院故事”与教学表彰两个环节有机融合、穿插交替的形式进行。

2023 年 3 月 29 日，学院 2022 年“讲好水院故事”在大学生活动中心举行，并通过腾讯会议 App 现场直播，实现了师生和家长线上线下同步观看互动。师生通过沉浸式情景讲述，演绎了 8 个取材于学院真人真事的感人故事，再现了学院“历尽天华成此景，人间万事出艰辛”的 2022 年。

2022 年“讲好水院故事”暨教学表彰大会现场，于福春书记向全体教师深鞠躬

活动现场，于福春书记为智能制造系颁奖后，手持话筒化身节目主持人，与台上领奖的杨兴民老师、韩子正同学进行了交流，并连线采访韩子正的父亲。韩子正获得了第二届全国工业设计职业技能大赛（全国一类大赛）山东省选拔赛第一名、全国大赛第二名的优异成绩。于福春书记向大屏幕上的家长报喜说：“子正爸爸，看到孩子站在台上高兴吧！孩子长大了，孩子成才了，今年获得 4.5 万元竞赛奖金。”韩父一再点头说：“高兴，高兴，真的高兴，感谢学院对孩子的培养！谢谢你们！”于福春转身面向全体师生，俯身向台下的教师们深深地鞠了一躬，动情地说：“感谢各位老师的辛勤付出。让我们陪着我们的孩子一起成长成才，我谢谢你们！”入目处，于福春书记已是满头华发，水院九载风霜可谓呕心沥血，披肝沥胆。台下的师生感动至深，响起经久不息的掌声。

党委书记的三次深鞠躬，三声诚挚的感谢，体现了一位长者、一位教育者的大爱情怀，是对教师的敬重，是对学生的爱护和希冀，是对党的忠诚和信仰，是对社会和无数家庭的责任，更是“我将无我、不负教育”的无悔付出和使命担当。“感人心者，莫先乎情，莫始乎言，莫切乎声，莫深乎义。”于福春书记常说：“所有无悔的付出都是‘被爱逼的’，因为爱所以爱。要爱学生，每个学生都是家中的宝贝，在学校他们就是学校的宝贝，教育好、培养好他们是我们的职责。要爱教师，要让教师们成为优秀的专业人才，在专业领域里有话语权、有影响力，做到‘我的地盘我做主’。要让阳光洒在每一位师生的心坎里，让自信刻在每一位师生的骨子里。要让我们的师生有满满的成就感、获得感和幸福感。”

“躬耕教坛，强国有我。”于福春书记更是一位身先士卒的教育者，九载教育引领和辛勤耕耘，学院在高质量发展的道路上，解决了许多长期没有解决的难题，办成了许多事关长远的大事要事，教学改革不断深化，办学功能不断完善，育人环境不断提升，政治生态明显好转，干事创业的精气神明显提振，社会美誉度节节攀升，“学生信赖、家长满意、社会认可，省内一流、国内知名”的办学目标正得以逐步实现。

第十一章　宣广传声

宣传工作是粮草，是喉舌，是利剑，是桥梁，是一项极端重要的工作。学院党委高度重视宣传工作，面对学院的生存压力，要求工作不光干得“好”，还要“走出去”，让社会看得见，让更多的学生和家长认可我们，选择我们。宣传部不负使命，一直走在前列，为学院发展吹号角、击雷鼓。近年来，每年内媒外媒上千篇报道，立体化矩阵式全媒体发布，使学院的知名度和美誉度逐年攀升，连续三年获评山东省最佳社会声誉技师学院和山东省最具影响力教育政务融媒体，学院宣传部亦获评 2023～2024 年山东省水利厅“创建模范机关示范集体”称号。

第一节　一个水滴亦能传递阳光的味道

责任在手，使命于肩。

宣传思想工作，究竟有多重要？在一位高校党委书记心目中，宣传思想工作到底占有多大的分量？宣传思想工作应该如何推进？宣传思想工作又能为一所高校带来哪些价值和内涵？

这几年，学院扎实做好宣传思想工作，让宣传思想工作成为凝聚师生力量、展示学校形象的重要窗口。无论是学院党委宣传部的工作人员，还是直接分管宣传的党委书记，他们由己及人拓展宣传的边界，从提高一篇篇文章的质量，到提升全媒体宣传的水准；他们身体力行诠释思想的内涵，从策划实施一个个重点宣传项目，到谋划提升学院的整体影响力和声誉度。在学院党委的集体意识中，宣传思想工作是高校一切工作的生命线，因此必须充分发挥高校宣传思想工作的重要作用。

媒体水院

宣传工作关乎学院当前的形象，更关乎学院未来的发展。2016 年，学院发布的新春献词中说道：“这一年，重视加强宣传工作，创办发行了建校以来的第一份院报，新建立了校园微信推送平台，构建了传统媒体与新媒体相结合的宣传格局；进行了学院 VI 形象设计，建设了校园模拟沙盘、职工箴言窗等，校园文化建设效果初显，全面提升了学院形象；新成立 63 个兴趣小组和文体社团，活跃了校园文化氛围。”

高端引领结硕果　校企合作谱华章

——我院与两企业举行校企合作签字揭牌仪式

我院2015年技能竞赛月活动圆满结束

我院水利工程施工省级示范专业群建设顺利实施

淄川区委书记杨洪涛来院调研

金蓝领基地　新技师摇篮

山東水利技師學院報

我院召开“三严三实”专题教育动员会

领导寄语

三严三实的丰富内涵

2016 年 6 月第一期校报

自此以后，学院的宣传工作步入正轨。

从一开始，学院的宣传工作就找准了方向。习近平总书记在全国宣传思想工作会议上指出，宣传思想工作是做人的工作的，要把培养担当民族复兴大任的时代新人作为重要职责。高校宣传思想工作理应有所作为，抓好宣传教育和思想引导，切实在立德树人中实现发展，在守正创新中提高质量。学院的宣传工作始终坚持面向师生，始终坚持以人为本。任何一项工作，最深刻的变化在于人，最持久的动力源于人，最实在的成果惠于人，宣传工作更是如此，这在水院干部职工中已经达成共识。

比如，学院的院报到底有没有可读性，师生们喜欢不喜欢？还有学院的官微，能否更有效地服务全院师生，能否更有力地促进学院发展？这些问题，常常摆在水院人的案头，也常常是党委书记于福春思索的问题。宣传是一项立足当下、着眼实际的工作，要思考能不能以身边人和身边事为素材讲好水院故事；宣传工作又是一项不断归零、从头再来的工作，必须以对过去成绩“归零”的勇气练好内功，尽好职责，努力使水院宣传更具说服力和影响力。

红心向党水利人　初心如磐奋楫行
——山东水利技师学院 淄博市水利局联合举行庆祝中国共产党成立100周年文艺汇演侧影
青松寒不落　碧海阔逾澄
歌舞颂盛世　赤心共水情
——南水北调公司与山东水利技师学院国庆文艺汇演侧记
国庆文艺汇演致辞

校报精彩呈现

印象中，学院宣传部的办公室，几乎常常亮灯到深夜，关于学院的每一张照片、每一条消息、每一个策划都是从这里发出。责任和使命面前，他们忘记了白天和黑夜，他们省略了周末和假期……

奖牌

近几年，学院的宣传工作可圈可点。在宣传部全体人员的努力下，学院连续三年获评“山东最佳社会声誉技师学院”“山东最具影响力教育政务融媒体”，并在2018年、2022年、2023年山东省省属事业单位绩效考核中获得优秀等次。这些成绩的背后，浸透着宣传部全体人员点点滴滴的汗水，宣传部也因为成绩突出，连续三年获评优秀部门。

学院党委重视宣传工作，自2015年以来相继创办院报、官微、手机网站等新媒体，着力打造相互融合的立体化宣传矩阵。学院官微自青涩发端，到确立有温度、有责任、有情怀的办刊定位，再到收获社会各界广泛关注和好评，作为参与者、亲历者和见证者，于福春书记甚感欣慰。学院的大事、要事、喜事，那些依然温热的忠实记载与精要报道，他总是如数家珍。

比如，每年的新春(年)贺词和十大工作亮点，既是学院教育教学成果的精彩“微”呈现，也是矢志奋斗再出发吹响的嘹亮号角；每年的“讲好水院故事”暨技能竞赛表彰大会，是践行以“正道而行　大道至简”为主旨的校园文化核心理念和“世赛引领、以赛促教、以赛促学”教学改革理念的具象成果展现；每年的“开学第一课”和新生开学典礼，是引导学生爱党爱国、遵纪守法、自立自强、“扣好人生第一粒扣子”的再启蒙；每年的教师节大会，既表彰先进树立标杆，又勉励教师以德立身、以德立学、以德施教，守好“一段渠”，种好“责任田”；等等。这一切，都在学院的报纸、官微以及越来越多的校外主流媒体中留下了浓墨重彩的一笔，令人鼓舞，令人难忘！

校报精彩呈现

宣传和文化，就像是一对孪生兄弟，难分彼此。在文化的传承和发展中，无论是对内加强文化自身建设还是对外加强文化交流与传播，宣传都是不可缺少的手段和方法，更是推手和动力。文化与宣传相互促进、相得益彰，文化是宣传的内容，宣传本身也是文化的重要组成部分。2017 年，学院的新春贺词中这样写道：“这一年，依托‘五大校园文化工程建设’，学院启动省级精神文明单位创建工作，将校园文化贯穿到学院工作的每一个环节和人才培养的全过程。2018 年庆祝六十周年校庆创作的《水院赋》，2023 年庆祝六十五周年校庆印制的《华章流芳——名家眼中的山东水利技师学院》，亦是宣传和文化的一个结晶。”

60 周年校庆校报

校园文化采风校报

水院是有文化的，水院是有精神的，这种文化和精神通过宣传提炼出来。长期以来，于福春书记直接抓宣传工作和校园文化，从对校园宣传阵地的强力推动落地，到打造校园文化独到而有深意的思考，再到推动宣传工作和校园文化纵深发展，不难看出他对学校的校园文化建设可谓用心良苦。

宣传是生产力，正能量要有大流量。对于一所学校来说，宣传工作做好了，就能推进自身高质量发展。如今，通过百度搜索“山东水利技师学院”，搜出的词条，都是正能量的信息，像《山东：复工复产，水利小工匠在行动》《学党史、办实事：8 小时捐款 10 万元，救助患病学生》《山东水利技师学院：春节家访送喜报，以爱为源促成长》……这些信息被中国报道网、《大众日报》、山东教育电视台、淄博电视台先后报道，提高了学院的知名度和美誉度。许多学生和家长可能对水院不太了解，但是网络为他们提供了一个认识学校的渠道和窗口。当这些大流量、正能量的信息呈现在他们眼前时，他们自然而然就会对学院产生一种向往。

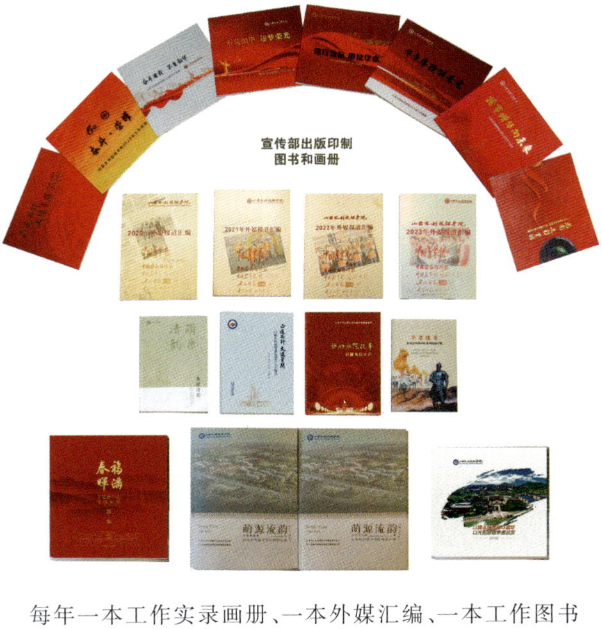

每年一本工作实录画册、一本外媒汇编、一本工作图书

2020 年学院十大工作亮点第八项就是对外宣传倍数增长，矩阵建设日趋完善。其中写道：“国家级 80 余篇、省级 160 余篇……2020 年，学院外媒宣传报刊、电视、网络多管齐下全面开花，数量质量不断提升，在学习强国平台、《光明日报》《中国水利报》《中国教育报》《中国劳动保障报》《中国青年报》和山东卫视、山东教育电视台等 30 多家权威媒体发稿 240 篇。同时，致力打造学院官微、官网、院报等组成的立体化宣传矩阵，2020 年官微发布 320 余篇，官网发布 269 篇，院报出版 7 期，

2021 年、2022 年、2023 年媒体发布数量质量逐年攀升，一年一本外媒报道汇编书册。”

新时代，新形势，新使命。一所学校的宣传思想工作，必须自觉承担起举旗帜、聚民心、育新人、兴文化、展形象的使命任务，坚持正确的政治方向。其中，“兴文化”是宣传思想工作的五大使命任务之一。在文化传承与发展过程中，宣传所起到的作用不可或缺，功不可没。如果说文化是一种精神的载体和符号，那么宣传就是一种触媒、一种推动文化普及与应用的手段与方法。为什么要宣传、宣传什么、怎么宣传，是宣传工作的逻辑框架和实现目标。文化既是宣传的对象，也是宣传的内容。文化是宣传思想工作的抓手和内容，宣传是文化传承与发展的动力和推手。这几年，水院的宣传工作可圈可点，水院的校园文化建设也是有声有色。

全院师生笑迎二十大

一张张图片，一篇篇文章，一组组发稿，一段段视频……数字的背后，是向光而行；成绩的背后，是不懈探索。因为有了这些探索和追寻，每当宣传工作取得可圈可点的成绩时，那种喜悦更是真真切切。于福春书记在《萌源清韵》序中说道：“翻阅这一篇篇报道，一帧帧照片，那群策群力的擘画，那夜以继日的拼搏，那笑中带泪的坚持，那无畏寒暑的激情，那竞技夺冠的荣耀……皆清晰如昨，澄明如镜。读之，仍会热血沸腾；思之，依然壮志盈怀。”一滴水也能折射阳光，透过这一篇篇文章，透过这一段段视频，我们看到了水院的荣美模样，更看到了水院未来的发展。

从一定意义上说，文化是一条流动的信息之河和思想之河，既要随时而变，又要因势而变。新时代，学院的宣传工作也会与时俱进，然而无论什么时候，无论是对内宣传还是对外宣传，学院将始终坚持正确的政治方向，牢牢把握正确的舆论导向，弘扬主旋律，凝聚正能量，展示新时代校园新形象；找好切入点，增强向心力，运用新闻的视角，突出重点、实效。通过接地气的宣传，让广大师生更加关心、关注学院工作。用广大师生听得懂的话把师生们关心的事讲清楚，使宣传更加快捷、更加及时、更加鲜明、更加准确，让师生满意，让家长放心，让社会认可……

第二节　美德润心　文明花开大美水院

全国水利文明单位牌匾

学院党委把文明校园创建工作作为一项铸魂工程，围绕立德树人根本任务，积极践行社会主义核心价值观，广泛开展文明实践志愿服务，连续多年被评为全国水利文明单位、淄博市文明单位，相继被授予国家级高技能人才培训基地、全国水利行业技能人才培育突出贡献单位、山东省技工教育特色名校等二十余项省级殊荣。

学院厚植情怀，着力传承弘扬中华优秀传统文化。学院结合传统节日厚植爱国情怀，举办十八岁成人礼仪式，让学生懂得成长、感恩与责任的意义；在国家公祭日，开展国家公祭日缅怀仪式，让学生铭记历史，树立勇担民族复兴重任的宏远志向；在五一劳动节，开展技能竞赛月活动，弘扬劳模精神和大国工匠精神。此外，还通过多角度体验和探究，强化典礼育人成效。通过参加山东省水利厅“水润书香”读书月、淄博市读书节，开展世界读书日系列活动等方式，推进全民阅读；组建16个传统文化社团（舞龙、醒狮、鼓韵、汉服、诗词、书法、茶艺等），定期开展丰富多彩的展演活动。

舞龙社团和醒狮社团

学院着力推进革命文化和社会主义先进文化建设。通过建设新时代雷锋精神文化馆，让学雷锋活动融入日常、化作经常，着力打造学院传承弘扬雷锋精神的精神文明建设阵地、学雷锋活动党建品牌，推动雷锋精神在学院落地生根。通过青年联学、主题教育答题、微党课比赛、演讲比赛、赴红色教育基地开展党性教育等形式，不断增强红色学习的吸引力、感染力、影响力。结合“青马工程”培训班、世界读书日、五四青年节等时间节点，通过经典诵读、读书荐书、“水润书香月”等形式，不断深化革命文化和社会主义先进文化学习，激发青年理论学习小组的学习热情，营造“比、学、赶、超”的工作学习氛围。

在新时代雷锋精神文化馆参观学习

学院深化“思政晨读”育人模式，结合时政热点、党史知识、国学经典等，做到每月一主题、每周有“金句”、每天有收获，做好思政育人大文章。积极践行“四个融入”教育模式，着力打造“水院南泥湾”劳动教育实践基地，多形式开展“劳动创造幸福”主题宣传教育，把劳动教育融入人才培养全过程，把德、智、体、美、劳融入教育教学全过程。

匠心独运，着力打造特色鲜明的校园文化。学院大力推进“数字校园、平安校园、文明校园、阳光校园、生态校园”五大校园文化工程建设，让校园文化紧密地融汇到学院发展的全过程，贯穿到学院工作的各环节，体现到校园环境的各角落，成为引领学院发展的灵魂和推进学院发展的动力。德育成果《传正声　聚正能　弘正道》在第三届水利院校优秀德育教育成果遴选活动中荣获三等奖。

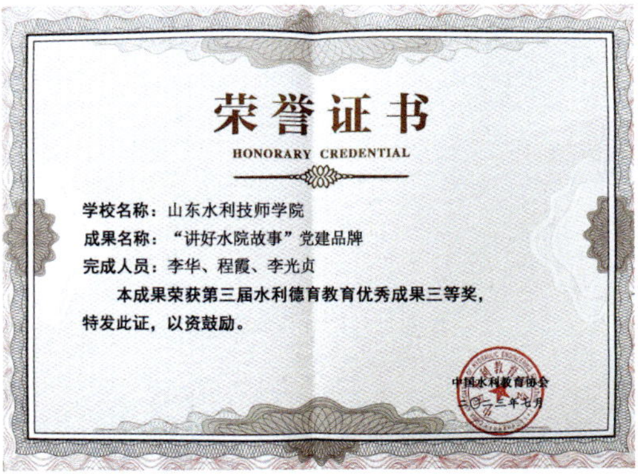

荣誉证书

HONORARY CREDENTIAL

学校名称：山东水利技师学院

成果名称：“讲好水院故事”党建品牌

完成人员：李华、程霞、李光贞

本成果荣获第三届水利德育教育优秀成果三等奖，特发此证，以资鼓励。

中国水利教育协会

二〇二三年七月

荣誉证书

CERTIFICATE OF HONOR

山东水利技师学院：

在第三届水利职业院校水文化育人研讨会相关成果遴选中，你校文明校园建设典型案例“弘扬主流价值　滋养文明风尚　绽放正道芬芳”获得 三等奖。

特发此证，以资鼓励。

主要完成人：李华、李光贞、胡强

中国水利教育协会

2023年11月

水利德育教育优秀成果和文明校园建设典型案例三等奖荣誉证书

知行合一，着力培育和践行社会主义核心价值观。学院发挥支部战斗堡垒作用和党员先锋模范作用，以系部为单位成立学院雷锋志愿服务队（在职教职工注册率 100%），着力打造“‘艺’起唱响夕阳红”等三个志愿服务品牌。学院立足重要时间节点，结合“我们的节日”和“双报到”活动，开展党的二十大精神和主题教育宣讲、环境保护、文明创城、城乡结对帮扶、心理健康疏导、敬老慰问、技术惠民、暑期“三下乡”社会实践等丰富多彩的新时代文明实践活动。学院 500 名志愿者全程助力淄博市第五届环文昌湖半程马拉松比赛，受到社会各界的一致认可。

志愿服务活动

学院持续开展文明礼仪、文明出行、文明旅游、移风易俗等活动，提升师生的文明校园创建意识；持续推动师德师风、文明家庭、文明班级、三好学生等评选活动，以榜样精神推动文明校园建设；持续利用学院官微、官网、院报、风景区、宣传栏，以及制作的公益广告短视频等，宣传展示文明创建工作；持续加强山东省省级水利风景区、淄博市中小学研学旅行基地、山东省水情教育基地内涵建设。

春风化雨，润物无声。文明校园创建有效激发了学院师生的文明自觉，将文明意识和文明习惯融入日常，化作经常，形成风尚，成为校园里最美的风景。2023 年 10 月 31 日，中国水利教育协会公布了第三届水利职业院校水文化育人研讨会相关成果评选结果。学院作为唯一一所技师学院报送的《弘扬主流价值　滋养文明风尚　绽放正道芬芳》案例，获文明校园建设典型案例三等奖。

学院师生参加全河联动志愿服务活动

第三节　媒体矩阵　水院好声音嘹亮八方

“自上次带孩子来学院参观留下良好印象后，我在刷抖音时，又看到了学院公众号中报道的胡玉立和黄超群的事迹。说实话，又一次震撼了我，这都是学院立德树人成效的鲜明体现，更加坚定了明年孩子毕业后，我送他来学院回炉重塑，走技能成才之路的信心，这也是孩子的意愿。”这是一位来自德州的中学教师，看过学院公众号后主动给学院招生处来电中的叙述。

“学院的官微一直是我关注度最高的公众号之一。我虽然离开了校园，但那是我梦想起航的地方。特别是学院‘一切资源归学生所有，一切资源为学生所用’的教育理念和‘以爱为源，因材施教’的教风，让我受益无穷，为我的事业起步奠定了坚实的基础。因此，不管走到哪里，水院就是我的家，我会时时刻刻关注、关心并祝福着她的发展与变化。而官微于我而言，就是最好的渠道和最温暖的记忆。”这是学院毕业学生孙汇鑫与笔者电话沟通时的肺腑之言。

“没想到在淄博还有这样一所优质高校。我是通过官微‘海报探校’的新闻报道了解你们学院的，真是太及时了。我正为孩子上学的事而犯愁呢！今天我带孩子来实地考察，又让我对学院的印象加深了许多，当即给孩子报了名，希望他能在这里重拾自信，奋斗出自己的精彩。”这是一位淄博当地的学生家长在参观完校园后对陪同的招生人员的由衷感言。

学院媒体矩阵

学院党委向来高度重视学院宣传工作，特别是“十三五”以来，着力打造新媒体宣传矩阵：从2015年创办以“有温度、有责任、有情怀”为办刊定位的官微，到相继开通“校园之声”广播站、官网、手机网站，再到2020年以后陆续启用以“真实记录、鲜活灵动、片短情长”为宣传宗旨的官微视频号、抖音、快手、哔哩哔哩、喜马拉雅等公众号。截至目前，学院已形成由一官微、一官网、一手机网站、一广播、一音频、四视频组成的立体化、多样化、互动化的新媒体宣传矩阵，形成了“一次采集、多元生成、多渠道传播”的工作格局。上述这些会同学院院报，组成了全景式、全方位的校内融媒体宣传矩阵，让水院好声音嘹亮八方。开篇的三种声音，即是学院新媒体宣传矩阵良好传播效力、广泛认可度和深刻影响力的具象展现。

接下来，笔者将以学院官微、短视频以及校园广播为例，对学院在媒体应用中的一些有益探索、实践创新及发展规划进行分享交流。

一、官微：整体深入了解学院的“百科全书”

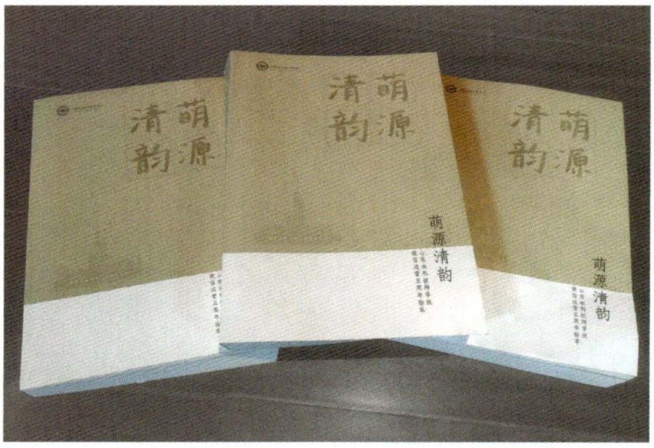

《萌源清韵》

2021年3月，由学院党委书记于福春作序，学院宣传部甄选自2015年6月至2020年年底学院官微所推送的近2000条微信编辑而成的厚达400余页的《萌源清韵——学院官微运营五周年拾萃》与广大师生见面。这既是一次对官微五年精粹的遴选总结，又是一部学院以优异成绩献礼建党百年的诚意之作。一经推出，便受到广大师生和社会各界的点赞和好评。

诚如于书记所期待的那样，自2021年以来，官微守正创新，在总结提炼此前宣传工作好经验、好做法的基础上，聚焦中心工作，持续加强策划，可谓亮点频现、精彩不断：从党史学习教育到学习宣传贯彻党的二十大精神；从“新生看过来”专题策划到“为老师点灯”专题策划，再到海报探校大型报道；从致敬抗美援朝老兵系列报道，到水院党史系列课堂和八一建军节特辑；从兴趣小组系列成果展示到水院名片系列展示和水院宝藏系列报道；从“红心向党水利人”文艺汇演，到“讲好水院故事”暨教学表彰大会、全国农林水利气象系统弘扬“三个精神”宣讲活动走进学院，再到“讲好水院故事”系列报道和党建品牌展播……一系列亮点让人不禁拍手称赞。

2022年7月13日，在学院开展的教师必备技能提升培训活动的“新闻写作及投稿规范要求”环节，主讲老师运用了多个实例辅助讲解新闻写作技法，其中半数以上实例即来自官微。因其报道的事件就在身边，甚至师生自身就是新闻事件的主角，带入性、针对性和指导性特别强，参训老师都听得投入，效果良好。

“官微诚如一本展示学院全面工作的‘百科全书’，老师爱读，学生喜看。通过学习，不仅可以及时掌握学院重点工作的开展部署情况，对标对表先进典型，学有榜样、做有思路、干有方向，还提升了我们的新闻策划能力、写作水准和照片、视频拍摄制作技巧等。同时，丰富了我们的教学资源，成为教育学生、提升综合素养的好教材。”培训讨论中，多位参训教师表达了一致的心声。

当下，“看官微，知学院；学官微，提本领”业已成为师生们的一种自发与自觉。连续三年，学院被山东省互联网传媒集团授予“山东最具影响力教育政务融媒体单位”荣誉称号。

二、短视频：让学院形象更生动、更立体

从庆祝中国共青团成立100周年拍摄快闪MV《青春》，到喜迎党的二十大胜利召开摄制《笑迎二十大》；从向学院军人教师致敬摄录《水院八一特辑》，到推出党建品牌“讲好水院故事”四个系列视频报道；从展现学院师生奋发昂扬精神风貌的《这就是青春的样子》，到展示校园阳光体育建设风采的《本草纲目毽子舞系列》，再到呈现诗意校园美景的《校园秋意浓》《和光同尘》等，都体现了学院短视频制作的成绩与进步。

当前，短视频行业发展迅猛。借助短视频手段创新高校宣传工作、提升高校传播能力，具有得天独厚的优势，如能满足用户碎片化阅读需求，提高新闻宣传价值；重大事件立体化集中展现，增强新闻传播效果；传播矩阵立体式平台搭建，提升新闻传播时效；等等。因此，全国各大高校纷纷行动，短视频平台业已成为和校报、新闻网、微博、微信等并驾齐驱的校园宣传媒介载体，以及高校网络思政和新媒体的主要阵地。近年来，学院在此方面也进行了一些有益的探索。

以2022年为例，这一年既是学院党建品牌创建推进年，也是学院短视频制作传播见行见效收获之年。为进一步提升品牌感召力，深化品牌内涵，拓展品牌外延，扎扎实实做好品牌建设工作，学院充分发挥视频记录传播优势，周密组织、精心策划，相继组织摄制完成1部党建品牌整体创建纪录片，3个展现院级、9个展现各支部党建品牌创建成果的短视频。其中，“讲好水院故事”“家访报喜·爱出爱返”“以爱为源·阳光育人”3个院级品牌创建日趋成熟，9个基层党支部“一支部一品牌”创建工作成效显著。这些已成为促进学院加速转型、跨越发展的“动力工程”和服务师生的“民心工程”。各视频一经新媒体传播，迅即引发了良好的社会反响，产生了深远的影响力，获得了广泛的认可度，既达到了凝练可复制的工作经验和有说服力的工作成果的目的，也为持续推进党建品牌创建打下了坚实基础。

党建品牌“讲好水院故事”

三、校园广播：水院之声“音”你精彩

声的传播，心的交流，这里是心灵的家园，智慧的起点。飞扬的青春，踏响律动的节拍，绚丽色彩，缤纷校园。这就是学院“水院之声”校园广播站。这里有音色清脆的广播

员，这里有好玩有趣的广播节目。

广播站共设《讲好水院故事》《水利电影院》《每日一句》《校园点歌台》《校园留声机》《校园动态》《书香校园》《诗文风采》《新闻速递》《校园安全》栏目，广播站的同学们利用休闲时间广播国内新闻、名家名作、校园要闻等。这既是广大水院学子重要的舆论窗口、校园文化生活的传播载体，在丰富校园文化生活等方面发挥着重要作用，也是对学生进行德育、团结联系学生的重要阵地。在这里，每一位台员都秉承“以台为家”的台训，经一代代广播人努力，成为现在的“水院之声”，成为学校一道别样的风景线。

每天，伴着欢快跳动的音符，“水院之声”如约开启，广播站的各个节目如下：用一双翅膀来飞翔，飞向青春的华章，踏入水院的殿堂，谱写属于自己的高光时刻的《讲好水院故事》；“贩卖”新鲜出炉的独家资讯，“供应”时尚前沿最新潮流的《校园动态》；了解国际信息，传递国际资讯，展现多元世界，融合校园文化的《新闻速递》；听腻了严肃呆板、枯燥乏味的新闻，还有生动风趣，聊聊电影、聊聊人生的《水利电影院》；想要分享自己的歌曲，或者想要在生日时给朋友送上祝福，那就快来《校园点歌台》点歌吧；故事写了一遍又一遍，直到写不出你的笑颜，年轮走了一圈又一圈，最终岁月剥落了时间，记录无法言说的故事，听说此去经年，纯爱无边，欢迎做客《每日一句》；当落日余晖斜洒在水院广场，就聆听用安全把校园珍藏的《校园安全》；广阔的海洋，遥远的天际，学习不过一场旅行，漫漫的黑夜，点点的繁星，旅行不过一本诗集，可以一起走进《诗文风采》《书香校园》。

“水院之窗”校园电视台

“水院之声”校园广播

播音员或者带领大家遨游“世界”、穿越知识的海洋，或者邀请大家聆听雷锋的故事、概览热点新闻，丰富师生的课余生活。在声音的世界里，感受古今中外名人的生平与故事、思考经典传奇的魅力。校园广播的存在为传播知识提供了一个有趣的平台。相信每个水院学子一定能在每天中午听到悠扬的音乐和动听的朗读声，傍晚时分也能伴着日落一起收听新闻，一起欣赏不同风格的歌曲和来自点歌台的祝福，到了夜晚则伴随着轻柔的轻音乐，缓缓进入梦乡。

第四节 媒体聚焦

本节选自2017年8月3日刊登在《大众日报》上的《正道而行 大道至简——访谈山东水利技师学院党委书记于福春》一文，略有改动。于书记就水院办学的方向和特色，培养的人才如何适应社会需求、能否为社会所用，采取了哪些措施提升学院综合竞争能力和可持续发展的新动力等，一一给出回答，可谓缩小版的水院发展的路线图，读来大有裨益。

正道而行 大道至简

——访谈山东水利技师学院党委书记于福春

随着我国经济发展步入新常态，“中国制造2025”等战略的实施，对技能人才的规模、结构、素质提出了更高的要求。作为全国唯一一所水利技师学院，山东水利技师学院坚持高素质高技能人才培养目标，全面深化改革，创新管理机制，加强思想建设、制度建设和文化建设，各项事业取得了长足的发展。2014年，学院被山东省人社厅确定为“山东省‘金蓝领’培训基地”“山东省首批技工院校示范专业群建设单位”；2015年，学院被人社部、财政部确定为“国家级高技能人才培训基地”；2016年，学院被水利部确定为“全国水利行业高技能人才培养基地”，被山东省人社厅确定为“山东省高等职业教育与技师教育合作培养试点院校”，为水利行业和地方经济发展作出了重要贡献。近日，我们采访了山东水利技师学院党委书记于福春。

《大众日报》的采访报道

问：于书记您好，在现在新的形势下，您是怎样定位山东水利技师学院在当前社会中的地位和作为的？

答：山东水利技师学院是高等职业教育的组成部分。目前我国经济进入新常态，“中国制造 2025”、新旧动能转换等战略措施正在实施，需要高端技术技能型人才，而技师学院就是培养高素质高技能人才的主阵地。在新的形势下，我们党委一班人认真贯彻落实党和国家对职业教育的方针和要求，把握历史机遇，坚持“内涵与外延并重，以质量求生存、以特色图发展”的发展思路，打造“基本素质＋专业技能”的双轮驱动人才培养特色，着力培养符合时代需求的高素质高技能人才，从而助推“建设制造强国”这一战略目标的实现。

问：现阶段为什么把学院的发展思路确定为“内涵与外延并重，以质量求生存、以特色图发展”？

答：内涵发展是一种追求质量的发展观，外延发展是一种追求数量的发展观。内涵与外延相互依存、相互促进。

山东水利技师学院确定“内涵与外延并重，以质量求生存、以特色图发展”的发展思路，核心是“质量至上、追求卓越”，主要基于三个方面的考虑。一是社会经济发展的需要。高素质技能人才的短缺，是当前新旧动能转换和产业升级，实施制造强国战略的最大人才障碍，加快培育高技能人才已成为社会的共识和现代职业教育发展的目标追求。二是学生个体发展的需要。在供给侧结构性改革和促进就业大格局中，“不唯学历唯能力”，有一技之长，就业即可顶岗，上岗即会操作，就能创造高效劳动价值，也是个人立足社会、实现人生出彩的前提基础。三是学院发展的需要。近十几年，职业院校发展可以说是大浪淘沙、澄沙汰砾。我们确定“以质量求生存、以特色图发展”的发展理念，目的是把危机意识贯穿于学院整体工作之中，把发展作为第一要务，坚持走特色发展之路，打造特色校园文化、特色育人模式，培养特色技能人才。这是学院实现“学生信赖、家长满意、社会认可”的根本途径。

问：您谈到走特色发展之路、打造特色校园文化，请您介绍一下学院是如何打造特色校园文化的。

答：校园文化是学校发展的灵魂，是凝聚人心、展示学院形象、提高学院文明程度的重要体现。校园文化作为一种环境教育力量，具有强大的引导功能，对学生的健康成长有着巨大的影响。

山东水利技师学院高度重视校园文化建设，着力打造学院“软实力”。在近 60 年的办学实践过程中，学院凝练出“德能同修、知行合一”的校训、“严谨严格，唯实唯新”的校风、“以爱为源，因材施教”的教风、“快乐学习，多元发展”的学风；打造出“立足水利、面向社会、打造品牌”的专业发展特色、“基本素质＋专业技能”的双轮驱动人才培养特色、“准军事化管理＋专职辅导员队伍”的学生管理特色、“理实一体化、工学一体化、三段式培养”的教学特色、“平安校园＋物业化管理”的后勤保障特色；固化了“依法治校，制度管校”的治校理念和“周纪实、月小结、学期考核”的工作运行机制；确立了“内涵与外延并重，以质量求生存、以特色图发展”的发展理念和“学生信赖、家长满意、社会认可”的办学目标。丰富的校园文化春风化雨般浸润着每一个学生，渗透到学生成长的每一个环节，对学生的人生观、价值观产生着潜移默化的深远影响。

我可以从学生管理工作这一个侧面来说明我院校园文化的打造过程。“准军事化管理＋专职辅导员队伍”是我院学生管理工作特色。学院面向社会公开招聘专职辅导员，辅导员要 24 小时在岗，与学生同吃同住。学院按照部队管理的模式，建立了严格的辅导员工作制度，构建起全方位、全天候、无缝衔接、责任可追溯的学生管理网络体系。在日常工作中，要求辅导员“六必到、六必做”。“六必到”就是“早操必到、课前必到、晚自习必到、晚就寝必到、集体活动必到、突发事件必到”，“六必做”就是“每天有计划、有工作日志、有工作总结，每天对学生出勤情况、教室与宿舍卫生情况进行检查，每天晚自习后对本班学生进行点评，每天至少与 2 名学生进行面对面谈心，每天检查《学生日常行为规范》执行情况，学生请假从严审批”。

近几年，学院不断加大投入来丰富校园文化的物质载体，先后组织实施了校史成果、人文景观、传播媒体等工程建设，全院师生通过参与这些文化载体建设实践，进一步增强了对校园文化的感性认识。目前，学院正在启动建设“数字化校园、平安校园、和谐校园、阳光校园、美丽校园”五大校园文化工程，力图把学院的办学理念、办学特色紧密地融汇到校园文化建设的全过程，体现在校园的每个角落，使其成为引领学院发展的灵魂和推进学院发展的动力。

问：去年 12 月召开的全国高校思想政治工作会议为新时期做好高校思想政治工作指明了方向，山东水利技师学院是如何把思想建设工作贯穿在学院深化管理改革过程中的？

答：党的十八大以来，以习近平同志为核心的党中央多次对教育工作作出重要指示。学院党委认真学习贯彻习近平总书记重要讲话精神，深刻认识高校思想政治工作的重大意义、目标任务和基本要求，牢牢把握“把思想政治工作贯穿教育教学全过程”的实质内涵，坚持立德树人的根本要求，大力培育和弘扬社会主义核心价值观。

2017 年，山东水利技师学院以强化师德师风建设为切入点，引导广大教职工以德立身、以德立学、以德施教，恪守《高等学校教师职业道德规范》，履行好“一岗双责”，组织教育教学改革，要求广大教职工端正教风，“以爱为源，因材施教”，真正沉下心来关爱学生、了解学生，创新教学方法、激发学生的学习兴趣，使学生在愉悦的学习氛围中感受新知，让学生充分享受学习的快乐。

学院注重基层党支部建设，充实完善了学院思想政治工作组织体系，把做好思想政治工作作为考核评价支部建设和发挥作用的重要指标。学院还充分发挥党员干部的示范作用，着力加强党员干部理想信念、党性党风、党规党纪教育，在全院开展了“佩戴党徽亮身份，我是党员向我看齐”“党员与学生结对子，做学生成长导师”等一系列活动，全院党员干部自觉立标杆、当表率，为学院思想建设工作的顺利开展起到了模范带头作用。

问：山东水利技师学院创新管理机制、深化管理改革，在制度建设方面有哪些创新？

答：山东水利技师学院的治校理念是“依法治校、制度管校”。制度管校，是法治思维和法治方式在管党治党、办学治校领域的具体体现和运用。

学院各项制度手册汇编

制度建设在办学治校过程中起着举足轻重的作用。俗话说："没有规矩，不成方圆。"职业院校的管理较普通高校、普通中学的管理更为复杂，作为学院的顶层设计者，学院党委必须把制度建设纳入整体和长远的发展规划。

2015 年以来，学院以"定位准确、职责清晰、管控有力、运行高效"为目标，深化内部管理体制与运行机制改革，全面开展制度建设，构建现代职业学院管理制度体系。学院开展规章制度的"废、改、立"工作，新制定或修改完善规章制度近百项，形成了党务、纪检监察、日常行政管理、人事管理、教学科研管理、绩效考核管理、后勤服务管理等七个类别的制度框架体系，健全完善了从决策到执行、从日常管理到核查惩处等各个环节的工作程序，基本实现了各项工作有章可依、考核有据可查。

在制度建设过程中，学院坚持民主公开、广开言路，广泛深入地征求教职工意见建议，保障职工参与权利，最大限度达成改革发展共识，把每一项制度讨论出台的过程变成统一思想的过程，使教职工在共同目标的基础上，实现自我管理、自我约束、自我发展。

为确保制度得到贯彻执行，学院将监督检查融入日常、抓在经常，做到常态化和长效化，按照"周纪实、月小结、学期考核"的工作运行机制，突出对重点工作事项全过程的督促检查，建立重点工作任务分解立项、重点工作任务督查督办、重点工作任务考评问责等工作督查考核体系，确保了重点工作事项完成的质量效果。

孔子云："其身正，不令而行；其身不正，虽令不从。"学院党委一班人以身作则，率先垂范，既是制度的制定者，又是制度的坚定执行者，更是制度的忠实遵守者，形成了强有力的领导管理核心。学院制度体系的建设，激发了广大教职工自觉遵章守制的积极性，学院上下凝心聚力，使"依法治校、制度管校"的治校理念内化于心、外化于行，为学院办学水平的提升提供了坚实的制度保障。

问：交谈过程中，您几次提到“正道而行　大道至简”，请您详细解读一下这句话的内涵。

答：正道而行，就是不走邪道，不弯道超车，不打擦边球；正道而行，就是“撸起袖子加油干”，靠出力流汗长实力；正道而行，就是弘扬“德能同修、知行合一”的校训、“严谨严格、唯实唯新”的校风，激发全体教职工强大的内在自信；正道而行，就是弘扬社会主义核心价值观，传授中国特色社会主义之道。教育工作不可能一蹴而就，没有捷径可走，必须脚踏实地，从一点一滴做起。

办学治校是一个复杂的系统工程。办学治校要摒弃烦琐，抓紧要之处。大道至简，就是在办学治校的过程中，紧紧抓住制度建设和文化建设对师生影响至关重要、影响深远的两个方面，两者一刚一柔，刚柔相济，同向发力、同时发力，用制度养成习惯，用习惯培育文化，用文化凝聚精神。

无论是学院的教育教学还是行政事务、后勤服务，无论是顶层设计还是具体实践，作为党委书记，我一直秉持“正道而行　大道至简”这一信念，坚信学院能始终走在健康发展的道路上，越走越远、越走越宽。

后 记

校园文化是一所学校的精华与精髓，展现出生动鲜活、润泽如沐的人文气息。以文化人，以文修身，以文润心，是学校立德树人根本任务的体现。山东水利技师学院党委积极探索特色校园文化建设，以“正道而行　大道至简”的文化理念为引领，学院多年来风清气正、海晏河清，保持了良好的政治生态和文化生态，师生精神面貌向上向好。学院上下以饱满的热情投身到工作、学习和生活中，阳光与自信洋溢在师生的面庞上，深刻在师生的骨子里，这是“以文化人”最具象的体现。

图文留存时光，积累经验智慧，传播传承文化。本书以图文并茂的形式，尽可能展现山东水利技师学院丰富厚重的校园文化特色。本书在编撰过程中历经多年酝酿、多次结构调整、多遍修订，可谓过程艰辛。不过，沉甸甸的书里珍藏着厚重鲜活的文化，书味浓郁，书香有道。愿开卷有益，让读者如沐春风，如水流光，一切都在文化中……

作　者

2024年3月